EL ENIGMA DE
UN EMPERADOR

El enigma de un emperador

Crónicas de Historia Global

Dolores Luna-Guinot

Número de Control de la Biblioteca del Congreso de EE. UU.: 2022907423
ISBN: Tapa Dura   978-1-5065-4726-8
               Tapa Blanda   978-1-5065-4725-1
               Libro Electrónico   978-1-5065-4724-4

Información de la imprenta disponible en la última página.

Fecha de revisión: 20/04/2022

Para realizar pedidos de este libro, contacte con:
Palibrio
1663 Liberty Drive
Suite 200
Bloomington, IN 47403
Gratis desde EE. UU. al 877.407.5847
Gratis desde México al 01.800.288.2243
Gratis desde España al 900.866.949
Desde otro país al +1.812.671.9757
Fax: 01.812.355.1576
ventas@palibrio.com
832020

CONTENTS

CONTENTS

PRÓLOGO

"Podrás perder mil batallas, pero
solamente al perder la risa, habrás
conocido la auténtica derrota."
Ho Chi Minh 1890-1909.

"Los hombres no son nada, los
principios lo son todo."
"Entre los individuos, como entre las naciones
el respeto al derecho ajeno es la paz."
*Benito Juárez Benemérito de las
Américas. Presidente de*

México 1858-1782.

"El que a vosotros oye, a mí oye; y el que a vosotros
desecha, a mí desecha, y desecha al que me envió."
Palabra de Jesucristo

Capítulo I

Incertidumbre

Napoleón III, Emperador de Francia, se encuentra en el salón biblioteca del Palacio de las Tullerias, acompañado por su esposa la Emperatriz Eugenia de Montijo.

(Luis Napoleón).- Esta incertidumbre acerca de los acontecimientos que están ocurriendo en México, me hace sentir intranquilo, apenas duermo, tengo un mal presagio, no debí hacer caso al dicharachero de José Hidalgo cuando me aconsejó insistentemente que interviniera en México reclamándole la deuda con nosotros, y al mismo tiempo, instaurar una Monarquía.

He llevado a cabo una ambiciosa política internacional, destaqué en la intervención en la Guerra de Crimea de 1854, en las Guerra de Italia de 1859, y la expedición a la Cochinchina de 1858 a 1862, todas como mis intervenciones más exitosas, mientras que la expedición a México, me está preocupando demasiado. Creo, que lo mejor es mandar un escrito de urgencia al Enviado Extraordinario en México, el Conde Alphonse Dubois de Saligny, para tenerme informado de los hechos ocurridos en Veracruz, con el tifus, la fiebre amarilla o vómito negro, y el cólera, que está enfermando a toda la expedición.

He consultado con el médico Jean-Batiste Bouillaud, acerca de esas enfermedades, me ha dicho que durante la Guerra de la Reforma, los pozos de las minas fueron inundados, los campos quedaron sin cultivar, los molinos se abandonaron, los canales de riego se secaron. La falta de saneamientos en los depósitos de agua contaminada es fundamental para la reproducción de un mosquito, su picadura produce fiebres elevadas y daños graves al hígado, generando ictericia en los pacientes, y de ahí el término fiebre amarilla.

(Eugenia).- La verdad, es para preocuparse, parece mentira que el Gobierno de Benito Juárez no ponga medios para atajar esa peste, no sólo en los puertos principales, creo que también asola gran parte del país. En la expedición van médicos, seguro que les estarán atendiendo a los contagiados.

Louis, a José Hidalgo le estás culpando de instigar la expedición a México, cuando sabes que nosotros estábamos deseando introducirnos en esas tierras, y no me agrada esa descalificación que haces de su persona, a Pepe le conozco hace muchos años, no es un "dicharachero", es muy educado y encantador, además, no solamente era él, había otro instigador de la expedición realizada a México, Juan Nepomuceno Almonte, y también el Papa Pío Nono apoyó esta misión al desaprobar el reformismo anticlerical de Benito Juárez, que está contra de los privilegios de la Iglesia en aquel país.

Por toda Europa hay mexicanos en el exilio, Pepe Hidalgo no regresa a México porque sus haciendas le han sido arrebatadas al iniciarse los desórdenes políticos y religiosos.

Recuerdo, en 1860, celebrábamos la anexión de los condados de Saboya y Niza a Francia por el Tratado de Turín, organizamos una celebración, y cuando estábamos en plena fiesta por el Mediterráneo en los departamentos del Norte de África, tú recibiste un telegrama con la noticia de que mi hermana Paca había fallecido, y guardaste silencio, mientras yo me divertía, sólo después del banquete me mostraste el telegrama, me horroricé de que me hubieses dejado reír y bailar, cuando mi amada hermana estaba de cuerpo presente, ha pasado un año, y no he podido perdonarte ni reponerme de aquella conmoción.

Cuando los restos de Paca fueron trasladados a España para su inhumación, manifesté especial deferencia a Pepe Hidalgo al confiarle la misión de acompañarme hasta el sepulcro de mi hermana María Francisca de Sales y Portocarrero, Duquesa de Alba, sepultada en el Convento de la Inmaculada Concepción, en Loeches, cerca de Madrid.

Hidalgo, tan caballero, cumplió puntualmente el encargo y regresó a París.

(Louis Napoleón).- Era una muerte anunciada, de salud delicada, en 1860 se trasladó a París con el fin de hallar remedio a su enfermedad, una leucemia, los médicos de nuestra Corte poco pudieron hacer por ella dado lo avanzado de la enfermedad, y murió a los 35 años de edad.

Si no te mostré el telegrama antes, porque te vi tan feliz que no quise estropearte ese momento, aunque, tú sabías que más pronto que tarde le llegaría su fin.

(Eugenia).- En parte, tienes razón. Y referente a mi amigo Hidalgo, bastante tiene con no poder vivir en su añorada patria. No sólo en Europa, también en el Caribe hay mexicanos en el exilio, así como en los Estados Unidos de Norte América, Pepe Hidalgo es uno de los expatriados, y con él su amigo diplomático y político José María Gutiérrez de Estrada.

(Louis Napoleón).- Este Gutiérrez de Estrada, tras publicar un manifiesto monárquico en 1840, por el revuelo que formó, tuvo que salir del país en 1842, para exiliarse en Roma, desde donde iba explicando por toda Europa, sobre todo, en los centros gubernamentales y financieros diciendo: "Que México estaba en la ruina, y en una anarquía total bajo revoluciones que derriban a los presidentes, y que las patrullas de bandidos mandaban en los caminos."

Buscaba gestionar el trono mexicano regido por una persona de la aristocracia, a poder ser príncipe. En Viena visitó en la Cancillería austriaca al diplomático Klemens von Metternich, en París visitó al Rey Louis Philippe I de Francia.

Creo, que ambos le expresaron por encima tener interés en hallar en sus respectivos países una persona de la realeza que pudiera regir a los mexicanos. Pero, surgió la Revolución de 1848, arrojando a Louis Philippe de Orleans del trono francés, y a Metternich de la Cancillería austriaca. También a mí me sacó del exilio en Inglaterra, pudiendo regresar a Francia.

Klemens von Metternich huyó de Viena y se refugió en el único país estable que quedaba en Europa, Bélgica.

Louis Philippe I fue el último Rey de Francia, ya que el país galo nunca más fue reino, ni siquiera conmigo. La Revolución de 1848, dio paso a la Segunda República, y la familia Real francesa tuvo que huir del país pidiendo asilo político en Inglaterra, a Louis Philippe se le concedió, incluso murió el 25 de agosto de 1850 en Claremont Surrey.

Después, cuando la República fue derrotada, pasó

a ser Imperio bajo mi mandato como Emperador Napoleón III; Gutiérrez de Estrada continuó sus gestiones, ahora con los que habíamos sucedido a los desterrados, especialmente conmigo. Así como José Hidalgo es convincente, Gutiérrez de Estrada es adusto y tan desagradable que molesta a quienes explica su propósito, yo en cuanto podía le esquivaba, me aburría con sus pesadas maneras, por lo tanto, pedí a Hidalgo que no volviera a traerle, total, que Hidalgo se encargó de continuar en el punto en que su amigo lo había dejado, ante mis negativas también a escucharle, dejó de visitarme.

(Eugenia).- Te contaré como conocí a Pepe Hidalgo, al que tu llamas "dicharachero."

Mi padre, Cipriano Palafox y Portocarrero, llamado hasta 1834, Cipriano de Guzmán Palafox y Portocarrero, Conde de Teba, Duque de Peñaranda de Duero, Conde de Miranda de Castañar con grandeza inmemorial, Conde de Baños, Marqués de la Bañeza, Marqués de Valdunquillo, Marqués de Mirallo, Marqués de Barcarrota, Marqués de Osera, Marqués de Castañeda, Conde de Mora, Conde de Casarrubios del Monte, Conde de Santa Cruz de la Sierra, Conde de San Esteban de Gormaz, Marqués de la Algaba, Marqués de Valderrábano, Conde de Fuentidueña, Conde de Alblitas, Vizconde de la Calzada, Conde de los Palacios de la Valduerne, y con la muerte de su hermano primogénito Eugenio, se posesionó del título del octavo Conde de Montijo con Grandeza de España, heredó todos los títulos y la fortuna familiar.

Era militar liberal, masón y afrancesado, apoyó decididamente al nuevo Rey José I, combatió en el bando napoleónico durante la Guerra de la Independencia de España, en la Batalla de Salamanca donde sufrió heridas que le hizo perder el ojo derecho y la movilidad de la pierna. En 1812 acompañó al destierro de José I Bonaparte, y en Francia se incorporó al Ejército Imperial con el rango de Coronel en la campaña de 1814, donde le condecoraron en Francia como Caballero de la Legión de Honor.

Producida la restauración de los Borbones, en 1817, regresó a España debido a un indulto de Fernando VII. Residió en Málaga, donde conoció a mi madre María Manuela Kirkpatrik, y se casaron el 15 de diciembre de 1817.

Mi padre por sus ideas liberales conspiró contra el gobierno absolutista de Fernando VII, apoyando a los liberales de Rafael del Riego para restablecer la Constitución de 1812, obligando a jurar a Fernando VII y reinar como un monarca liberal con sus poderes muy acortados, a este periodo se le conoce como el Trienio Liberal de 1820 a 1823, la libertad de prensa fue una de las vías para dar a conocer las ideas liberales y también a través de las Sociedades Patrióticas, eran unas tertulias reunidas en cafés de las principales ciudades, se suprimió definitivamente la Inquisición, hasta que los liberales fueron perdiendo fuerza y esta etapa terminó. Rafael del Riego, derrotado en la llamada Batalla de Jódar el 14 de septiembre de 1823, fue detenido y ahorcado, y luego decapitado el 7 de noviembre de 1823, en la Plaza de la Cebada, de Madrid.

Un decreto del Rey, anuló la Constitución y la legislación del Trienio Liberal y se volvió a la Monarquía absolutista durante la Década Ominosa de 1823 a 1833.

Mis padres vivieron felices quince años en Granada, donde nacimos mi hermana Paca y yo, hasta que se descubrió en 1830, que mi padre estaba implicado en una conspiración liberal contra Fernando VII, fue encarcelado por poco tiempo, y después confinado en Granada bajo vigilancia policial. A raíz de ello, mi madre, que utilizaba el título de Condesa de Montijo, se trasladó con mi hermana y conmigo a París para no vivir bajo esas circunstancias.

Una vez que acabamos los estudios en el colegio parisino del Sacré-Coeur, mi madre se valió de la amistad de un viejo amigo el escritor Prosper Mérimée, se hizo mentor de nosotras introduciéndonos en la alta sociedad de la capital francesa.

A la muerte de Fernando VII el 29 de septiembre de 1833, mi padre se vio rehabilitado ante la Corte, y pasó a residir en Madrid, pero nosotras no regresamos junto a él. Murió en 1839, en su Palacio de Peñaranda de Duero. Cuando volvimos en 1843, mi hermana Paca tenía 18 años y yo 17, nos llamaban las condesitas. Hicimos nuestra entrada en sociedad por la puerta grande, dando un espléndido baile de máscaras en nuestro Palacio del Conde de Montijo, situado en la Plazuela del Ángel, con fachada a la Plaza de Santa Ana, fue construido hacia 1811, por el arquitecto Silvestre Pérez, como casa Palacio de los Condes de Montijo y Teba, era uno de los lugares predilectos de la alta sociedad madrileña, así como buena parte de las de Europa.

Otras veces las fiestas eran en el otro Palacio de la Quinta de Miranda, en Carabanchel Alto, este palacio, mi padre lo heredó de su madre Francisca de Sales de Portocarrero y López Zúñiga sexta Condesa de Montijo. Todas las estancias del palacio estaban decoradas exquisitamente, en sus paredes había cuadros de Pedro Pablo Rubens, de Francisco Meneses Osorio, el retrato de Francisco de Goya realizado por Vicente López, tapices con la historia de Alejandro Magno, brocados procedentes de las habitaciones de Carlos I de España y V de Alemania, traídos del Monasterio de Yuste, en Cuacos de la Vera, Cáceres.

La Reina Isabel II nos visitaba con frecuencia, ya que mantenía una fuerte amistad con mi madre. Se construyó incluso dentro del palacio un teatro, donde acudían escritores como Prosper Mérimée, con su recién novela corta Carmen; un grupo de contertulios como Ángel Fernández de los Ríos, periodista, político, urbanista, publicista y escritor; Ramón de Campoamor, poeta del realismo literario con sus famosas doloras; Sebastián Yradier, compositor, en su juventud fue Organista y Sacristán Mayor en Salvatierra/Agurain, en Álava, cerca de Vitoria/Gasteiz, primer maestro de solfeo para el canto en el Real Conservatorio de Música de María Cristina, Catedrático de Armonía y Composición del Instituto Español, profesor del Colegio Universitario de Madrid; nos daba clase de piano y canto a mi hermana Paca y a mí. Acudían también a las tertulias, aristócratas como José Osorio y Silva, Marqués de Alcañices; Pedro de Alcántara, Duque de Osuna; Jacobo Fitz-James Stuart y Ventimiglia decimoquinto Duque de Alba, y con mucha frecuencia acudía Pepe Hidalgo, en realidad, se comentaba que era amante de mi madre.

(Louis Napoleón).- Que interesante, así que era amante de tu madre, eso añadido al desorden de México, entiendo el exilio de tu buen amigo José o Pepe Hidalgo como tú le llamas.

(Eugenia).- De todas esas fiestas organizadas, mi madre consiguió que mi hermana Paca se casara el 14 de febrero de 1844, con Jacobo Fitz-James, Duque de Alba, pasando a ser Duquesa de Alba.

Mi madre utilizaba el título de Condesa viuda de Montijo, decidió entonces regresar a París convencida de que aquí encontraríamos nuevas oportunidades de futuro.

(Louis Napoleón).- En realidad, no os costó brillar en los salones que frecuentabais madre e hija, así te conocí, en una recepción en el salón del palacio de mi prima Mathilde Bonaparte, en la Rue de Courcelles, en París, donde acudían la flor y nata a las reuniones, bailes, y charlas literarias. Un día apareciste tú recitando de memoria a Pierre Corneille y a Jean Racine, pelirroja, con tus bonitos ojos azules, hablabas francés con acento andaluz, tenías poco más de 20 años y yo 42, por entonces era el único Presidente de la Segunda República Francesa, y me enamoré locamente de ti.

Tardé un año en volver a verte, mis deberes políticos me absorbían, presioné para conservar y aumentar el poder de cuatro años; mi plan fue hacerme con el control de las instituciones estatales. Puse a mi gabinete de confianza en los puestos ministeriales más importantes y en cargos de Policía y Ejército. De un día para otro, tenía bajo mi control a la policía, el ejército y a los burócratas.

Así, el 2 de diciembre de 1851, di un Golpe de Estado, convoqué un referéndum a modo de plebiscito el 20 diciembre en el que salí ganador como Cónsul de la República, con 7.439.000 votos favorables frente a

640.000 negativos, lo que significaba que mi mandato se ampliaba a 10 años con posibilidad de reelección.

El 14 de enero de 1852, se promulgó una nueva Constitución que reforzó los poderes del ejecutivo, y disminuyó el del legislativo que dividió en tres cámaras: Asamblea, Senado y Consejo de Estado.

Casi un año más tarde de este suceso, mediante otro Golpe de Estado, sometiendo a plebiscito por sufragio universal celebrado en noviembre, Francia creó un Imperio, y me proclamé solemnemente el 2 de diciembre de 1852 Emperador de Francia, elegido por el pueblo, tuve 7.800.000 votos a favor y 250.000 en contra, me hice llamar bajo el nombre de Napoleón III, alegando que el fallecido Duque de Reichstadt había sido Napoleón II, quedando así inaugurado el periodo de la Historia francesa como el Segundo Imperio Francés.

(Eugenia).- Durante el periodo de la República, sí que nos vimos algunas veces en el palacio de tu prima Mathilde, pero lo que tú pretendías era llevarme a tu lecho, y yo te contestaba que el hombre que me pretendiera tendría que pasar por el altar.

(Louis Napoleón).- Lo tomé en cuenta.

(Eugenia).- Mientras, tú buscabas una novia a tu medida, al poder ser una princesa de alta alcurnia.

Eugenia de Montijo, Emperatriz de Francia

(Louis Napoleón).- Al proclamarme Emperador de los franceses en 1852, esa situación me empujó a buscar una Emperatriz para tener un heredero. Gestioné en Viena la mano de una princesa. Tras el rechazo de la Princesa sueca Karola de Vasa, en realidad era austriaca, hija del Príncipe de Suecia Gustave de Vasa, pero finalmente se decidió casarla con el Príncipe Albert de Sajonia. Una gestión en

Prusia tampoco dio resultado, yo ya contaba con 44 años de edad.

Francia, tras esos rechazos, seguía precisando de una Emperatriz cristiana, virgen y de alta alcurnia, entonces elegí a una dama española, la Condesa de Teba, que ya te había conocido y enamorado, mi querida Eugenia de Montijo, los dieciocho años que te llevaba no pareció ser problema, aunque en enero, al anunciar mi compromiso matrimonial con una española la Bolsa bajó bruscamente, no me importó, y nos casamos el 30 de enero de 1853, en la Basílica de Notre Dame de París, conseguiste lo que otras jóvenes habían intentado sin éxito, casarme y retenerme rendido a tu lado.

Durante seis meses te guardé fidelidad.

Antaño, sucedió: que siendo pretendiente al trono de Francia en 1846, en esa época estaba exiliado en Londres, en una fiesta de la novelista irlandesa Marguerite Gardiner, Condesa de Blessington, conocí a una actriz y cortesana británica, Miss Harriet Howard, nos hicimos amantes, poco después me instalé en su casa y su fortuna se convirtió en el principal sostén financiero de mis aspiraciones y maniobras para volver a Francia con intenciones de ser nombrado Presidente de la República Francesa. Conmigo Instalé a mis dos hijos Alexandre Louis Eugéne nacido en 1843, y Louis Ernest Alexandre, nacido en 1845, habidos de una relación íntima en la prisión de Ham. Mis hijos se educaron junto Martyn, el hijo bastardo de Harriet Howard.

(Eugenia).- Esa gran fortuna de Harriet Howard ¿de dónde procedía?

(Louis Napoleón).- Miss Harriet a los 18 años de edad, se hizo amante de Mountjoy Martyn, hombre casado, Mayor del Regimiento de los Life Guards, con quien tuvo un hijo Martyn. Mountjoy asignó una fortuna a ambos, en señal de agradecimiento al no figurar él para nada.

Al producirse el movimiento revolucionario de 1848, dejé a Miss Howard y me trasladé de Londres a París. Las autoridades provisionales me hicieron saber que mi presencia no era grata, y tuve que regresar a Inglaterra.

Cuando desterraron al Rey Philippe I de Orleans, Duque de Valois, volví a París y me presenté a las elecciones. Al salir Presidente de la República, escoltado por dragones y lanceros entré en el Palacio del Elyssée, sede de la Presidencia de la República, y cerca de allí Harriet se mudó con los tres muchachos a la calle Cirque, en una mansión en donde la instalé bajo el nombre de Miss Howard como huésped no oficial, invisible al público, pero en círculos bien informados era conocida como mi amante en un discreto segundo plano. Harriet encontró una poderosa enemiga en mi prima Mathilde Bonaparte, con todo y con eso, Harriet siguió apoyándome en mis aspiraciones para convertirme en Emperador, y sufragó generosamente el Autogolpe de Estado el 2 de diciembre de 1851, encabezado por mí.

Al anunciar mi boda contigo, Harriet fue enviada a El Havre, en la región de Normandía, con una supuesta misión, y en su ausencia, su casa fue saqueada por la policía, que hizo desaparecer todas las cartas personales que le había enviado. Una vez neutralizada su capacidad para comprometerme, premié a Harriet con numerosos privilegios, y su fortuna se recuperó cuando yo pude pagar todas mis deudas. Le concedí el título de Condesa de Beauregard, con la propiedad del Castillo de Beauregard, en la comuna de Cellettes, cerca de la carretera que une La Celle-Saint-Cloud y Versalles, en los alrededores de París.

A los seis meses de nuestra boda, retomé relación con ella, porque considerabas el sexo algo desagradable.

(Eugenia).- Sí, me enteré de que retomaste tus amoríos con Miss Howard, y me enfadé muchísimo, te prohibí verla, pero al final tuve que claudicar.

Sabías que después de varios abortos intentando darte tu deseado heredero al trono, me sentí frustrada y desanimada, al final de esa mala etapa, aquí en el Palacio de las Tullerías, el 16 de marzo de 1856, nació nuestro ansiado hijo, además, para suerte tuya era un varón, el Príncipe Imperial Napoleón Eugène Louis Bonaparte, futuro Napoleón IV. Después de un parto muy largo de veintidós horas, y doloroso, que estuve a punto de perder la vida, teniendo que guardar reposo por dos semanas, las relaciones maritales entre nosotros quedaron prácticamente abolidas, aunque a ti no te importó demasiado, ya que seguías conservando a tus amantes.

(Louis Napoleón).- Y tú lo aceptabas. En cierto modo éramos felices; en las Tullerías hemos organizado innumerables fiestas. En 1854, hice construir en la playa de Biarritz un palacio para ti, que decías así sentirte cerca de España.

(Eugenia).- Sí, me hizo mucha ilusión.

Afortunadamente, Harriet Howard, en 1854, ya nos había dejado en paz, se casó con el Capitán Clarence Trelawny, un criador de caballos inglés, el dinero de su esposa lo utilizó para negocios.

(Louis Napoleón).- Mis dos hijos, que ella había criado, volvieron con su madre Eléonore Vergeot que también se había casado y el marido les dio el apellido Bure.

(Eugenia).- Recuerdo, cuando nos casamos me enfadaba mucho al oír llamarte todavía, no sé por qué, "El conspirador fracasado reiteradamente".

(Louis Napoleón).- Todo tiene una explicación.

El momento más interesante, es el que abarca el periodo entre 1836 a 1846, cuando yo no era nadie, solo el sucesor del Bonapartismo desterrado de Francia.

Encabecé dos rebeliones destinadas a derrocar el régimen del Rey Louis Philippe I de Orleans en 1836 y otra en 1840. Una mañana de octubre de 1836, por primera vez desde mi niñez viajé a Francia, procedente de Suiza, para intentar dar un Golpe de Estado en Estrasburgo, y hacerme con el poder; me presenté en el cuartel del Cuarto Regimiento de Artillería, el Coronel del regimiento estaba dispuesto a sublevarse y arengó a la tropa ensalzándome diciendo que yo era sobrino del Gran Napoleón, por lo tanto me siguieron, todo el regimiento marcharon conmigo al frente por las calles de Estrasburgo gritando ¡Viva el Emperador! Toda la columna nos dirigimos al cuartel del Regimiento nº 46 de Línea, pero el golpe falló al no querer sublevarse e intentar detenernos, aunque no lo consiguieron, y pude escapar a Inglaterra. Nuevamente intenté otro Golpe en agosto de 1840, cruzando el Canal de la Mancha en una pequeña nave con 55 hombres, salimos rumbo a Boulogne-Sur-Mer, a las cinco de la mañana desembarcamos y marchamos por las calles hasta el cuartel de una guarnición de soldados, intentamos que se nos uniesen, pero las tropas del cuartel se negaron a sublevarse, un funcionario del Gobierno de la ciudad, sin querer fue herido en el pecho con el estandarte de bronce que llevábamos, la policía y la guardia nacional aparecieron, nosotros huimos muertos de miedo hacia el puerto donde habíamos atracado la nave, pero los funcionarios de la Aduana se habían hecho cargo de la embarcación, comenzaron a perseguirnos a tiros, nos tiramos al agua, y fuimos apresados, más bien rescatados medio ahogados.

El Rey Louis Philippe I de Francia, harto ya de mis intentonas golpistas me mandó encarcelar en la Fortaleza de Ham, departamento de Somme, en la Región de Picardía, en Francia. Pese a que estaba preso, bajo el régimen gocé de cierta comodidad relativa a lo largo de mi etapa en la prisión. Durante los años de confinamiento, aparte de leer bastantes libros de diversos temas, escribí los ensayos que determinaban mi ideología romántica, mi liberalismo autoritario e incluso mi socialismo utópico. En la prisión conocí a la limpiadora de las celdas, Eléonore Vergeot, nos hicimos amantes, con ella tuve a mis dos hijos Alexandre y Eugéne.

En 1846, disfrazado de carpintero, logré burlar a los guardianes, escapé de Ham, quise volver a Suiza al enterarme de que mi madre estaba gravemente enferma, de regreso encontré a mi madre en la agonía, y al poco murió el 5 de octubre de 1847, tenía 54 años de edad. El Rey Louis Philippe sugirió a los suizos que me expulsaran del territorio, los suizos se negaron a obedecer. Tropas francesas se estacionaron en la frontera, al final preferí trasladarme a Londres, donde me agasajaron, y se me permitió el uso de un carruaje con el Águila Imperial grabada en las puertas.

Permanecí exiliado dos años en Inglaterra, donde conocí a la ya citada Miss Harriet Howard.

Cuando Louis Philippe fue derrocado en 1848, con el dinero de mi amante, organicé la vuelta a Francia y me presenté candidato a la República.

Aunque te diré que estuve a punto de casarme, por entonces no tenía ningún rango, en 1835 visitando Trieste, me prometí con mi prima Mathilde de 15 años de edad, y yo 27, como ya sabes, es hija del descerebrado Jérôme Bonaparte y de Katherine de Würtemberg.

Su padre, o sea mi tío, fue Rey de Westfalia desde 1807 a 1813, reino que en 1807 creó su hermano el Gran Napoleón I, obligándole a casarse sin protestar por su parte, con la Princesa Katherine de Würtemberg, su segunda esposa.

Su reino fue un fracaso, duró seis años, demostró no tener capacidad como gobernante, se pasó todo el tiempo despilfarrando los cinco millones de francos que tenía asignados para su propio disfrute personal. En 1813, abdicó del trono de Westfalia, acababa de enviudar, había perdido gran parte de sus recursos procedentes exclusivamente de su suegro el Rey Wilhelm I de Würtemberg, una antigua región localizada en Suabia, en el sudeste de la actual Alemania. Fue proclamado reino independiente por intervención de Napoleón I Bonaparte en el marco de las Guerras Napoleónicas.

Con vistas a nuestra boda, mi tío Jérôme, nos compró a crédito el Castillo de Gottlieben en Suiza, cerca del Castillo Arenenberg donde residíamos mi madre y yo, también mi hermano Napoleón Louis, Duque de Berg, vivió un corto tiempo hasta que se casó con nuestra prima Charlotte Napoleona Bonaparte, hija de mi tío José I, ex Rey de España.

No obstante, mi boda no llegó a celebrarse, debido en parte, a la oposición del abuelo de Mathilde, el Rey de Würtemberg, cuando se enteró de mi pasado carbonario como miembro de una sociedad secreta de la resistencia italiana fundada en Nápoles, emparentada con la francmasonería que instigaba revoluciones en Italia para despojar al Papa de su poder secular. Sus ideales combinaban el liberalismo y el nacionalismo. Mi hermano, murió el 17 de marzo de 1831, en Forlí, Estados Pontificios, ayudando a los carbonarios, en realidad murió por un brote de sarampión que se desató en la región, tenía 26 años de edad.

Mi prima Mathilde se casó en Florencia en noviembre de 1840, con el Conde Anatole Demidov, este matrimonio no tuvo hijos y nunca fue feliz. El Conde, extremadamente rico, pero violento, se negó a abandonar a su amante Valentine de Saint Algigorde. Mathilde, enfadada huyó a París, llevándose las joyas que constituían su dote, sin saber que mi tío Jérôme, siempre escaso de dinero, las había vendido al Conde Demidov antes de la boda. Pese a todo, el tribunal de San Petersburgo condenó a Demidov a pagar una pensión a su esposa, que nunca devolvió las joyas.

El matrimonio fue autorizado a separarse en 1847, por decisión personal del Zar Nikolai I de Rusia.

A finales del reinado de Louis Philippe I de Francia, en 1848, Mathilde se instaló en París, cerca de su amante Emilien de Nieuwerkerke, a quien había conocido años antes en San Donato, en Milán.

Tras mi ascenso a la Presidencia de la República, y después a la dignidad Imperial, Mathilde asumió un papel predominante en la escena parisina ejerciendo de Primera Dama junto a mí en el Palacio del Elysée. Desde entonces tenemos muy buena relación, incluso, me ayudó económicamente durante mis campañas.

En su palacio en la Rue de Courcelles, su salón literario lo mantiene muy concurrido, recibe a su hermano el Príncipe de Montfort, Napoleón Joseph Charles, apodado Plon-Plon, anticlerical liberal, recibe también a escritores de todas las tendencias políticas, como Paul Bourget, a los hermanos Edmond y Jules Goncourt, a Gustave Flaubert, a Theophile Gautier, a Iván Turquenev, entre otros. Acoge a todos sus visitantes con un refinamiento extremo de la superioridad y de la cortesía, tú misma lo has comprobado, y tienes muy buena relación con ella desde que nos casamos.

En esa época, el Segundo Imperio florecía, fue de mayor avance social, cultural y tecnológico que Francia haya tenido, y gracias a las reformas urbanas que encargué a Georges Eugéne Haussman, Prefecto del Sena, diputado y senador, le otorgué el título de Barón, y bajo mis órdenes fue por lo que París se ha convertido en la Ciudad de la Luz.

El Papa Pío Nono decía de mí "Es el Constantino de la cristiana Francia, el Carlomagno de los tiempos modernos", sin embargo, la vieja aristocracia jamás te aceptó; para ellos, la Emperatriz Eugenia no eras siquiera Madame Bonaparte, te llamaban "la española" o "Mademoiselle Montijo".

(Eugenia).- Nunca me importó esa gente; desciendo de una familia de la alta sociedad Grandes de España.

(Louis Napoleón).- Aunque no descendieras de la alta sociedad de España, me hubiera casado igual contigo. Quien celebró bien nuestra boda fue tu madre, consiguió sus planes de tener una hija Duquesa de Alba, casada con uno de los hombres más ricos de Europa, y otra hija Emperatriz de Francia.

(Eugenia).- Mi madre, por entonces, ya tenía el trato de Excelentísima Señora, al poseer la distinción de la Real Orden de las Damas Nobles de la Reina María Luisa, equiparándola a la Grandeza de España, es una orden española creada por el Rey Carlos IV mediante un real decreto de 1792 a instancias de su esposa la Reina María Luisa, para que tuviera una forma de recompensar a las mujeres nobles que se distinguieran por sus servicios o cualidades, por lo que se trata de una distinción reservada únicamente a mujeres. Su insignia consiste en una banda de tela de moaré, compuesta por tres franjas verticales: la central blanca y las dos laterales moradas. Se coloca terciada desde el hombro derecho hasta el costado izquierdo, y de ella pende una cruz de ocho puntas de oro, en cuyo centro se localiza dentro de un óvalo la imagen de San Fernando, armado, coronado y con el manto regio, en la mano derecha porta una espada, mientras que en la izquierda sostiene el globo u orbe real. La Reina Isabel II otorgó a mí madre la distinción, y al mismo tiempo la de Camarera Mayor.

Después de nuestra boda, mi madre regresó a Madrid, viviendo en el Palacio de Montijo o Miranda, forma parte de la Quinta de Miranda en Carabanchel Alto, donde continuó, aunque sin ejercer, manteniendo en la Real Casa los honores y consideraciones de Camarera Mayor.

Cuando nos casamos, yo sabía que no quería limitarme a ser una figura decorativa al lado del fundador del Segundo Imperio Francés. Para empezar, solamente acepté los 600.000 francos como regalo de boda del Ayuntamiento de París, si éstos se destinaban a la fundación de la primera de las muchas instituciones de caridad que nacerían en mis años de reinado. Visité la ciudad de Amiens durante una epidemia de cólera. Mi pasión por la moda me sirvió para impulsar varios sectores de la vida económica francesa, por ejemplo: las manufacturas sederas de Lyon, y tanto mi alianza con el modisto Charles Frederick Worth como mi pasión por las joyas y los complementos fueron definitivos para hacer de París el motor de la moda internacional, lo que redundó en beneficio de la economía nacional.

Bajo mi protección, Louis Pasteur pudo financiar sus investigaciones para la vacuna contra la rabia y el proceso de pasteurización, e igualmente las mujeres, de entre ellas, la pintora Rose Bonheur pudieron labrarse su camino en un mundo de hombres. También, conseguí retomar mis clases de canto con mi antiguo profesor de música Sebastián Yradier, que se había trasladado a París en 1851 e hizo gran amistad con Prosper Mérimée, al que había conocido en sus tertulias madrileñas; también conoció e hizo gran amistad con Georges Bizet, y Gioachino Rossini, entre otros.

Por tu parte, no olvides, que hace tiempo yo fui quien te impulsó establecer un protectorado en Hispanoamérica.

(Louis Napoleón).- Sí, lo recuerdo, por eso, en 1859, tuve una tentativa de crear un protectorado y posible instauración monárquica andina francesa en la República del Ecuador, la propuesta fue presentada en 1860, por el entonces Presidente, Gabriel García Moreno, del Partido Conservador, por medio de tres cartas enviadas al Ministro Emilie Trinité, encargado de negocios de Francia con sede en Guayaquil; en las cartas se solicitaba una asociación con el Imperio dirigido por mí Napoleón III, similar a la que tenían Canadá con el Reino Unido.

Lo que de verdad deseaba García Moreno, era un protectorado francés condicionado, es decir, siempre y cuando se diera un ataque por parte del Perú, la idea de este protectorado era tan sólo como un remedio provisional para proteger al Ecuador. Las cartas nunca llegaron a París, pues Emilie Trinité murió en el puerto ecuatoriano antes de reenviarlas al Gobierno francés, aunque García Moreno no lo supo de inmediato. En uno de los documentos, encontrados en Guayaquil, decía que se cedería a Francia el archipiélago de Galápagos para establecer allí un apostadero naval del Pacífico. Lo mismo con las tierras baldías en la Amazonía. Los beneficios de la alianza con Francia llevaría por nombre Reino Unido de los Andes, y estaría dirigida por un príncipe católico designado por Napoleón III.

Inicialmente, aunque yo no estaba del todo renuente al plan, dudé en aceptar el proyecto de García Moreno, dado que nuestra Escuadra en el

Pacífico no sería lo suficientemente fuerte para enfrentarnos, llegado al caso, a un adversario como, por ejemplo, Gran Bretaña. Por eso, en febrero de 1862, una razón mucho más poderosa pasó sobre mi decisión, Francia había iniciado su intervención armada en México, empresa que está absorbiendo todo mi interés.

Napoleón III Emperador de Francia

He gobernado hasta 1860 sin oposición, en parte por el control policial y la censura de prensa, y en parte por la mejoría económica de Francia, impulsando el imperialismo, no sólo con fines económicos, buscando materias primas y mercados, fijando mi atención también en Asia, mediante el Tratado de Tien Tsin, en 1860, China se ve obligada a abrir sus puertos al comercio francés, pero es en Indochina donde puse en marcha una auténtica empresa colonial en Cochinchina.

(Eugenia).- Mis actividades no quedaron ahí, católica convencida, no dudé en apoyar a los partidos conservadores para la Unificación de Italia, lo que me valió la enemistad de buena parte de los sectores políticos.

(Louis Napoleón).- Esa actitud tuya, me trajo problemas; yo apoyaba en mi juventud los movimientos liberales, nacionalistas y socialistas de Italia y Austria, pero tú apoyaste la Unificación de Italia, lo que hizo surgir el odio de algunos carbonarios que había apoyado en mí juventud, hasta el punto de sufrir un atentado en 1858, por parte del terrorista Felice Orsini, estaba convencido de que yo era el principal obstáculo para la independencia de Italia, y el causante de las reacciones antiliberales en Europa.

Orsini viajó a París con tres bombas y contactó con otros conspiradores como Giuseppe Pieri, Antonio Gómez y Charles De Rudio.

En el atentado, cuando nos dirigíamos al Teatro de la Opera, por la explosión de tres bombas murieron ocho personas y hubo 150 heridos, nosotros pudimos salir ilesos.

La policía detuvo al día siguiente a Felice Orsini, fue sentenciado a muerte y el 13 de marzo de 1858, murió en la guillotina. Sus cómplices fueron también sentenciados, Giuseppe Pieri fue ejecutado, Antonio Gómez fue condenado de por vida a trabajos forzosos, y De Rudio condenado a muerte, pero la pena fue conmutada a cadena perpetua en la Isla del Diablo, en la Guayana Francesa, de donde escapó y emigró a América uniéndose al Séptimo Regimiento de Caballería, en el que mandaba el General George Armstrong Custer.

Más tarde, te nombré regente cuando tuve que alejarme del Trono en 1859, durante la campaña de Italia.

El conflicto entre el Piamonte y el Imperio austriaco, surgió a raíz del deseo de unificar Italia, y Austria no estaba dispuesta a la unificación, ya que en el Congreso de Viena en 1815, convocado con objeto de restablecer las fronteras de Europa, se había asegurado las anexiones del Véneto en el Norte de Italia, su capital Venecia y Lombardía, su capital Milán, y su influencia sobre los ducados de Parma, y Módena, las dos en la región de Emilia-Romaña, y Toscana, su capital Florencia, al colocar en ellos a príncipes austriacos.

El propósito de la guerra era dar a Italia su propio ser. Italia tenía que ser libre desde el Adriático a los Alpes.

Prometí, que si Austria atacaba al Piamonte, su capital Turin, y la isla de Cerdeña, su capital Cagliari, Francia intervendría, y a cambio, de recompensa se me cedieran Saboya y Niza, en poder del Reino de Cerdeña.

Al final, se formó una campaña feroz, salí a la guerra con 130.000 hombres a combatir al Imperio austríaco. Los beligerantes éramos: el Segundo Imperio francés con el Emperador Napoleón III y su aliado el Reino de Cerdeña con el Rey Vittorio Manuel II de Saboya, apoyados por las Provincias Unidas de Italia Central.

Las fuerzas aliadas estábamos decididas a acabar con la resistencia, y expulsar del territorio de Piamonte al Imperio austriaco con el Emperador Franz Joseph I. La fecha del comienzo el 29 de abril de 1859, lugar Lombardía, de Austria.

Los dos ejércitos nos encontramos en una mañana extremadamente calurosa del 4 de junio de 1859, las tropas chocamos por sorpresa cerca de la ciudad italiana de Magenta, en los ducados de Toscana y Módena, donde se dio la Batalla de Magenta, entre Francia, Piamonte-Cerdeña, contra Austria.

El Ejército francés cruzó el río Tesino, y desbordó el flanco derecho austriaco, batiéndonos con arma blanca, bayonetas y espadas, los fusiles eficaces austriacos quedaron anulados, la lucha duró todo el día bajo un calor sofocante. Durante la noche muy oscura paró el combate, y a la mañana siguiente, se vio retrocede al Ejército austriaco y retirarse.

La Batalla de Magenta, no fue especialmente la más grande, ya que no participaron ni caballería ni la artillería, pero fue una victoria decisiva para el bando sardo-francés, aunque sufrimos 657 muertos y 3.858 heridos, y los austriacos 1.368 muertos, 4.538 heridos y 4.500 capturados.

Los austriacos derrotados en Magenta el 4 de junio, fueron empujados hacia Lombardía. El 24 de junio, los ejércitos se enfrentaron de nuevo, esta vez en el pequeño pueblo de Solferino, de la provincia de Mantua, cerca de Lombardía, donde comenzó la Batalla de Solferino, en el Sur del Lago de Garda, fue la más cruenta y sangrienta, los combates duraron más de 15 horas en las que después de sufrir una ingente cantidad de pérdidas a base de fusil, bayoneta calada y metralla de cañón, los austriacos empezaron a ceder posiciones bajo una lluvia torrencial que apareció de improviso, entonces, comenzó a oírse el sonido de los fusiles y espadas de los vencidos austriacos cayendo sobre el suelo, se decidió la retirada que se convirtió en una desbandada total. ¡Vencimos a Franz Joseph!, pero las bajas por nuestra parte fueron de 10.000 muertos, y por parte austriaca 12.500. Aunque, Vittorio Manuel II todo el tiempo estuvo a cinco kilómetros de la batalla fumando un puro, Franz Joseph I también estuvo lejos de los combates, solamente yo Napoleón III estuve al alcance de los tiros de los cañones.

Un hombre empresario, filantrópico y humanista suizo llamado Henry Dunant, impresionado por la masacre y mala atención médica que se dio a los miles de heridos franceses, piamonteses y austríacos en la Batalla de Solferino, socorrió a los heridos de un lado y de otro, en el bello y pequeño pueblo italiano. Desde entonces, Henry Dunant está haciendo gestiones ante líderes políticos para tomar medidas de protección en favor de las víctimas de los conflictos de guerra y de otras situaciones de violencia y desastres, siendo socorridos por voluntarias y voluntarios.

Según creo, está preparando un Comité Internacional con dieciséis países como cooperadores, este Comité Internacional será imparcial, neutral e independiente, se llamará La Cruz Roja.

(Eugenia).- ¡Ah! Gran hombre este Henry Dunant.

¿Y qué fue de Maximilian?

(Louis Napoleón).- Maximilian, ya sustituido como Virrey, fue destinado en Venecia al mando de cuatro o cinco lamentables barcos, un cargo pasivo de espectador de lo que sería una guerra terrestre, y acatando órdenes de su hermano.

Después de las batallas de Solferino y Magenta, Franz Joseph I, derrotado, hubo de avenirse a un "Armisticio", los dos soberanos nos reunimos en el pequeño lugar de Villafranca di Verona, en el Véneto.

Durante unos minutos hablamos de nuestros respectivos hijos: Rudolf, heredero de la Corona austriaca, y Napoleón Louis Eugéne Príncipe Imperial de Francia.

A continuación, presenté las condiciones para que las hostilidades cesaran. Firmamos el 11 de julio de 1859 el "Armisticio de Villafranca" entre el Segundo Imperio francés y el Imperio austriaco, ratificado en el tratado de Zurich el 10 de noviembre de 1859, permitía la Unificación italiana, poniendo fin a la guerra austro-franco-sarda. El Reino de Lombardía — Venecia fue dividido. Austria tenía que abandonar Italia, perdiendo todas sus posesiones excepto el Véneto con la ciudad de Venecia.

El Emperador austriaco puso objeciones, y al fin convinimos en que Lombardía, con su capital, Milán, sería evacuada inmediatamente, excepto Mantua y Legnago, Peschiera del Garda, y Verona, de la Lombardía, que formaban la Fortezze del Quadrilatero, sistema defensivo en el Norte de Italia, serían cedidas a Francia, que a su vez, las cedí a Cerdeña en manos de Vittorio Manuel II de Saboya, Rey de Piamonte, que consiguió la incorporación de Toscana, Parma, Módena y Bolonia, y la Lombardía cedida por mí. Francia recibió de Cerdeña, lo prometido, Saboya y Niza.

Franz Joseph estaba compungido, porque perdía sus provincias más hermosas.

Después de la reunión en Villafranca, según me informaron, hubo escenas tormentosas entre los hermanos Franz Joseph y Maximilian, cuando ambos discutieron los acontecimientos que habían llevado a Austria al desastre. Se comentó que en presencia de la Corte, los dos hermanos llegaron a las manos, Maximilian le reprochó, que por su culpa había perdido su cargo de Virrey en Milán y Venecia. Desde entonces la amistad de los dos hermanos se volvió muy tensa.

Vittorio Manuel II, añadió Lombardía a su reino, el 13 de marzo de 1861, el Primer Parlamento Nacional reunido en Turín, proclamó como Rey de Italia a Vittorio Manuel II de Saboya, el 17 de marzo se convirtió en el dueño de toda la península, a excepción de Venecia, y el Trentino-Alto Adigio, su capital Trento, aún en poder de los austriacos, y de los Estados Pontificios.

(Eugenia).- Durante esa campaña atroz en Italia, la seguí con angustia a pesar de tus victorias.

Me tranquilizaba pensando en nuestra boda, que tuvo gran repercusión en España, el poeta del movimiento "Romanticismo" José Zorrilla nos visitó. Venía de Madrid, tras el gran éxito del drama "Don Juan Tenorio" escrito en 21 días.

Sus dramas eran tan reconocidos que en 1834, recibió del Gobierno de España la Cruz supernumeraria de la Real y Distinguida Orden de Carlos III, junto a los también dramaturgos Manuel Bretón de los Herreros y Juan Eugenio Hartzenbusch.

Sabía que soy granadina, y como regalo de nuestra boda nos dedicó la oda "Serenata morisca", pensó que así le condecorarías con La Legión de Honor, pero tú pasaste de él porque alguien te hizo saber que era un hombre de mala conducta, que vivía separado de su mujer Florentina O'Reilly, de origen irlandés, condesa arruinada, 20 años mayor que él, muy celosa y le hacía la vida imposible.

(Louis Napoleón).- No solamente era de mala conducta por eso; cuando se trasladó expatriado en 1851 a vivir en París, debido a la precariedad de sus finanzas y no soportar a su esposa, aquí se encontró con la familia Serrano, conocida desde Valladolid, habían sido enviados en apoyo de la Reina Regente María Cristina de Borbón, le presentaron a su hija una niña de 14 años de edad Emilia Serrano García, que ya publicaba poemas y escribía en distintas revistas. A Zorrilla le llamó la atención su talento y belleza, a la que estuvo seduciendo y convirtiéndola en su musa, a sabiendas de que era un hombre casado.

(Eugenia).- Efectivamente, Emilia Serrano, a quien amó apasionadamente y la convirtió en su famosa Leila, nombre poético con el que la recordó en sus versos, para no descubrir su relación secreta.

Zorrilla escribió "La Rosa de Alejandría" y "Serenata a Leila", inspirados y dedicados a la joven.

Los padres de Emilia, al darse cuenta de sus amoríos con Zorrilla, con tan solo sus 14 años de edad, para separarles, la prometieron con Heinrich Wilson, un Barón inglés de origen alemán, con el que se casó un año después, trasladándose en 1853 a vivir a Inglaterra. No obstante Zorrilla siguió frecuentándola al mudarse también a Inglaterra. Finalmente dio a luz una niña a la que bautizaron como Margarita Aurora, que según declaró la propia Emilia fue fruto de su relación con Zorrilla.

En enero de 1855, las deudas le asfixiaban y Zorrilla decidió marchar a México, embarcó en el puerto de Southamton en el buque "Paraná", el día de la despedida, Emilia acudió al muelle con la niña en brazos. Como despedida le dedicó a Leila otra obra "La flor de los recuerdos".

El Barón Wilson falleció en 1856 a los tres años de su matrimonio, Emilia Serrano de Wilson, quedó viuda con 18 años, desde entonces adoptó ese nombre, poco después murió la pequeña Margarita Aurora. Emilia Serrano de Wilson, conocida también como Emilia Serrano Tornel, se convirtió en escritora y editora, era natural de Granada, se trasladó a vivir a Madrid, donde dirigió la revista "La Caprichosa" y más tarde "La Nueva Caprichosa" y publicó todo tipo de crónicas en periódicos de París y Madrid. No era habitual que una mujer fuese aceptada en el mundo del periodismo, Emilia casi nunca firmó con su nombre, mayormente como Leila, Leilach, y algunas veces Baronesa de Wilson.

En 1859 y 1860, recaló en Granada donde dio a conocer el himno de guerra "La Granadina", compuesto para arengar a las tropas españolas en la Guerra de Marruecos. En esta época también escribió obras de todos los géneros literarios: el poema en verso "Las siete palabras de Cristo en la Cruz", la novela "El ángel de la paz", el poema en verso "El camino de la Cruz", etc.

Volviendo a Zorrilla; en su época de esplendor, en agradecimiento a la oda que nos había compuesto, le invité a palacio, y en nuestra conversación, mirándome a los ojos compuso una "Serenata" un género que está muy en boga entre los poetas románticos, y que recuerdo con gran cariño:

"A orillas del Darro".

Granada, ciudad bendita reclinada sobre flores,

Quien no ha visto tus primores, ni vio luz ni gozó bien.

Quien ha orado en tu mezquita y habitado en tus palacios, visitado a los espacios encantados del Edén.

José Zorrilla, Poeta

El albor de la mañana se esclarece en tu sonrisa, y en tus valles va la brisa de la tarde a reposar.

¡Oh Granada la sultana del deleite y la ventura, quien no ha visto tu hermosura, al nacer debió cegar!

(Louis Napoleón).- Muy bonitos los versos, aunque la poesía no es lo mío. Este Zorrilla vive desde hace años en México, allí se está ganando la vida como buenamente puede, escribiendo poemas, y según creo, en 1858 viajó a Cuba y permaneció allí un año traficando de vez en cuando con esclavos, aliándose con un reconocido negrero importador de indios prisioneros de México a Cuba y vendiéndolos a las haciendas azucareras, pero la muerte de su socio por fiebre amarilla, tuvo que liquidar el negocio y volvió a México en marzo de 1859, llevando una vida de aislamiento y pobreza.

Parece que de México le gusta mucho su libertad, y sobre todo su bebida, su música y sus mujeres que le inspiran para sus poemas.

(Eugenia).- Cuando llegó a México en 1855, él quería ser considerado como el poeta del pueblo. Le compadezco, después de haber tenido tantos éxitos en España, tenga que estar viviendo malamente en México, donde es muy difícil abrirse camino, y todavía más, si bebe mucho.

Hoy en día sigue siendo aún más difícil que cuando llegó.

Las cosas iban mal ya desde que estalló el movimiento de independencia en 1810, hasta su independencia definitiva en 1821 surgió la pregunta ¿Monarquía, República o Imperio?

Se fueron sucediendo más de sesenta presidentes, la media era de un presidente cada año. Se creó una lucha de poder entre liberales y conservadores. A la caída del gobierno liberal, hubo una serie de tratados donde se implantó una Monarquía Constitucional que defendía la religión católica, así se proclamó el nacimiento del Primer Imperio Mexicano. Hubo un Emperador mexicano llamado Agustín Iturbide, coronado en julio de 1822, fue fusilado en Tamaulipas en julio de 1824.

Se proclamó la República, y cada uno de estos candidatos, que se proclamaba por la fuerza, a continuación eran asesinados o depuestos por sus mismos electores.

También en el Caribe hay mexicanos en exilio, así también en los Estados Unidos de Norte América, como ya sabes, Pepe Hidalgo es uno de los expatriados, y con él su amigo diplomático y político José María Gutiérrez de Estrada.

(Louis Napoleón).- Este Gutiérrez de Estrada, tras publicar un manifiesto a favor de la Monarquía en 1840, por el revuelo que formó, tuvo que salir del país en 1842, para exiliarse en Roma, desde donde iba explicando por toda Europa, sobre todo en los centros gubernamentales y financieros, diciendo: Que México estaba en la ruina, y en una anarquía total bajo las revoluciones que derriban a los presidentes, y que las patrullas de bandidos mandaban en los caminos.

Buscaba gestionar el trono mexicano regido por una persona de la aristocracia, a poder ser príncipe. En Viena visitó en la Cancillería austriaca al diplomático Klemens von Metternich, en París visitó al Rey Louis Philippe I de Francia.

Creo, que ambos le expresaron por encima

tener interés en hallar en sus respectivos países una persona de la realeza que pudiera regir a los mexicanos. Pero, surgió la Revolución de 1848 arrojando a Louis Philippe del trono francés, y a Metternich de la Cancillería austriaca. También a mí, me sacó del exilio en Inglaterra, pudiendo regresar a Francia.

Klemens von Metternich huyó de Viena y se refugió en el único país estable que quedaba en Europa, Bélgica.

Louis Philippe I, fue el último Rey de Francia, ya que el país galo nunca más fue reino, ni siquiera conmigo. La Revolución de 1848, dio paso a la Segunda República, y la familia Real francesa tuvo que huir del país; pidieron asilo político en Inglaterra, a Louis Philippe de Orleans se le concedió, incluso, murió el 25 de agosto de 1850 en Claremont Surrey.

Después, cuando la República fue derrotada, pasó a ser Imperio bajo mi mandato como Emperador Napoleón III, Gutiérrez de Estrada continuó sus gestiones, ahora con los que habíamos sucedido a los desterrados, especialmente conmigo. Así como José Hidalgo es convincente, Gutiérrez de Estrada es adusto y tan desagradable que molesta a quienes explica su propósito, yo en cuanto podía le esquivaba, me aburría con sus pesadas maneras, por lo tanto, pedí a Hidalgo que no volviera a traerle, total, que Hidalgo se encargó de continuar en el punto en que su amigo lo había dejado, ante mis negativas también a escucharle dejó de visitarme.

(Eugenia).-Situemos los hechos hasta llegar a la expedición a México, que te tiene tan preocupado. Sabes, que desde que me proclamé Emperatriz de Francia en 1852, perdí el rastro de Pepe Hidalgo, hasta que un día en el verano de 1857, me dirigía de Biarritz a Bayona para ver una corrida de toros, cuando de casualidad vi en una calle a un caballero que me saludaba quitándose el sombrero ¡Era Pepe Hidalgo! Ordené de inmediato detener el carruaje, Hidalgo se acercó y nos saludamos; le invité a visitarme al día siguiente en mi yate. En la embarcación, le hallé tan amable como en los lejanos días que nos veíamos.

Desde entonces se hizo asiduo visitante nuestro, asistía a cacerías en Compiégne, y convivió durante semanas en los palacios de Saint Cloud, Chantilly, Fontainebleau, también asistía a los bailes aquí en el Palacio de Las Tullerias, y logró introducir de nuevo a su amigo Gutiérrez de Estrada.

Así transcurrieron tres años de fiestas y banquetes, y en 1861, Hidalgo, durante uno de nuestros encuentros me comunicó; que por los círculos de mexicanos emigrados se sabía que México no podía pagar sus inmensas deudas a las potencias europeas, que sin duda tendrían que actuar, y pensándolo bien ¿no podría ser el Emperador de los franceses quien dirigiese la intervención?

Le invité a comer en el Palacio de las Tullerias, al terminar, me contó, casi me suplicó, que yo como española y católica influyese sobre ti poderoso Emperador de Francia, a prestar ayuda a un país de cultura española que de ser abandonado caería sin remedio en influencia anglosajona y protestante de los Estados Unidos de América.

Yo no podía forzarte a que me fueses fiel y olvidases a tus amantes, pero sí creía poder conseguir que me prestases oídos a las razones de Pepe Hidalgo.

Eugenia llevó a Hidalgo al despacho del Emperador, que se levantó, encendió un cigarro y escuchó las súplicas de Eugenia y las de Hidalgo.

(Eugenia).- Pepe, dile al Emperador lo que me acabas de comentar.

(Hidalgo).- Majestad, por mis conocimientos verídicos, después de que Benito Juárez decretase la Ley de la Reforma, con la separación de la Iglesia y el Estado, la venta de los bienes nacionalizados del clero no resultan suficientes para hacer frente a los grandes gastos y deuda externa, México no puede pagar sus deudas a las potencias europeas. Seguramente los ingleses furiosos por no obtener intereses de sus empréstitos, ordenarán que los barcos de guerra se dirijan a los puertos mexicanos, que son fáciles de bloquear. También, cabe la seguridad de que España no permitirá que México, su antigua colonia, se niegue a pagar sus deudas.

(Louis Napoleón).- ¿Y Francia?

(Hidalgo).- Francia debería destruir a los ideólogos radicales, y proclamar allí una Monarquía, sería la única salvación del país.

(Louis Napoleón).- Ciertamente creo que España e Inglaterra tendrían que hacer algo respecto a México; y si los intereses de Francia lo exigen yo intervendré también. ¿Cómo puedo hacerlo?

(Hidalgo).- Francia sola no puede hacer mucho en una tierra situada a miles de millas en la otra orilla del Atlántico, lo más conveniente sería que se uniera al Reino Unido y a España, exigiendo la deuda contraída por México. Aunque, más allá de una simple intervención para cobrar deudas, el país necesita una reorganización completa, hacer justicia, en una palabra, una regeneración. Los mexicanos nunca lo conseguirán por sí solos, necesitan un monarca que dé dignidad a los partidos en contienda y unidad al país. ¿Me permite Vuestra Majestad preguntarle si podría tener algún candidato a la vista? Los mexicanos aceptaríamos el que Vuestra Majestad eligiese.

El Emperador, paseó por la sala, encendió otro cigarro y dudando dijo:

En este momento no tengo ninguno a la vista, ¿tiene qué ser algún príncipe español?

(Hidalgo).- No, Majestad, no necesariamente pensamos en un príncipe español, ya que las relaciones con México en este momento no son buenas, han cortado prácticamente su relación al expulsar de México al Embajador español.

(Eugenia).- Esposo, veo que no te has negado a implantar una monarquía en México. Es una pena que no sea un príncipe español, ya que sería católico, entonces ¿cuál podría ser?

(Hidalgo).- Ya he dicho, que no necesariamente sea español, hay más países con príncipes en Europa.

(Eugenia).- Quizás pensemos en dos o tres príncipes alemanes, pero como son protestantes y de Estados muy pequeños, México católico no lo aceptaría, sería mejor Austria con sus archiduques pero ¿cuál de ellos?

(Hidalgo).- Creo que el Archiduque Raniero Ferdinand de Austria, Príncipe de Hungría y Bohemia, se podría tantear; aunque posiblemente no aceptase, porque hace cinco años le nombraron Presidente de la Cámara de los Señores de Austria, y ahora posible Ministro Presidente de Austria.

(Eugenia).- El Archiduque Maximilian ¿no querría?

(Hidalgo).-Ah, no, no querrá, vive bien en su Castillo de Miramar en Trieste.

(Louis Napoleón).- No, no aceptará.

Eugenia dándose un golpe en el pecho con el abanico comentó:

Bueno, algo me hace suponer que sí aceptará. Ferdinand Maximilian, como así se llama, ha perdido su cargo de Virrey de la Italia austriaca en Milán, de la Lombardía, y Venecia, de la región de Véneto. Y con 29 años de edad, sin futuro, seguro que está más deprimido que nunca, y ser Emperador de México es muy tentador.

(Hidalgo).- Si es así, podemos intentarlo.

(Louis Napoleón).- No quiero sangre, y si todo lo que requiere es que unos soldados hagan una triunfante marcha que aseguren el pago de los débitos mexicanos, sé que la Emperatriz se sentirá feliz, y un Archiduque austriaco será la mejor elección, ya que mejorará las relaciones franco-austriacas que la guerra de 1859, han abatido. Decido, por tanto, que Francia irá a México.

Cinco minutos después de haber dicho el Emperador "Francia irá a México", Hidalgo preguntó si podría utilizar el telégrafo de Su Majestad para comunicarle a Gutiérrez de Estrada, en esos momentos en Roma, que se apresurase a presentarse en Viena para sondear al Gobierno austriaco sobre la posibilidad de enviar a México un Archiduque austriaco. Era un mexicano quien hacía la gestión, y no un francés, ya que Napoleón no podía exponerse a un desaire personal negándoselo. Pero ahora Gutiérrez de Estrada llegaba a Viena con implícitas credenciales del Emperador de los franceses.

Se reunió con el Emperador Franz Joseph I, aunque reservado y prudente, dijo al emisario Gutiérrez de Estrada, que conferenciase con el Archiduque Maximilian de Habsburgo. Él no decía que no a la idea de que su hermano fuese a México, pero, la situación en esos momentos era delicada, Franz Joseph, debilitado por la guerra de Italia y frente a la eterna rebelión de los húngaros, no podría ni quería prestar ayuda, eso significaba que Maximilian tendría que apoyarse en otros países y no en el suyo propio para sentarse en el nuevo trono.

Gutiérrez de Estrada marchó a Trieste y se acercó al Castillo de Miramar llevando la invitación de un Emperador y el permiso de otro. Ofreció al Archiduque la posible oportunidad de liberar y regir un país tres veces más extenso que Francia y potencialmente más rico que Austria en minas de plata y comercio con China.

Maximilian, contestó, que consideraría la propuesta sólo si se aceptaban dos condiciones: Concreto apoyo militar por parte de las potencias europeas, con excepción de Austria, y que los propios mexicanos le expresasen el deseo de hacerle monarca de México.

La noticia de la reunión en Miramar, llegó a París.

(Louis Napoleón).- En realidad, esperaba la actitud del Emperador de Austria de no querer apoyar a su hermano en una situación tan importante, ya que sus relaciones son casi inexistentes después de la desastrosa Guerra de Italia, con la pérdida de gran parte de las más importantes regiones.

(Eugenia).- Parece mentira que Franz Joseph no se acuerde. El 18 de febrero de 1853, el obrero húngaro János Libényi, pensando en vengar a los revolucionarios del levantamiento húngaro de 1848, intentó asesinar al entonces joven Emperador Franz Joseph mientras se inclinaba en las murallas del Castillo de Hofburg para mirar a los soldados, fue atacado repentinamente, pero fracasó, ya que el cuchillo se quedó atascado en la hebilla de metal del cuello de Franz Joseph, causándole solamente heridas superficiales. Libényi, fue arrestado por la policía, juzgado y condenado a la horca.

Franz Joseph, no quiso decirle nada a su hermano, ya que no había relación entre ellos, sin embargo, cuando Maximilian en Trieste se enteró del suceso del intento de asesinato de su hermano, viajó a Viena, pidió donaciones a los vieneses, siendo unos 300.000 los ciudadanos que donaron dinero para la construcción como voto y ofrenda a Dios tras haber sobrevivido Franz Joseph al atentado, de ahí el nombre de la majestuosa Iglesia Votiva del Divino Salvador, en Viena, más conocida como Iglesia Votiva, Votivkirche, una de las más hermosas e importantes construcciones sacras en estilo Neogótico del mundo, inspirada en las catedrales medievales góticas europeas.

A pesar de ello, aunque sí asistieron Franz Joseph y Sissi a la inauguración con gran pompa, siguieron las relaciones de los dos hermanos muy tensas.

(Louis Napoleón).-Franz Joseph I subió al trono de Austria a consecuencia de la revolución de 1848, rebelión de carácter liberal y nacionalista en distintos territorios de los Habsburgo, el débil y enfermo de epilepsia, Emperador Ferdinand I de Austria y V de Hungría, al no tener hijos, abdicó en su joven sobrino Franz Joseph de 18 años de edad.

Franz Joseph I, es Emperador de Austria, Rey de Hungría, de Bohemia, de Croacia, Eslavonia, Dalmacia, y dentro de la provincia más grande del reino húngaro Galitzia Lodomeria de los Cárpatos, todos estos entre otros títulos, desde el 2 de diciembre de 1848. Cuando subió al Trono, no existían como estados ni Alemania ni Italia.

Como persona es bueno, atractivo encantador, como gobernante, tiene luces y sombras, durante su reinado Austria ha perdido casi todas sus posesiones italianas, al mismo tiempo, las luchas nacionalistas por la independencia de Bohemia, contener a los belicosos serbios que también ansiaban independizarse, todo esto, ha ocasionado que en un futuro, no muy lejano, para sofocar también las continuas sublevaciones húngaras, que se niegan a reconocer al nuevo Emperador, pretendiendo desde la Revolución húngara de 1848, constituirse en una República independiente de Austria bajo la presidencia del ferviente nacionalista Lajos Kossuth, sus propósitos independentistas fueron aplastados en 1849, gracias al auxilio de 100.000 rusos que el Zar Nikolay I Romanov facilitó.

Lajos Kossuth fue obligado a exiliarse, primero lo intentó en el Reino Unido, pero la Reina Victoria se lo impidió. A continuación, se instaló en Estados Unidos, de hecho, existe un condado en Iowa que lleva su nombre.

Franz Joseph, se está viendo obligado, según él mismo me comentó, a preparar y firmar un compromiso austrohúngaro con el político liberal húngaro Ferenc Deák, líder de la resistencia pasiva, junto a Lajos Batthyány, por el cual se creará el Imperio Austro-Húngaro, que se convertirá en una monarquía dual, la Transleithania, territorios de la Corona de San Esteban dentro de Hungría, que incluye el puerto franco de Rijeka, Transilvania y Croacia-Eslavonia.

La Cisleithania, o sea, la parte del Imperio austríaco, tiene por capital Viena, que al día de hoy se encuentra en una profunda crisis política y económica, al unirse con la parte húngara, tendría dos capitales, Viena y Budapest, todo bajo el mismo monarca. En realidad, los nombres de Transleithania y Cisleithania, derivados del río Leitha, nunca fueron de uso común en Austria. El idioma oficial será alemán y húngaro, aunque tendrá otros idiomas, checo, polaco, rumano, esloveno, eslovaco, serbocroata, ucraniano e italiano.

Franz Joseph, lo tiene todo previsto, sabe que al final llegará a un entendimiento cordial con los húngaros. El lema será "Indivisibiliter ac Inseparabiliter"- Indivisible e inseparable, y el Himno "Got erhalte Franz den Káiser"- Dios salve a Francisco el Emperador, y el lema del escudo "Viribus Unitis"- La unión hace la fuerza.

Él piensa, también según mis averiguaciones, tener todo resuelto para dentro de unos pocos años formará el Imperio Austro-Húngaro. La verdad, me intranquiliza saber que esa creación aumentará la potencia de los Habsburgo-Lorena.

Franz Joseph, todo esto en su vida política, en su vida familiar, su matrimonio, por lo visto, no es especialmente bien avenido, en parte por la personalidad de la Emperatriz Elizabeth de Baviera, conocida, por Sissi, mucho más progresista que su déspota y conservador esposo.

Según rumores, Franz Joseph es un escrupuloso administrador del dinero, su hermano Maximilian derrocha el dinero sin moderación. Los dos siempre mostraron un tierno cariño uno hacia el otro, pero en realidad no tienen nada en común, Maximilian es mucho más animoso que su serio hermano, y es también más fuerte, aunque es dos años menor.

Pero, llegó el momento en que Maximilian de 16 años de edad seguía siendo estudiante, y Franz Joseph de 18, se convertía en Su Majestad Imperial de Austria. El cariño que ambos se tenían no sobrevivió mucho, uno de ellos se dirigía al otro llamándole Maxi y el otro a su vez decía Su Majestad o Sire.

Su enemistad se agudizó, cuando Maximilian pretendía casarse con la Princesa Charlotte de Sajonia-Coburgo-Gotha, hija del Rey Léopold I de Bélgica y de la Reina Louise Marie de Orleans.

La Revolución de París del 26 al 29 de julio de 1830, denominada Revolución de Julio o las Tres Gloriosas. Charles X Borbón fue derrocado por las clases medias populares contra el Rey y su gobierno autocrático, los diputados eligieron un nuevo Rey, lo que llevó al trono a Louis Philippe I de Orleans a propuesta de la figura clave- aunque contaba ya con 72 años de edad- Gilbert du Motier, Marqués de La Fayette, General del Ejército Revolucionario, así como miembro de la Asamblea Nacional y Comandante de la Guardia Nacional de París.

En 1830, apoyó a Louis Fhilippe como Rey de los franceses y llevando implícito con ello el título de Copríncipe de Andorra. Su gobierno, Monarquía constitucional, se caracterizaba por el ascenso a la burguesía como clase dominante.

La revolución de 1830, se extendió por gran parte del continente europeo, especialmente en Bélgica.

Históricamente, Bélgica fue parte de los Países Bajos holandeses de los Habsburgo. Con la Revolución belga de 1830 a 1831 se alzaron los habitantes de las provincias del sur del Reino Unido de los Países Bajos de Holanda contra la superioridad de las provincias norteñas, mayoritariamente protestantes. En pocas semanas de agosto y septiembre la rebelión logró la secesión de Flandes, Valonia y Bruselas, resultado: los belgas consiguieron su independencia estableciendo el Reino de Bélgica con capital Bruselas.

En Flandes, así como en Valonia y Bruselas, el pueblo continúa usando sus lenguas regionales.

La Región Flamenca de Bélgica, o Flandes, es un área de habla neerlandesa o dialecto flamenco en el norte del país, actualmente se habla como segunda lengua oficial en Flandes y Bruselas, la capital nacional es Bruselas, se ubica cerca del límite Sur de Flandes. Valonia, es una pequeña parte del departamento de las Ardenas, su capital es Namur, el idioma valón es una lengua románica del Norte, de la misma rama que el francés, pero diferente de éste por un aporte de las lenguas germánicas, y por el carácter de un latín conservador. El francés fue elegido como único idioma oficial. El joven Estado belga fue reconocido totalmente en 1839.

Se estableció una Monarquía y el trono fue entregado por sufragio al Príncipe alemán Leopold de la Casa de Sajonia-Coburgo-Gotha, (tío carnal de la Reina Victoria de Inglaterra por parte de madre) convirtiéndose en el primer Rey de los belgas el 21 de julio de 1831.

Leopold era el hijo menor de Franz de Sajonia Coburgo-Saalfeld, de la Casa ducal de Coburgo Gotha, un pequeño ducado de Sajonia-Coburgo-Gotha, en Alemania, su capital Coburgo.

Leopold I de Bélgica, nació el 16 de diciembre de 1790, en el Palacio de Ehrenburg, Coburgo, había estado casado de primeras en 1816, con Charlotte Auguste de Gales, hija y heredera del futuro Rey de Inglaterra, George IV, regente durante varios años del Reino, en sustitución de su padre George III, que estaba loco. Por lo tanto, el futuro de Leopold estaría asegurado; su esposa sería Reina de Inglaterra. Pero Charlotte Auguste de Gales murió en 1817, al dar a luz a una niña que se frustró al nacer. A la muerte de su esposa, Leopold se convirtió en un extranjero sin futuro, continuó residiendo en Inglaterra como Duque de Kendall, viviendo de una pensión inglesa.

En 1830 rehusó la corona de Grecia, en cambio, aceptó la de Bélgica.

Después de una larga negociación, Leopold se casó con la Princesa Louise Maríe de Orleans, el 9 de agosto de 1832 en el Palacio de Compiégne, era hija de Louis Philippe I, Rey de Francia. Leopold tenía 42 años y Louise Marie 20, era pequeña, rubia, de ojos azuces, discreta, hizo muy feliz a su marido.

Con este matrimonio logró equilibrar las influencias inglesas y francesas en Bélgica.

Tuvieron cuatro hijos. El primer hijo Louis Philippe, Príncipe de Bélgica, Duque de Brabante, en 1834 murió con un año de edad, le sucedió Leopold, Duque de Brabante, heredero de la Corona como Leopold II, nació en 1835, dos años después nació Philippe, Conde de Flandes. En 1840, la Reina dio a luz una niña, a la que se le puso el nombre de la primera esposa de su marido, Charlotte.

La Reina el 11 de octubre de 1850, falleció de tuberculosis a los 38 años de edad, en Ostende (Flandes Occidental), fue enterrada en el Panteón Real de la Iglesia de Notre Dame de Laeken, en Bruselas (Brabante). Su hija Charlotte, perteneciente a la Casa de Sajonia- Coburgo — Gotha, Princesa de Bélgica, al morir su madre ella tenía 10 años, fue confiada a la Condesa de Hulste, una amiga cercana de la familia.

Leopold, el hijo heredero, como Leopoldo II de Bélgica, Duque de Brabante, es extremadamente cruel y violento, no es extraño que se le tema, el siguiente hijo Philippe, Conde de Flandes, es un muchacho alegre que baila muy bien y buen cazador, todos le aman.

Bélgica declaró su neutralidad en política internacional. Leopold I, es un magnífico gobernante, considerado liberal, bajo su mando ha prosperado el nuevo Reino, fomentando la modernización de la economía, y en la extensión de las líneas ferroviarias belgas. Estos años se forjó un sistema político cuyos fundamentos han permanecido hasta hoy.

Al tener conocimiento de que el Archiduque Maximilian, con seguridad, era hijo de mi primo Napoleón François Charles, Duque de Reichstardt, por lo tanto, sobrino extraoficialmente mío, tuve interés por conocerle, y al saber que iba a emparentarse con la familia Imperial belga, por eso, con ese pretexto, surgió la oportunidad, le invitamos a pasar unos días en el Palacio de Saint Cloud.

El Archiduque llegó por ferrocarril a París el 17 de mayo de 1856, se dirigió al Palacio de Saint Cloud, acompañado del hijo de mi tío Jérôme, el intrigante Napoleón Joseph Charles Bonaparte, Príncipe de Montfort y Príncipe de Francia, militar liberal, anticlerical, mi primo y Secretario.

Le esperé en el último peldaño de la escalinata. Después de los saludos de bienvenida, le llevé a tu presencia, acompañados por los chambelanes entre las rigurosas filas de los Cien Guardias.

(Eugenia).- No salí a recibirle, porque aún no estaba repuesta del parto de nuestro hijo, le recibí tumbada sobre una chaiselongue, y con la habitación casi en penumbra.

(Louis Napoleón).- Me hizo el comentario, de que a pesar de la poca luz, pudo advertir que eras extraordinariamente hermosa. En una conversación informal, se abrió conmigo en plan confidencial; me dijo, que no había podido olvidar todavía a la joven portuguesa la Infanta María Amelia de Braganza, fallecida hacía tres años, su gran amor, y ahora, que estando aun locamente enamorado de ella, al ser segundo en la línea sucesoria del Trono de Austria y Hungría, era necesario buscarle una esposa, y le han prometido con la Princesa Charlotte de Bélgica.

Siguió narrándome sobre la joven Infanta María Amelia; había nacido en París debido a que su padre abdicó al trono de Brasil. Pedro murió cuando ella tenía tres años, se estableció con su madre en Portugal, alojándose en el Palacio de Queluz, próximo a Lisboa, más tarde se trasladaron al Palacio de Alvor-Pombal. A principio de 1852, Maximiliano dentro de su formación en la Marina Austriaca, durante una escala en Portugal conoció a María Amelia, hija del ex Emperador Pedro I de Brasil y Rey Pedro IV de Portugal.

Maximilian se enamoró apasionadamente, era rubia tenía una belleza impresionante, además, culta, inteligente, pintaba muy bien, tocaba el piano y hablaba portugués, francés y alemán.

En enero de 1852, se concertó el matrimonio de María Amelia y Maximilian, pero, en febrero la muchacha contrajo la escarlatina, y con una tos insistente. El 26 de agosto, decidieron abandonar

Lisboa para trasladarse a Funchal capital del archipiélago de Madeira, que al parecer tenía mejor clima y terminaría con las fiebres, que resultó en tuberculosis, y a principio de 1853, María Amelia no se levantaba de la cama y murió en la madrugada del 4 de febrero de ese mismo año en Funchal, tenía 22 años de edad.

Maximilian, me dijo que se iba a casar por conveniencia con la Princesa Charlotte de Bélgica.

La Emperatriz Eugenia, debido a su convalecencia no asistió a la cena de gala de aquella noche. Al día siguiente, sí acudió al almuerzo. Al terminar, Maximilian invitó a Eugenia a dar un paseo por los jardines, les acompañaba también el Emperador.

(Louis Napoleón).- Durante el paseo, no me cansé de hablar con gran entusiasmo de mi tío el Gran Napoleón, aunque tuve elogios para su hermano el Emperador Franz Joseph I.

Hablamos también de la reciente Guerra de Crimea, en una zona que era parte del Sur de Rusia, guerra de la que a decir verdad, me sentía orgulloso de que Francia consiguiese humillar al Zar Nikolái I de Rusia. A Maximilian le pregunté: ¿Por qué Austria no tomó parte en la Guerra de Crimea? Me contestó: "Si hubiésemos desenvainado la espada, la guerra se hubiera hecho interminable."

Me di cuenta, de que era una manera de asignar a Austria una posición demasiado alta para luchar en una limitada Guerra de Crimea, emprendida por la coalición formada por el Imperio otomano, Francia, el Reino Unido y el Reino de Cerdeña.

Su contestación me disuadió de hacer comentarios audaces. Con mis 48 años de edad, quizás me sentía deprimido en presencia de un Archiduque de 24 años, y de un linaje de los más antiguos de Europa.

En los 12 días que pasó con nosotros, causó gran impresión a los clérigos del Louvre, que alabaron el gran conocimiento del joven Maximilian tenía de las obras de arte; aunque pensaba, que Versalles era demasiado grandioso, pero no estaba dignificado como el Palacio de Schönbrunn en Viena.

Le cedimos a nuestro huésped el yate "Reina Hortense," para que continuase su viaje hasta Bélgica, a reunirse con su prometida la Princesa Charlotte.

Cuando salimos a despedirle le dije: "Somos como dos viejos amigos despidiéndose."

Ya a solas, los emperadores comentaron la opinión que les había causado el Archiduque Maximilian.

(Eugenia).- Maximilian tiene una arrogante presencia, de elevada estatura y de exquisitos modales, seguro que enamorará locamente a la Princesa Charlotte, y serán muy felices.

(Louis Napoleón).- Este hombre con su presencia me hace sentir inferior; de acuerdo que la dinastía Bonaparte es muy reciente, sin embargo, él también, al ser presuntamente hijo de Napoleón II Bonaparte, tiene tanto de una dinastía como de la otra. Le considero un presuntuoso.

En la cabecera de sus escritos comienza: Ferdinand Maximilian, Archiduque y Príncipe Real de Hungría y Bohemia, Conde de Habsburgo y Príncipe de Lorena.

(Eugenia).- Además, es descendiente de los duques de Borgoña, del Emperador Carlos I de España y V del Sacro Imperio Romano Germánico "El Cesar" y nieto del Emperador Franz I de Austria.

(Louis Napoleón).- Estoy de acuerdo de que la Casa de Habsburgo, también llamada Casa de Austria, es una de las más influyentes y poderosas de Europa.

Todo comenzó en el siglo XII d.C. llamado el "Siglo de los Castillos."

Radbot nació en 985 d.C. fue un noble germánico con posesiones en la Alta Lorena, en Alsacia y en la Helvetia, actual Suiza; fundó el Castillo de Habsburgo, que daría nombre a la Casa de Habsburgo, que tomaron el trono del Sacro Imperio Romano Germánico, fundado en el siglo XII por Federico I Barbarroja; fue un Estado Imperial de Europa Occidental y Central, su primera capital fue Aquisgrán, la ciudad elegida por Carlomagno para ser centro de su Imperio.

Los Habsburgo-Lorena continuaron gobernando como emperadores del Sacro Imperio Romano Germánico, hasta su desaparición el 6 de agosto de 1806, cuando El Emperador Franz II de la Casa

Habsburgo-Lorena y Borbón, renunció a la Corona Imperial para mantenerse únicamente como Emperador Franz I de Austria y Rey de Hungría. Su abdicación, fue debida a su derrota en la Batalla de Austerlitz en 1805, contra Napoleón I Bonaparte.

(Eugenia).- Comprendo el orgullo de Maximilian por su dinastía tan antigua y poderosa, pero su prepotencia es indignante al referirse al Palacio de Versalles, que no es tan dignificado como el Palacio de Schönbrunn.

El Palacio o Castillo de Versalles, comenzó su construcción en 1634, con 2.300 habitaciones, desempeñó las funciones de Residencia Real desde 1682 hasta 1789. Versalles encarnaba el esplendor y el poder de la monarquía de Louis XIV llamado "el Rey Sol" en un principio quería hacer del Louvre una residencia a su medida, pero cuando terminó las obras, su interés se centró en el nuevo Palacio de Versalles. Es uno de los complejos arquitectónicos monárquicos más importantes de Europa, de arquitectura neoclásica de estilo Imperio, construido por los mejores arquitectos de su tiempo: Louis Le Vau, François D'Orbay, y con su arquitectura barroca francesa Jules Hardouin-Mansart, que realizó la ampliación y varias de las obras del Palacio de Versalles, la Galería de los Espejos incluyendo las alas Norte y Sur, y la Capilla Real.

(Louis Napoleón).- Creo, que Maximilian, tampoco

conoce la historia del Louvre, para nosotros los franceses es tan dignificado o más que el Palacio de Schönbrunn. El Louvre nació como fortaleza bajo el reinado de Philippe II de Francia, llamado "El Augusto", séptimo Rey de la dinastía de los Capetos, reinó entre los años 1180 y 1223. Bajo su reinado el Louvre nació como fortaleza para defender París de los ataques enemigos. Después de la creación de un cinturón amurallado, al que se le añadió un castillo presidido por una enorme torre de defensa, era la Grosse Tour, el punto de partida del Louvre que conocemos, en realidad, era más un arsenal que un castillo.

Fue la subida al trono de Charles V, llamado el Sabio, de la dinastía Valois, en el siglo XIV, cuando la fortaleza se convirtió en Residencia Real. A su muerte, sin embargo, pareció quedar relegada al olvido, sus sucesores prefirieron las comodidades de Chinon, Ambois o Blois, castillos renacentistas a orillas del río Loira. No fue hasta el siglo XVI, con el Rey François I y su amor incondicional por París, que el Louvre recuperase su condición de Residencia de los monarcas. Al regresar de un cautiverio en España, François I se decidió a transformarlo en una residencia a la moda renacentista, pero no vivió lo suficiente para ver el resultado, falleció el 31 de marzo de 1547, en el Palacio de Ramboullet.

Su hijo Henri II de Francia, a quien le apodaban "el

bello tenebroso "y su esposa Catherine de Médicis prosiguieron con las obras y dieron forma definitiva al proyecto de su antecesor, además ella decidió la construcción en las inmediaciones del Louvre, de un pabellón al que llamó las Tullerias, por encontrarse en los terrenos de una antigua fábrica de tejas (tuiles, en francés).

Catherine, era una mujer culta y amante de las artes, pero, también implacable y cruel con sus enemigos, la llamaban la "Reina Negra" y "Madame la Serpiente", defendía los intereses de la dinastía Valois, que sería sustituida por los Borbones poco después de su muerte.

Su marido compartía lecho con su amante oficial veinte años mayor que él, Diana de Poitier, Duquesa de Valentinois y de Étampés.

(Louis Napoleón).- Aun así, Catherine quedó embarazada once veces y le dio a Henri diez hijos. Las dos mujeres, esposa y amante, decidieron odiarse cordialmente, compartiendo a Henri cada una, y algunas veces juntas.

El Palacio de las Tullerías continuó sus obras hace más de 200 años por Henri IV, primero de la Casa Borbón, asesinado el 14 de mayo de 1610, era promotor de las artes, invirtió a cientos de artesanos y artistas para que trabajasen agrandando en más de 400 metros de largo y cerca de 330 metros, este gran añadido construido a lo largo de la orilla del Sena, se convirtió en Palacio Imperial y Real. Pasó por varios estilos, Renacimiento, Barroco, Neoclásico. Mi tío el Gran Napoleón I en 1806, también hizo grandes reformas y añadidos; El Arco de Triunfo del Carrusel coronado con una Cuadriga, para conmemorar sus victorias militares. Es junto al Louvre un único complejo de arquitectura moderna y arquitectura gótica francesa, el Gran Napoleón, también le amplió 500 metros hacia el Oeste, y yo, fui quien continué esta obra, finalmente conecté el Palacio de la Tullerias con el Louvre; en la década de los años 1850, realicé más añadidos, me puse en contacto en 1852, con los arquitectos Louis Visconti y Héctor Lefuel, encargándoles anexionar una nueva ala, es la que terminaron en 1857, representando la versión del Segundo Imperio del Neobarroco, lleno de detalles y cubierto de esculturas. Así se creó el estilo Segundo Imperio o Napoleón III.

(Eugenia).- Muchos de los cambios los diseñé yo, seguí tu influencia por el estilo ecléctico, muy recargado, muchas sedas, añadiendo cortinones, y terciopelos granates en las tapicerías, grandes escalinatas de mármol acompañadas de barandillas de hierro forjado y policromado, aunque siempre quedaría todo como estilo Napoleón III.

(Louis Napoleón).- Que bien hice añadiendo la Biblioteca del Louvre a las Tullerias, nos ha quedado un palacio muy espacioso, es el buque insignia de la monarquía francesa.

Mientras tanto; el Archiduque Maximilian, por fin llegó a Bruselas, y se reunió con la familia belga, a la que consideraba ya su familia.

El Rey Léopold I, a regañadientes, había dado a su hija Charlotte una gran dote con ocasión del matrimonio con Maximilian, al que en su boda recibió tres millones de francos, además de la dote de Charlotte. Sin embargo, ser la futura esposa del Almirante de una escuadra austriaca de tercer orden, no era lo que Léopold había deseado para su hija, él quería algo a cambio, concretamente, que el Emperador Franz Joseph elevase a su hermano Maximilian a más alta posición, por ejemplo a Rey de Hungría.

Franz Joseph, no tenía realmente intención de darle más autoridad a su hermano, ya que Maximilian era liberal y expresaba con espíritu independiente sus ideas; en sus manos la autoridad Real podría ser peligrosa.

Aunque sin entusiasmo, Franz Joseph estimó que debía de hacer algo por Maxi, y lo nombró Virrey de la Italia austriaca. El Imperio austriaco poseía cinco grandes ciudades: Viena, Budapest, Praga, Milán y Venecia, Maxi y Charlotte gobernarían dos de esas ciudades con un brillante futuro que se les ofrecía en Italia. Aunque no sabían, que ser virreyes de Lombardía-Venecia, estaban bajo el dominio del Imperio austriaco, por lo tanto, ni Maximilian ni Charlotte tenían verdadero poder.

Finalizada su boda en Bruselas el 27 de julio de 1857, visitaron Trieste, Venecia y Verona el 6 de septiembre, por fin, después de seis semanas de su casamiento, el Virrey Imperial y su esposa, entraron en Milán saludados con salvas de artillería y los compases del Kaiserlied de Austria y el Brabançonne de Bélgica. Seguidamente, hicieron en carroza su entrada oficial en la Sede del Gobierno de Austria en Italia, Maximilian lucía uniforme austriaco de chaqueta blanca, Charlotte con traje campesino austriaco, ante ellos desfilaron las tropas austriacas. Por la noche toda la ciudad era iluminada en honor a los virreyes que se instalaron en el Palacio de Monza, en las afueras de Milán.

Después de la guerra de Italia, Maximilian, con 27 años de edad, sin un cargo, y sin futuro, con Charlotte se fueron al Castillo de Miramar, en Trieste, que con el dinero de la dote de su boda, él hizo construir en 1860, al arquitecto austriaco Karl Junker, con toda pompa y lujo recargado de estilo Neogótico.

Castillo de Miramar (Trieste)

(Louis Napoleón).- Después de estos recuerdos pasados, volviendo al momento actual de proclamar a Maximiliano emperador, ahora ya sabemos que no contamos con la ayuda del Emperador Franz Joseph. Tendremos que esperar, mientras, Gutiérrez de Estrada conviene que intente la colaboración de más países, y siga visitando a Maximilian y a su esposa Charlotte, regalándoles libros y cuadros de México para que se ilustren sobre las maravillas y costumbres del país, al mismo tiempo estudien español, y así posiblemente se ilusionen y acepten el reinado de México. En estos momentos estamos en manos de Gutiérrez de Estrada y también de José Hidalgo, instigador de todo este proyecto.

(Eugenia).- Aunque no ha sido la deuda ni las súplicas de José Hidalgo, no olvides, que hace tiempo te impulsé a establecer un protectorado que explotara las riquezas mexicanas de sus minas de plata y su comercio con China.

(Louis Napoleón).- Tienes razón, fuiste tú quien me convenció, en realidad no fue difícil, tus halagadoras palabras llenas de promesas sobre México, que podría traerme importantes beneficios económicos, me ilusionó la aventura, y sobre todo, ahora la intención de crear un Imperio títere francés con un Emperador a mis órdenes.

(Eugenia).- Sí, sería maravilloso prolongar nuestro Imperio hasta México, con dos príncipes europeos como emperadores, ojalá fuesen Maximiliano y su esposa Carlota, así se llamarían castellanizando sus nombres.

Y a la deuda que se refiere Hidalgo, de los quince millones de pesos, al fin y al cabo es lo de menos, ya que nosotros no tenemos nada que ver.

(Louis Napoleón).- Sí, ahora nosotros tenemos que dar la cara, se acordó que la deuda era con Francia.

Aunque, hubo un momento que pensé, que al ser Inglaterra la mayor acreedora, y sus reclamaciones las más concretas, ya que desde el Imperio de Agustín de Iturbide, en 1824 y 1825, México obtuvo empréstitos de bancas inglesas por más de 6.400.000 de libras esterlinas, al año siguiente la deuda había pasado por los intereses a 6.850.000, en ese momento cubrieron los gastos militares del país, pero a largo plazo se convertían en una carga más. En 1850, la deuda contraída con Inglaterra ascendía a la suma de 10.241.650 libras esterlinas, o sea, 51.208.650 pesos, se hipotecaron para pagar este préstamo todas las rentas de México, sin ser suficiente, y la deuda en estos momentos asciende a 70.000.000 millones de pesos, Inglaterra y Francia al unirnos nos situaríamos en los puertos de Veracruz y Tampico, así podríamos ocupar las aduanas e imponer derechos a todos los géneros que entrasen o saliesen.

La masa de populacho que constituye el Ejército mexicano sería impotente para oponer resistencia. En poco tiempo, el Gobierno de México se mostraría razonable a la reclamación de nuestras deudas.

En este trance, el Embajador de España en París, Alejandro Mon, se enteró y advirtió al Gobierno español sobre las intenciones de los franceses e ingleses de apoderarse de las aduanas de Veracruz y Tampico con el fin de asegurarse el cobro de los créditos que México no les iba a satisfacer, proyecto que obligó a España a no quedar rezagada en el camino de una posible intervención, con la intención de rescatar las indemnizaciones requeridas. Enseguida, el Gobierno de Leopoldo O'Donnell, anunció a los gobiernos de Londres y París, su decisión de actuar en México, conjuntamente o en solitario en cuanto fuese posible.

En consecuencia, hubo un acuerdo diplomático con el Tratado de Londres, firmado el 31 de octubre de 1861 por la Reina de España Isabel II, Napoleón III Emperador de Francia y Victoria I Reina del Reino Unido de Gran Bretaña e Irlanda, como respuesta a la Ley de Suspensión de pagos, promulgada por el Presidente de México Benito Juárez el 17 de julio de 1861.

En el Tratado de Londres, Inglaterra, Francia y España, se comprometían a hacer los arreglos necesarios para desplegar a las costas mexicanas fuerzas combinadas navales y militares, otorgando a los comandantes de estas fuerzas armadas autorización para ejecutar las operaciones que se considerasen adecuadas para el cumplimiento del objetivo del presente Convenio de Londres.

En ninguna de sus cláusulas se mencionaba la idea de establecer una Monarquía, menos aún podría concretarse que el Archiduque Maximilian fuese el Emperador de México, sólo se acordó enviar conjuntamente una expedición militar a Veracruz.

Capítulo II

La Expedición Tripartita En México

Para la intervención de México, los ingleses proponían Jamaica como base de operaciones, el Emperador Napoleón III, les convenció para que fuese Cuba, en donde España disponía de importantes recursos militares.

Las tres potencias convinieron en que las expediciones se reunirían en aguas de México al iniciarse el nuevo año de 1862.

Las tropas comenzaron a salir. El contingente británico, al mando del Comodoro Hugh Dunlop, de la Royal Navy, con 800 hombres, el contingente francés, comandado por el Almirante Jean Pierre Edmon Jurien de la Graviere, con 2.500 hombres.

España, dio el mando de las fuerzas compuestas de 871 hombres, reforzadas por tropas estacionadas en Cuba, al General Jefe de Expedición, Juan Prim y Prats.

(Louis Napoleón).- Prim, vio en ello una oportunidad de resolver los aprietos económicos, ya que, en tres años había dilapidado gran parte de la fortuna de su esposa.

Los encargados de trasladarse a México, para imponer el cumplimiento de los objetivos establecidos en la Convención de Londres, fueron los ministros plenipotenciarios: por el Reino Unido, Sir Charles Lennox Wyke, por España, Juan Prim, y Alphonse Dubois de Saligny, por Francia.

Tras una serie de trámites y generando no pocas oposiciones, Juan Prim, como militar español de más prestigio, el 23 de noviembre de 1861, después de haber recibido instrucciones del antiguo Ministro de Marina, Agustín Esteban Collantes, Juan Prim embarcó en Cádiz rumbo a Cuba, con la categoría de Ministro Plenipotenciario y Comandante en Jefe, acompañado por su esposa, Francisca Agüero, su hijo Juan, de tres años de edad, y algunos fieles colaboradores encabezados por su inseparable Ayudante de campo, el Brigadier Lorenzo Milans del Bosch y Mauri, a bordo del navío de guerra "Rey don Francisco de Asís", de 84 cañones y una dotación de 871 hombres hasta La Habana, allí recogería barcos y Ejército y partiría hacia México para negociar la deuda con el Presidente Benito Juárez.

(Louis Napoleón).- Aquí tengo el último parte recibido a la llegada de Prim a La Habana.

Tras semanas de navegación, y tocar el 16 de diciembre en San Juan de Puerto Rico, donde había sido Gobernador entre 1847 y 1848, Prim llegó a La Habana la víspera de Nochebuena de 1861, donde le esperaba una sorpresa nada agradable, el Gobernador de Cuba, el General Francisco Serrano y Domínguez, dando muestra de su prepotencia de Capitán General, al recibir las instrucciones del Gobierno de España, de preparar a los hombres para la llegada del contingente de Prim, se había adelantado por su cuenta y había enviado a México el 16 de diciembre de 1861, las fragatas "Petronila", "Berenguela" y "Blanca", con 6.000 hombres, comenzando el desembarco el 16 y 17 de diciembre, y finalizando el 22 del mismo mes, ocupando Veracruz y el Castillo de San Juan de Ulúa. El Comandante Jefe de la escuadra era el Comandante General de Marina de La Habana, Joaquín Gutiérrez de Rubalcaba, confiando el mando al Mariscal de campo, Manuel Gasset Mercader, eran la mayor parte de los efectivos dispuestos para que capitaneara Juan Prim.

Serrano le comentó, que las tropas enviadas le habían comunicado el descontento que tenían, ya que Veracruz, era una ciudad cuyo clima causaba estragos mortales entre los europeos.

Después del enfado de Prim, y exigir disculpas, le

advirtió a Serrano, de que ya se oía le quedaba como mucho un año de Gobernador y Capitán General de Cuba, y asumiría el mando el Capitán General de Cataluña Domingo Dulce.

Y también se hablaba, de que durante su mandato se traficaba con esclavos consiguiendo con ello una gran fortuna, y también, permitiendo el regreso a Cuba de los exiliados políticos, de entre ellos a Vicente Antonio de Castro, conjurados desde el año 1850, y reunido con sus amigos en La Habana acababan de fundar un cuerpo masónico denominado "Gran Oriente de Cuba y las Antillas", el lema es: "Ciencia y conciencia", con un proyecto patriótico, democrático y laico, liberalismo radical independentista, por lo tanto, buscaban la independencia cubana de España.

(Eugenia).- ¿Qué sabes acerca de Domingo Dulce?

(Louis Napoleón).- Siendo Capitán General de Cataluña, en 1860, frustró la intentona carlista en San Carlos de la Rápita del desembarco del pretendiente al trono Carlos de Borbón y Braganza, Conde de Montemolín. Después de este gran éxito, a Domingo Dulce le valió el título de Marqués de Castelflorite.

Por fin, Prim el 2 de enero de 1862, a bordo del "Rey don Francisco de Asís", y acompañado por otras naves la "Ulloa" y "Princesa de Asturias" puso rumbo a la costa mexicana, apareciendo por la bahía de Veracruz el 8 de enero, donde no había muelles ni espigones en las dunas.

Los barcos fondearon y las tropas fueron transportadas en botes hasta la playa, desembarcando sin disparar un tiro, y tomando el mando del contingente español que se unió al que había desembarcado un mes antes, en total eran 6.871 soldados, este se vio reforzado al reunirse con las tropas inglesas el día 9, y un día después las francesas.

A poco de tocar tierra en Veracruz, Prim se dirigió a sus hombres en una resonante arenga recordándoles que: "Los habitantes de la tierra que pisamos tienen también sangre española. Respeto al país en que nos hallamos, que no venimos con espíritu de conquista, ni con ambiciones, que sólo venimos a sellar el buen nombre de su patria; como nobles caballeros a pedir reparación de ofensas inferidas, como generosos a contribuir a la paz y desarrollo de un pueblo digno de felicidad y ventura".

Se sabía de Prim, que desde que aceptó el mando de las fuerzas expedicionarias españolas concibió la esperanza de hacerse Rey de México, pero a su llegada cambió de propósitos, sufrió una gran decepción al encontrarse con un país de clima abrasador, sumido en una epidemia, allí el vómito negro y el paludismo eran asoladores, y Prim se horrorizó al ver como sus hombres quedaban diezmados por la fiebre, incluso, tuvo que enviar a 800 de sus soldados contagiados a un hospital de La Habana.

Hasta ahora, no tengo más información, esperaré con inquietud la respuesta al correo que he enviado a Alphonse Dubois de Saligny, a Veracruz.

(Eugenia).- El actual Gobernador y Capitán General de Cuba, Francisco Serrano Domínguez, su carrera militar, tiene mucho que desear, ya que fue un protegido de la Reina Isabel II. En 1840, ya era Mariscal de campo, ocupando la cartera de Guerra. En 1843, a partir de la mayoría de edad de la Reina Isabel II, Serrano como era seductor y galante, obtuvo favores de la Reina con quien al parecer les unían fuertes lazos sentimentales, le llamaba "El General bonito".

(Louis Napoleón).- O sea, que eran amantes, a pesar de su matrimonio con Francisco de Asís.

(Eugenia).- Pienso, que siendo el Gobernador y Capitán General de Cuba, está actuando como un antiguo Virrey, y su esposa, como una Virreina, viviendo con toda suntuosidad, y dilapidando el dinero, Antonia Micaela Domínguez Borrell, Duquesa de la Torre y Condesa de San Antonio, es una noble española nacida en La Habana, es hija única del militar y hacendado Miguel Domínguez y Guevara-Vasconcelos, Conde de San Antonio, Gobernador militar de la ciudad colonial de Trinidad; fue trasladado a España, concretamente a Madrid, donde su hija Antonia Micaela se prometió con su primo hermano Francisco Serrano Domínguez, por entonces Teniente General del Ejército, veterano condecorado de las Guerras Carlistas y Senador del Reino. Se casaron, siendo un matrimonio desigual, ella con 19 años y él 40. La boda se celebró el 29 de septiembre de 1850, en la parroquia de San Sebastián, en la calle de Atocha; a esa iglesia, cuando vivíamos en la Plaza del Ángel, acudíamos a misa los domingos mi madre, mi hermana y yo. Es conocida por albergar los restos mortales del ilustre dramaturgo Lope de Vega, así como, la partida de defunción del ilustre escritor don Miguel de Cervantes.

Cinco años después de su boda, tomó un destino diplomático, nombrándole Embajador Plenipotenciario en París, donde el matrimonio gozó de nuestros favores, les invitábamos a todas las fiestas en Las Tullerias, hasta que tú, empezaste a coquetear descaradamente con Antonia Micaela.

(Louis Napoleón).- Tenía unos ojos negros enormes, profundos, una boca pequeña de labios gruesos, un busto amplio y anchas caderas, una tez blanca que contrastaba con su pelo negro, verla era una tentación.

(Eugenia).- Me daba igual su belleza, lo que de verdad me enojó fue su vanidad, llegando a decirme que no estaba sentada en el trono de Francia siendo Emperatriz de los franceses, porque era muy joven y yo como era mucho mayor me había adelantado a ella. ¡Me llamó vieja con todo descaro!, cuando sólo soy cinco años mayor que ella.

(Louis Napoleón).- De ahí tu venganza, lo que menos te importaba era que yo coqueteara con ella, lo que no la perdonaste fue, que te llamase vieja, ese comentario le valió que a las pocas semanas se dio por cancelada su estancia en París, y su marido fue sustituido por un nuevo embajador.

Micaela Domínguez Borrell

(Eugenia).- Como comprenderás, no iba a consentir esa humillación delante de todas las damas.

¿Y de Juan Prim qué opinas?

(Louis Napoleón).- La vida de este militar aventurero siempre me ha fascinado, le llaman "El espadón de las mil caras."

Juan Prim, militar y político liberal, el único catalán que ha presidido un Gobierno español. Se integró en el Ejército para defender el trono de Isabel II desde el comienzo de la Primera Guerra Carlista 1833 a 1840, en la que ascendió a Coronel. Inclinado a las ideas liberales, se lanzó enseguida a la política dentro del Partido Progresista como diputado por Tarragona, Barcelona y Madrid.

Apoyó a los progresistas en 1840 a 1843, pero, nada más conocerse la destitución del Gobierno de Joaquín María López, y la suspensión de las Cortes, Juan Prim y Lorenzo Milans del Bosch Mauri, el 30 de mayo de 1843, junto con Ramón María Narváez y Leopoldo O'Donnell, opuestos a la política de los regentes durante la minoría de edad de la Reina Isabel II, se enfrentaron al autoritarismo de Baldomero Espartero, Regente del Reino de España. Prim tomó contacto con la "Sociedad Militar Española", creada en Francia, como una organización secreta que regresaban apoyados de nuevo por el dinero de la Reina María Cristina, organizando una sublevación en la ciudad de Reus el 23 de julio de 1843, acabando derrotando a las tropas de Espartero y precipitando la caída de su régimen. El 30 de julio, Espartero embarcó en el Puerto de Santa María, Cádiz, en el navío británico de 72 cañones, Malabar, al subir fue saludado por 21 cañonazos el que aún era el Regente de España, tomó rumbo a Inglaterra a exiliarse.

Como resultado de la sublevación, el General Serrano quedó nombrado Ministro Universal, y Prim por su intervención en aquellos episodios, y haber nacido en Reus, obtuvo los títulos de Conde de Reus y Vizconde del Bruch, fue nombrado Gobernador militar de Madrid y ascendido a Brigadier.

Hubo una revuelta progresista después de la caída de Espartero, que se extendió por Sabadell, Gerona y Figueras, la respuesta del Gobierno de Madrid, formada por una coalición de moderados y progresistas, fue nombrar a Prim Gobernador militar de Barcelona, para terminar la revuelta radical conocida como la "Jamancia" que estalló en agosto de 1843 en Barcelona, primer levantamiento popular entre el estado laboral de España.

Prim dirigió la represión con enorme dureza, sometió a la ciudad de Barcelona a un asedio terrible durante tres meses, hasta que se rindió; Prim fue el hombre clave en el aplastamiento y crueldad, por este hecho, el ambicioso Ministro de la Guerra, General Serrano le condecoró con el Fajín de General y el empleo y ascenso de Mariscal de campo, y la

Gran Cruz y Banda de San Fernando, pero, perdió por muchos años el afecto de sus compatriotas catalanes progresistas. Participó en la entrada en Madrid de Leopoldo O'Donnell, junto con Ramón María Narváez, conocido como "El Espadón de Loja," hombre fuerte del Ejército, que ocupó la presidencia del Consejo de Ministros dando inicio a la Década Moderada entre mayo de 1844 a julio de 1854.

Tras acceder al trono adelantándose su mayoría de edad en noviembre de 1843, Isabel II mostró desde un principio su preferencia por los moderados. En mayo de 1844, se formó un gabinete presidido por el General Ramón María Narváez, suprimió las Cortes, lo que le permitió gobernar a voluntad y sin supervisión durante un largo periodo de diez años desde 1844 a 1854, terminó cuando el pronunciamiento de "La Vicalvarada", insurrección popular que dio fin a la Década Moderada, dando paso al Bienio Progresista de 1854 a 1856, caía poco después y tras dos breves gobiernos, volvió al poder el General Leopoldo O'Donnell con su partido recién creado llamado Unión Liberal en el que se integró Prim, que había contribuido al triunfo de los nuevos gobernantes, pero, sus ideas eran progresistas, y sus relaciones con ellos eran complejas. Cambió de bando y se pasó de nuevo a los progresistas, los moderados le llevaron ante un consejo de guerra a causa de una supuesta conjura para asesinar al General Narváez por su perfil reaccionario pragmático, que llenaba las cárceles de liberales, y fusiló a casi todos sus enemigos, convencido de que el objetivo del poder era el poder mismo. Figurando que los trabucos que iban a ser utilizados en su asesinato salieron de la casa de Prim, fue condenado a destierro por seis años en las islas Marianas, pero su madre Teresa Prats y Vilanova, suplicando aseguró que su hijo en esa época estaba con ella en su casa, así consiguió la paralización del destierro. Se llegó a ejecutar a 14 personas y 1500 hombres implicados fueron deportados a Filipinas, Canarias o Guam.

Para muchos Prim era un político audaz, conspirador infatigable, poco de fiar, de principios políticos demasiado flexibles, dado que aceptaba cargos, destinos y distinciones de gobiernos de variadas orientaciones ideológicas.

Prim prefirió alejarse de la política, dedicándose a viajar por Europa.

Fernando Fernández de Córdoba, Ministro de la Guerra, amigo de Prim, lo nombró en octubre de 1847, Capitán General de Puerto Rico, una forma hábil de alejarlo de Madrid, por sus continuas intrigas. Su cargo era una oportunidad para él; pues se había quedado sin dinero, su mandato en la isla sólo duró un año, hasta 1848.

Su temprano cese fue por las protestas que llegaron a la Corte del desempeño autoritario del cargo, y la represión implacable de los conatos que se produjeron.

En esa época, estalló en la isla francesa de Martinica una revuelta de esclavos que pedían la abolición inmediata de la esclavitud. La noticia se extendió por todo el Caribe y Prim tomó una serie de medidas preventivas, promulgando un Código Negro, en el que se establecían formas represivas contra los esclavos de raza africana. Los líderes esclavos, que supuestamente, estaban preparando una sublevación fueron fusilados y el resto de los conjurados recibieron cien azotes; otra tentativa de revolución también fue reprimida brutalmente.

De vuelta de Puerto Rico, alternó sus estancias en Madrid y en el extranjero, particularmente en París, donde adquirió un dominio considerable del idioma francés, y también, acumulando deudas, porque su estilo de vida era con un lujo superior a sus ingresos con un sueldo de militar que durante su estancia en el extranjero el Gobierno lo mantenía a media pensión, aunque, reconociéndole su graduación y una cierta representación de la monarquía española, fue por lo que contrajo enormes deudas, por lo tanto, se hizo muy interesado por conseguir urgentemente dinero como fuese.

En París se reunía con una familia mexicana, Agüero, que residían con frecuencia en la capital francesa debido a las intrigas y desórdenes en México.

Le presentaron a su hija, casi una niña de 17 años de edad, Francisca o Paquita Agüero y González Echevarría, de rostro muy agraciado, profundamente religiosa, muy educada y cortés en el trato a todos los niveles, perteneciente a uno de los linajes mexicanos más acaudalados, dedicados al crédito y la explotación de las minas de plata de Zacatecas, muy bien relacionados con la aristocracia parisina, donde Prim se movía como pez en el agua, al ser Conde de Reus y Vizconde del Bruch.

Para la madre de Paquita, doña Antonia González, de edad similar a Prim, la cuestión era muy distinta; para ella el Conde de Reus era un militar aventurero de 38 años de edad, del que además, se le conocía por sus cuantiosas deudas, que era un muerto de hambre, que solamente deseaba la mano de su hija para salir del pozo financiero en donde se encontraba, en esos momentos sus grandes deudas eran de 200.000 francos.

Prim pretendió a Paquita Agüero entre 1852 y 1856, en ese periodo fue comisionado por el Gobierno español para asistir como observador militar en la guerra turco-rusa desde el lado de los turcos en la guerra conocida como Guerra de Crimea, del 16 de octubre de 1853 al 30 de marzo de 1856. En realidad, el Gobierno español lo que deseaba, era tener a Prim lejos de España, e impedir que agitase la vida política.

La guerra se desencadenó debido al expansionismo ruso, y el temor de Francia y Gran Bretaña de que el Imperio Otomano se desplomara y los rusos quedasen con el control de los Dardanelos, y con acceso directo al mar Mediterráneo.

En 1853, los transportes franceses y británicos con tropas que habían de combatir al Zar Nikolay I, se hicieron a la mar rumbo a Crimea, es una península del Este de Europa, ubicada en la costa septentrional del Mar Negro. Era el Imperio ruso y el Reino de Grecia, contra la Liga formada por el Imperio Otomano, liderado por el Sultán Abdülmecit I, el Imperio Británico, el Segundo Imperio Francés y el Reino de Cerdeña.

El Imperio Otomano, estaba sumido en una verdadera crisis, Rusia intentó tomar control de una región donde se encontraban algunos de los países balcánicos, Rumanía, Bulgaria y Moldavia, esta región formaba parte del Imperio Otomano, éste fue un Imperio musulmán gobernado desde Turquía.

La Guerra de Crimea, se siguió día a día a través de periódicos españoles, dejando interesantes informes, entre ellos el propio Prim figuró como primer redactor. En uno de sus informes destacaba la acción humanitaria y abnegada de la enfermera británica Florence Nightingale, fundadora y alma mater de la enfermería moderna, desarrolló una teoría basada en el ambiente médico, reformadora social, estuvo a cargo del cuidado de los soldados de una forma especial y personalizada durante las noches, trabajó tanto tiempo a oscuras que se la conoció como "La dama de la lámpara" porque acudía a visitar a los enfermos con un candil.

(Eugenia).- Labor encomiable y abnegada de la enfermera Florence Nightingale.

(Louis Napoleón).- Sí, estoy de acuerdo contigo.

Al terminar la guerra, en el Tratado de Paz, firmado en París, el 25 de febrero de 1856, Rusia dejó de poseer parte de su influencia en los Balcanes, perdiendo el delta del Danubio, y tuvo que jurar respetar el territorio turco.

Al ser Francia aliada de Turquía frente a Rusia, y yo el principal artífice, agasajé a Prim, entrando a formar parte de las amistades del Imperio, apoyado por ti mi querida Eugenia, como española eras proclive al reconocimiento social de tu compatriota.

Las condecoraciones de Prim concedidas por el Sultán de Turquía Abdülmecit I, ilusionó al padre de la novia, otorgándola un millón de francos como dote, de hecho, me contaron, que Prim, en las cartas que envió a su madre le declaraba que tenía un millón de francos, lo que no era despreciable, significaba la dicha que le prometía casándose con Paquita. Y, a pesar de la oposición de la madre doña Antonia, se casaron el 3 de mayo de 1856, la boda se celebró con gran fasto en la iglesia de La Madeleine, de París. La Reina Isabel II, regaló a la recién casada la Banda de la Real Orden de Damas Nobles de la Reina María Luisa, con la cruz correspondiente y una flor de brillantes.

La angustia económica había sido superada, aunque, la gestión que hizo Prim de la fortuna de su esposa fue desastrosa, tres años más tarde, la situación empezaba a ser inquietante. Le vino bien le asignaran ir a la Guerra de Marruecos en 1859, comandando un grupo de voluntarios catalanes, percibiendo un gran sueldo, que de momento aliviaba su situación económica.

En 1859, España dejó de ser un Imperio de ultramar, aunque sigue queriendo compensar esa situación en forma de expediciones militares al Pacífico, a la Cochinchina, ahora México, aunque la más célebre de esas aventuras exteriores, de momento ha sido la guerra de África en 1859 hasta 1860, contra Marruecos, inventada por Leopoldo O´Donnell para afianzar su Gobierno de la Unión Liberal, afirmando que el honor nacional estaba en juego al haber sido atacada Ceuta, a lo que la sociedad civil respondió con gran entusiasmo, incluida Cataluña organizando un batallón de voluntarios pagado por la Diputación Provincial de Barcelona y considerado como los nuevos "almogávares", que fueron unas tropas de mercenarios de choque, espionaje y guerrilla formadas principalmente por infantería ligera en todos los reinos cristianos de la península Ibérica a lo largo de la Reconquista en el siglo XV.

En realidad, este interés por el Magreb, era imitando la política de Francia, que en 1830, habíamos ocupado el territorio argelino y el Magreb pasó a ser colonia francesa.

(Eugenia).- Nunca he sabido cómo España se hizo con los territorios de Ceuta y Melilla.

(Louis Napoleón).- Dado mi gran interés por la Historia, me hizo indagar por lo mismo que tú me preguntas, te comento: El Rey Fernando III el Santo durante su reinado fueron conquistados por la llamada Reconquista, los reinos de Jaén, Córdoba y Sevilla; a mediados del siglo XIII, preparó una expedición para continuar la lucha contra los musulmanes en su propio territorio de África. Pero su muerte le sorprendió antes de llevarla a cabo.

En 1496, durante el reinado de los Reyes Católicos, con la conquista de Granada, la ciudad de Melilla tuvo su relevancia a partir de entonces. Los Reyes Católicos, advirtieron de la disconformidad en el dominio bereber zenata, que gobernó una parte del Magreb, rebelándose en 1494 contra el Sultán del Reino de Fez, y Melilla por un incendio fue destruida, entonces pidieron ayuda a los Reyes Católicos, que autorizaron a la "Santa Hermandad", institución creada por Isabel la Católica en las Cortes de Madrigal de 1476, para controlar la seguridad de los caminos y garantizar el orden público, posiblemente el primer cuerpo de policía de Europa. Envió la dotación de un ejército para la reconstrucción y orden de Melilla, organizando una expedición de barcos al mando del Comendador Pedro de Estopiñán y Virués, con 5.000 infantes y 250 jinetes, lo que de verdad pretendían era apoderarse de la ciudad de Melilla, empezando a reconstruirla y en poco tiempo se logró fortificarla y construir nuevas murallas defensivas, motivo que sorprendió a los musulmanes, que no pudieron recuperarla nunca más. Pasando a manos de España.

Ceuta, conocida como la Llave del Mediterráneo, en ese momento enclave de los árabes en el norte de África.

La ciudad de Ceuta permaneció bajo dominio musulmán unos 700 años. El 14 de agosto de 1415, durante el mandato de Juan I Rey de Portugal, buscando una gesta que reforzase su posición internacional, decidieron avanzar sobre la ciudad de Ceuta, ocupada por el pueblo musulmán. Portugal envió 200 buques con 45.000 hombres con dirección a Marruecos, doblaron el cabo de San Vicente, llegaron a Ceuta donde desembarcaron en la madrugada del 21 de agosto, sorprendiendo desprevenidos a los mariníes, nombre que reciben los Banu Marín, miembros de un Imperio de origen bereber zenata, defensores de Ceuta, el ataque se inició en la mañana y terminó esa misma noche con la toma del Castillo ya vacío tras la huida de los musulmanes de la ciudad de Ceuta, venciendo al Gobernador Ben Salah. Así, uno de los principales centros norte del mundo islámico pasó a dominio de Portugal.

El 4 de agosto de 1578, tras la muerte sin descendientes del Rey Sebastián I de Portugal en la Batalla de Alcazarquivir, en Marruecos, heredó el trono su tío abuelo el Cardenal Enrique I de Portugal, durante su reinado, hubo crisis de cortes portuguesas que debían decidir quién de entre varios reclamantes debería ocupar el trono, sucedió, que sin terminar de decidirlo, Felipe II de España, se anticipó a la decisión, amparándose en sus derechos de sucesión a la Corona portuguesa al ser hijo de la Infanta portuguesa Isabel de Avis, y esposo de María Manuela de Portugal.

Felipe II, ordenó la invasión del país con su ejército a las órdenes del Duque de Alba, ganando en la Batalla de Alcántara en 1580, contra Antonio, prior de Crato, que se había autoproclamado Rey.

Felipe II, recibió el apoyo de la nobleza y el alto clero, proclamándose en 1581, Felipe I Rey de Portugal y El Algarve, reconocido en las Cortes de Tomar en la provincia de Ribatejo, por lo tanto Ceuta ingresó a manos de España. En 1656, los portugueses en Ceuta se rebelaron contra la dinastía española, pero, los ceutíes permanecieron leales a Felipe

IV, que agradeció el apoyo, concediéndoles ser naturales de Castilla. Las dos ciudades de Ceuta y Melilla pertenecen a Andalucía.

En 1840, al comienzo del reinado de Isabel II de España, empezaron los problemas con Marruecos, los ciudadanos españoles en Ceuta y Melilla sufrían constantes incursiones por parte de grupos cabileños de Anyera, región del Rif, la noche del 11 de agosto de 1844, un grupo atacó a un destacamento español del puesto de guardia de Santa Clara que custodiaba las reparaciones del escudo de España incrustado en mojones de los límites de demarcación en diversos fortines en las afueras de Ceuta, hecho este que se repitió la noche del 24, derribando el nuevo mojón con el escudo y las armas españolas que solemnemente se había levantado el día anterior. Los derechos de España para tal cuerpo de guardia eran legítimos e indiscutibles, ya que estaban claramente situado dentro de los límites del campo que determinaba el Tratado de Paz en vigor y confirmaba terminantemente el Acuerdo de Tánger del 25 de agosto de 1844, por mediación del cónsul de Tánger se presentó el 5 de septiembre un enérgico ultimátum exigiendo que el escudo de España fuera repuesto y saludado por las tropas del Sultán en el mismo sitio que había sido echado por tierra, de acta de ejecución y cumplimiento del mismo, en lo que se refiere a la cuestión, del convenio concertado en Larache el 6 de mayo de 1845, se les castigara severamente ante su guarnición; que se declarase el derecho español a levantar cuantas fortificaciones se estimasen, y no solo ocurrieron aquellos actos hostiles con actitud agresiva, por lo tanto, Leopoldo O`Donnell, Ministro de la Guerra y Capitán General, fue nombrado General en Jefe, exigiendo al Sultán de Marruecos, Mulay Abd ar-Rahman, un castigo ejemplar para las agresiones, sin embargo, esto no sucedió, ya que, el Sultán no consideraba tal castigo contra unos pocos moros que no tenían ni siquiera armas para atacar.

Aunque se intentó solucionar por vía diplomática con la intervención mediadora de Francia y Gran Bretaña mediante la firma de convenios: Convenio de Tánger 1844 y Convenio de Larache 1845. La muerte del Sultán, obligó a España prolongar el último plazo concedido del Convenio de Tetuán 1859, convenios que no se cumplieron, continuando las agresiones.

La falta de respuesta satisfactoria por parte del nuevo Sultán Mohámmed IV a las reclamaciones españolas, el Gobierno español decidió invadir el sultanato de Marruecos, y formó un pifostio legendario, o sea, un ataque tremendo contra las hordas rifeñas en las cercanías de Ceuta. Fue así como el 22 de octubre de 1859, España decidió declarar definitivamente la guerra conocida como Primera Guerra de Marruecos. El Ejército expedicionario de operaciones partió de Algeciras y se componía: 163 jefes, 1.600 oficiales, 33.225 de tropa, de ellos 90 guardias civiles, 3.000 caballos y mulas, 75 cañones, distribuidos en tres cuerpos de Ejército, una división de reserva y otra de caballería. La escuadra mandada por el Brigadier de la Armada, Segundo Díaz Herrera, la formaban: un navío de línea, cuatro buques de vela, seis de hélice, once vapores de ruedas, tres falúas, veinte lanchas cañoneras y doce vapores de ruedas y tres urcas que actuaron como transportes de tropas.

El Ejército marroquí, muy numeroso, contaba con una excelente caballería y con bastantes piezas de artillería. La dirección de las operaciones las ejercía Muley- el Abbas, hermano del Sultán, y el mando de fuerzas era muy superior a los españoles.

El mismo O´Donnell se puso al frente de las fuerzas de desembarco en Ceuta, enarbolando su insignia en la fragata "Blanca" con varios navíos menores al mando del Teniente General de la Armada Real, Rafael Echagüe y Bermingham, el Teniente General, Antonio Ros de Olano, los Guardiamarinas de Primera Clase, Teniente General Juan Zabala, y Segundo Díaz Mella, una división de reserva catalanes, al mando del General Juan Prim, y otra de caballería mandada por el General Félix Alcalá Galiano.

Se designó como objetivo Tánger, y para alcanzarlo se eligió una acción terrestre teniendo a

Ceuta como base de operaciones, irían por la costa hasta conquistar Tetuán y después llegar a Tánger por el paso de El Fondak de Ain Yedida. El apoyo logístico hasta Tetuán correría a cargo de la Armada y después se realizaría por tierra. Dando la orden al General Prim de avanzar hacia Tetuán y Wad Ras.

El 1 de enero de 1860, el General Prim avanzó en tromba hasta la desembocadura de Guad el Jalú con el apoyo al flanco del General Zabala y el de la flota que mantenía a las fuerzas enemigas alejadas de la costa. El 31 de enero O'Donnell comenzó la marcha hacia Tetuán, con el apoyo de los voluntarios catalanes. Recibía la cobertura del General Ros de Olano y del General Prim en los flancos, se inició el avance produciendo el primer encuentro en el Valle de los Castillejos, situado a unos cinco kilómetros al Sur de Ceuta, dando lugar a la famosa batalla, comandada por Leopoldo O'Donnell y Juan Prim, alcanzando la gloria el General Prim, a la que siguió la conquista de Tetuán; para llegar necesitaban franquear las angosturas de Monte Negrón, una vez en la llanura junto al río Gad-el-Jelú, tuvieron un regio combate, donde destacó Ros de Olano, y el 13 de enero pusieron en movimiento a todas las divisiones hacia el valle de Tetuán, llegando a la ciudad a las tres de la tarde, donde Prim y los voluntarios catalanes a su mando tuvieron un gran protagonismo decisivo el 4 de febrero en la toma de Tetuán, momento en el que Prim alcanzó el punto más alto de su prestigio militar, dando muestras de su valor con avances a pecho descubierto, en inferioridad numérica, con desventaja posición y con embestidas cuerpo a cuerpo, alcanzando el campamento de Muley-el Abbas, Tetuán cayó el día 6 de febrero. Siguiente objetivo Tánger, el Ejército se vio reforzado por otra división de infantería de 5.600 soldados, los nombres de los cuerpos recién llegados fueron: Madrid, Alcántara, las Navas, Barbastro, Granada y Borbón, junto a unidades voluntarias vascas y navarras, formadas por 3.000 hombres, la mayoría carlistas.

Siguió Samse, el 12 de marzo a las 12 de la noche se registró un gran combate que se denominó Acción de Samse. El 23 de marzo la fuerza expedicionaria al mando del Capitán General O'Donnell, decidió avanzar hacia Tánger, en el valle de Wad-Ras las tropas dirigidas por los generales Echagüe, Ros de Olano y Prim, vencieron a las fuerzas marroquíes en la Batalla de Wad-Ras. Los batallones Cazadores de Chiclana, Regimiento de Navarra, León y Toledo perdieron la mitad de sus efectivos. Prim y Ros de Olano se adueñaron de posiciones que aseguraban el paso del desfiladero de El Fondak de Ain Yedida, camino directo a Tánger.

A pesar de la fatiga, al día siguiente muy temprano, O'Donnell dio orden de marcha, era necesario atravesar el desfiladero de El Fondak para entrar en la ciudad de Tánger, lugar de máximo valor estratégico para decidir el conflicto. Cuando las tropas estaban preparadas para comenzar la marcha, divisaron en el horizonte a un jinete enemigo, que se dirigió al mando español, iba con bandera blanca, pretendiendo parlamentar. Era el primer emisario del Sultán que proponía iniciar con los españoles las tan ansiadas conversaciones de paz. La entrevista fue corta, el Sultán no puso objeciones a las demandas.

La guerra duró cuatro meses, finalizó el 23 de marzo de 1860, con la petición de paz del Sultanato marroquí representado por el Príncipe Muley-el Abbas, hermano del Sultán Mohammed IV, y Leopoldo O´Donnell, representando a Isabel II de España, firmaron en Tetuán el 26 de abril de 1860, el Tratado de Wad-Ras, que declaraba a España como vencedora e imponía a Marruecos una serie de cesiones e indemnizaciones de cien millones de felús de bronce, y debido a la gran cantidad de monedas, tuvieron que fundir cañones para poder fabricarlas. Se ocupó Tetuán como garantía de satisfacción de la deuda, y se obtuvo la promesa de un tratado comercial.

Para Marruecos, la consecuencia inmediata de su derrota fue la enorme quiebra económica, y su inestabilidad política y social acabaría desembocando en el Protectorado hispano-francés. Fue una guerra grande que costó a España 10.000 bajas 235 millones de reales de vellón, pero llevó el prestigio de la nación en el extranjero, excepto a Inglaterra que nunca estuvo a favor de esa guerra.

Aunque a decid verdad, dos tercios de los muertos españoles, no murieron en el campo de batalla, sino que fueron víctimas del cólera y del tifus, a pesar de ello, ganaron grandes batallas: Castillejos, Río Asmir, Cabo Negro, Guad-el Jelú, Wad-Ras y Tetuán, donde alcanzaron la fama por sus proezas y valentía estos españoles.

General Juan Prim

Parece ser, que Prim fue extraordinariamente sanguinario en Marruecos, siendo quien decidió la suerte de la Batalla de las Alturas de Cabo Negro el 14 de enero de 1860, terrible derrota de los marroquíes.

(Eugenia).- La poeta Concepción Arenal, dijo en una oda: *"Este es el momento de resucitar las glorias"*.

Para la escritora el General Prim era el nuevo Cid Campeador al distinguirse en la Batalla de los Castillejos, Tetuán, Wad-Ras, y ayudar a conseguir la ampliación de Ceuta y Melilla, y la entrega de Santa Cruz de la Mar Pequeña, identificada como Ifni, y el reconocimiento en propiedad de las islas Chafarinas, estas islas se agregaron a España el 6 de enero de 1843, cuando fueron ocupadas por la expedición enviada al mando del General Francisco Serrano y Domínguez, hasta entonces había sido tierra de nadie.

La Reina Isabel II de España, por estos hechos, el Capitán General, Leopoldo O'Donnell obtuvo el título de Duque de Tetuán, el Teniente General, Antonio Ros de Olano, destacó en la acción de Guad-el Jelú, lo que le valió el título de Marqués de Guad-el Jelú, y Vizconde de Ros, al General Juan Prim, le otorgó el Marquesado de Castillejos, con Grandeza de Primera clase, la de Grande de España.

(Louis Napoleón).- Después de la Guerra de Marruecos, Prim me estuvo visitando en varios de sus frecuentes viajes a París, me sugería, que su conocimiento de la realidad mexicana era a través de la familia de su esposa, y que también podía contar con una buena disposición de su persona, pensando que le apoyaría al ser yo el protagonista decisivo de la intervención en México, le contesté: "La Batalla de los Castillejos, sin duda ha sido su mejor triunfo, y la causa de que con seguridad le harán Comandante en Jefe de la expedición a México". Y así fue, le escogieron como Ministro Plenipotenciario y General en Jefe de la expedición a México.

Napoleón III, esperaba con inquietud todas las noticias que le llegasen de México, mientras, procuraba relatar los hechos a la Emperatriz de la situación que había llevado a esa posición comprometida con la reclamación de la deuda a Benito Juárez.

(Louis Napoleón).-Esposa, me comentabas, que nosotros no tenemos nada que ver con la deuda de México. Te voy a referir como empezó este lío de las reclamaciones de deudas.

Desde antaño todo ha cambiado mucho; al principio los mexicanos depositaban sus ahorros en la Iglesia, porque no había casas de banca en el país. En la época de la Independencia, en 1821, la Iglesia estaba ligada a todas las formas de comercio, poseía el cincuenta por ciento de las tierras y de la riqueza de México.

Con las luchas de independencia de México y la consecuente pérdida económica, en 1821, el país inició su vida independiente con una economía en banca rota total. Se fueron sucediendo los presidentes de año en año, cada uno de estos hombres se proclamaban por la fuerza y a continuación eran muertos o depuestos por sus electores.

Fueron varios meses de arduo trabajo, las diputaciones, inspiradas en las Constituciones de Cádiz y de Filadelfia, promulgaron la Constitución de los Estados Unidos Mexicanos el 4 de octubre de 1824, los liberales tomaron el poder, aunque en realidad hasta el 28 de diciembre de 1836, fue cuando España, gobernada entonces por la Reina Isabel II, reconoció la independencia de México.

Después de mucho ir y volver a empezar, Benito Juárez siendo Presidente de la Suprema Corte de Justicia, lanzó un manifiesto por medio del cual salió Benito Juárez Presidente constitucional de la República de México el 15 de enero de 1858, por el Partido Liberal, asumió la presidencia de acuerdo con la Constitución de 1857, de ideología liberal, su promulgación incorporaba: el no derecho a la propiedad individual, si a la libertad de enseñanza, si a la expresión de las ideas, si a la libertad de asamblea, si a la libertad de portar armas, si a la abolición de la esclavitud, si a la eliminación de prisión por deudas civiles, si alas alcabalas y aduanas internas, si a la supresión de fueros institucionales, y si a la enajenación de bienes raíces.

Esto provocó el descontento de los sectores militares y de la jerarquía eclesiástica, que ciertos artículos fueron contrarios a los intereses de la Iglesia Católica, como la enseñanza laica.

El General Félix María Zuloaga tenía mando militar de México Capital, encabezó un pronunciamiento derogando la Constitución de 1857, y convocó el 17 de diciembre de 1857 en el Palacio Arzobispal de Tacubaya un Congreso extraordinario elaborando una nueva Constitución.

El llamado Partido Conservador, tenía de su parte al Ejército y a la Iglesia, nunca estuvo organizado como un partido político con jefaturas establecidas y órganos de representación, se trató de un grupo de personas que representaban los intereses y las ideas de un sector del pueblo mexicano, muy especialmente de la Iglesia Católica, por lo tanto, el Partido Conservador nunca sería disuelto mientras los hombres que lo constituyeron vivieran y la Iglesia Católica en México no desapareciese, por eso, se llamó Partido Conservador.

El General Ignacio Zuloaga, fue seleccionado por los generales conservadores y el clero católico partidarios del movimiento anticonstitucional, y por medio de los cuales fue nombrado Presidente de México en oposición al Presidente Benito Juárez, periodo en el cual en la República había en México dos gobiernos paralelos: uno en Ciudad de México, presidido por Félix María Zuloaga, Conservador al que se unió el General de División Miguel Miramón, y otro en la ciudad de Veracruz, desde el 4 de mayo de 1858 presidido por Benito Juárez, Liberal.

La guerra entre ambos era inevitable.

Comenzó la Guerra de La Reforma, también conocida como Guerra de los tres años, desde 1858 al 1861. Enseguida se dio a conocer la revolución por medio de telégrafos al resto de los estados de la República, y al poco tiempo se unieron a Benito Juárez los gobiernos republicanos de Puebla, Tlaxcala, Veracruz, Chiapas, Tabasco, San Luis Potosí y las guarniciones militares de Cuernavaca y Tampico. Más adelante, se unieron más gobiernos republicanos, Jalisco, Guanajuato, Querétaro, Michoacán, Nuevo León, Coahuila, Tamaulipas y Colima.

Las huestes conservadoras, lideradas por el General Miguel Miramón, quién defendía el modelo de Gobierno Colonial Monárquico, como deseaba también uno de su más fervientes defensores Lucas Alamán contra todo tipo de organización republicana, y se conservasen los fueros o privilegios de las corporaciones militares y religiosas.

El conflicto era una guerra civil y religiosa.

De México Capital salían flameando enseñas donde se mostraba una Cruz bordada con los colores blanco y verde del Partido Conservador. Eran alentados por clérigos que ondeaban estandartes con la consigna

"Viva la religión" "Muera la tolerancia", el Papa Pío Nono desde Roma los apoyaba citando las palabras de Jesucristo:

"El que a vosotros oye, a mí oye; y el que a vosotros desecha, a mi desecha, y desecha al que me envió".

De Veracruz salían los liberales al encuentro de sus adversarios, liderados por el General Santos Degollado, quien luchaba por una Constitución y la democracia para su República; afirmando que no combatían a la religión, sino a los clérigos que se enriquecían mientras los campesinos y los obreros morían de hambre.

Los clérigos en defensa del movimiento conservador, negaban los sacramentos a los liberales, éstos destruían las campanas de las iglesias, los altares eran incendiados y los cálices los usaban para beber licores.

El General Félix María Zuloaga, dimitió como Presidente el 2 de febrero de 1859, porque había sido dueño de varias casas de juego, y estos antecedentes, no agradaban a los clérigos, cedió la presidencia de México y del Partido Conservador al General de 26 años de edad Miguel Miramón.

(Eugenia).- Miguel Miramón, un hombre tan hermoso como un dios, siempre ha sido el ídolo de todas las jovencitas de las familias conservadoras.

(Louis Napoleón).- Y un hábil militar, estudió en el Glorioso Colegio Militar de Chapultepec. Lo que ocurre, que México es muy extenso y está falto de planos y mapas, aunque, las patrullas de Miramón estaban bien dotadas por las contribuciones de la Iglesia.

Napoleón III continuó narrando, a decid verdad, leyendo.

En la Batalla de Guadalajara, el 14 de diciembre de 1858, entre el General Santos Degollado del Ejército Liberal, contra el General Miguel Miramón junto con los generales Leonardo Márquez y Marcelino Cobos del Ejército Conservador. Victoria de los conservadores, que se hicieron con mucho armamento y material de guerra, el General Miramón mandó fusilar a los oficiales liberales capturados, que tuvieron 313 muertos, 196 heridos, 332 detenidos (fusilados) y 11 cañones capturados, por la parte conservadora las bajas 257 muertos, 190 heridos y 7 cañones destruidos.

La devastación de México era demoledora, y cruel con el suceso de la Batalla de Tacubaya, fue de las últimas batallas de la Guerra de Reforma, cuando el General Leonardo Márquez, el segundo Jefe de la fuerza conservadora, se apoderó el 11 de abril de 1859, de Tacubaya, un suburbio de México Capital. Los liberales que defendían el lugar se rindieron al General Márquez bajo promesa de que no habría represalias; cuando se les atendía a los heridos en la propia calle, el General Márquez se acercó a los heridos moribundos y a los médicos que los socorrían y comenzó a disparar sobre ellos. No quedó una sola persona viva. Desde entonces se le conoce al General Leonardo Márquez como "El Tigre de Tacubaya".

General Miguel Miramón

(Eugenia).- Que hombre más cruel, demostró ser un malnacido sin sentimientos.

(Louis Napoleón).- Sí, tienes razón. A este suceso

se le conoce por los "Mártires de Tacubaya" donde los militares y civiles fueron fusilados a consecuencia de su derrota durante la Batalla de Tacubaya.

Hubo más batallas, estas fueron algunas de las más destacadas durante la Guerra de Reforma.

Batalla de Salamanca entre el 9 de marzo y 10 de marzo de 1858 en las inmediaciones de Salamanca en el Estado de Guanajuato, por los liberales, al mando del General Anastasio Parrodi, junto con los generales, Leandro Valle, Santos Degollado y Mariano Morett.

Por parte de los conservadores comandados por el General Luis Gonzaga Osollo, al frente de 5.000 hombres junto a los generales Miguel Miramón, Tomás Mejía y Francisco García Casanova, la victoria correspondió a los conservadores, lo que significó la primera derrota importante del Ejército Liberal, que culparon al General Mariano Morett de no haber sostenido la carga de caballería y a Manuel Doblado por parecer indiferente en la batalla. Tuvieron bajas de 1265 muertos, 2080 heridos o capturados junto con 17 cañones; las bajas por los conservadores 210 muertos y 140 heridos.

El General Luis Gonzaga Osollo, fue uno de los "Niños Héroes" del Colegio de Chapultepec.

El 18 de junio de 1858, encontrándose Miguel Miramón en Guadalajara, recibió un mensaje desde San Luis Potosí, diciendo que el General Luis Gonzaga

Osollo, Jefe del Ejército de Operaciones del Norte, había contraído en campaña fiebre tifoidea y cólera, y sucumbió ante la enfermedad un día antes de cumplir 30 años de edad, por lo tanto, sus tropas se ponían a las órdenes de su gran amigo y compañero de infancia el General Miguel Miramón, que organizó los funerales más llamativos que pudo y ordenó guardar luto durante ocho días.

La Batalla de Tlatempa el 5 de julio de 1859, en las inmediaciones de Zacatlán en el Estado de Puebla, entre el Ejército Liberal, al mando del General Juan Nepomuceno Méndez; y del Ejército Conservador comandados por el General Carlos Oronoz quien era el Comandante militar de Zacatlán durante la Guerra de Reforma. La batalla terminó con victoria liberal, dejando en situación muy comprometida al General Miramón, ya que estaba perseguido por el Sur con las fuerzas del General Ignacio Zaragoza, en el Norte por el General Jesús González Ortega y desde el Este por el General Santos Degollado.

Las bajas fueron por los liberales de 1.000 muertos y 500 heridos, por parte de los conservadores de 2080 muertos y 200 capturados junto con 10 cañones.

La suerte de la guerra cambió en julio de 1859, cuando con la urgencia de obtener nuevos recursos en el momento más cruento, el Gobierno Liberal, con Benito Juárez a la cabeza, con apoyos radicales, decretó la legislación de las conocidas Leyes de

Reforma, separando la Iglesia del Estado, ley sobre el matrimonio civil, ley sobre el Registro civil, ley de Panteones y Cementerios, incluyendo también la nacionalización de los bienes del clero para quitar al ejército enemigo su principal fuente de financiación.

Ya sin recursos financieros, los conservadores se enfrentaron a los liberales en la Batalla de Loma de las Ánimas, o el Peñón de las Ánimas, en el Estado de Guanajuato, el 1 de noviembre de 1859. El Ejército Liberal del Primer Batallón Ligero, al mando de los generales Manuel Doblado y Santos Degollado; y el Ejército Conservador comandados por el General José María Alfaro. La batalla terminó con victoria liberal. La bajas por parte liberal 1.000 entre muertos y heridos, por parte conservadora 931 muertos, 322 heridos y 247 capturados (más tarde fusilados).

La guerra continuaba, y este asunto de la deuda con Francia, comenzó con Jean Baptiste Jecker, natural de Porrentry, Suiza, llegó a México en plena guerra civil entre los conservadores y los liberales.

Viendo el panorama, Jecker formó una sociedad con Isidro de la Torre, español gaditano, y con Felipe Alonso Terán, heredero de un pariente acaudalado; los tres fundaron la Casa bancaria Jecker-Torre y Compañía, y a decir verdad, eran verdaderos usureros, llegaban a cobrar hasta un cuatrocientos por ciento de intereses.

El Presidente y General Miguel Miramón, a pesar

de que la Iglesia ya no le suministraba recursos, para poder continuar la campaña contra los liberales, tuvo necesidad de fondos; se reunió con el usurero Jecker, y éste prestó al Gobierno Conservador un crédito por millón y medio de pesos, de los cuales recibió seiscientos dieciocho mil pesos en efectivo, ocho mil en vestuario y equipo, el resto en bonos de la misma financiera; para conseguirlos, a cambio de este crédito, el Presidente Miramón entregó bonos de la República de México por valor de quince millones de pesos pagaderos en las aduanas a plazos determinados. Con objeto de facilitar la operación, la mitad del rédito debía ser pagado en papel por el tesoro público, y la otra mitad en dinero por la Casa Jecker-Torre y Compañía.

Los prestamistas tenían la ventaja de pagar con los títulos del préstamo una quinta parte de los derechos de aduanas y de toda especie de contribuciones, excepto la capitación. Los bonos por valor de quince millones de pesos, pagaderos en las aduanas a plazos determinados, quedarían certificados por la Casa Jecker-Torre y Compañía. Estos bonos fueron poco aceptados en el mercado, vendiéndose nada más que unos pocos, por lo que Jecker se declaró en quiebra.

Los liberales, iban ganando terreno en la recuperación del poder, acercándose hacia la Ciudad de México.

El General Miramón, logró sitiar por tierra el

puerto de Veracruz, sede del Gobierno Liberal, e intentó establecer también el sitio por mar. Como no tenía buques de guerra envió al Contralmirante conservador Tomás Marín, que compró y equipó en Cuba dos naves, bautizándolas como "General Miramón" y "Marqués de la Habana". El 6 de marzo de 1860, el Contralmirante Marín llegó a la bahía de Antón Lizardo, municipio de Alvarado de Veracruz.

Benito Juárez, clamó la movilización de la marina estadounidense, invocando un antiguo tratado de mutua cooperación para combatir la piratería. Pero, Miguel Miramón no contaba con que una escuadra norteamericana que apoyaba a Benito Juárez se alistaba para capturar a los barcos conservadores. Sucedió en la noche, que los vapores norteamericanos "Indianola" y "Wave" y la corbeta de guerra "Saratoga" de 40 cañones llegaron también a la bahía de Antón Lizardo. El oficial que vigilaba la nave "General Miramón" advirtió que se acercaban unos barcos y avisó de inmediato al Contralmirante Marín. Ambas flotillas intercambiaron cañonazos, pero al darse cuenta de que se trataba de naves extranjeras interrumpió el fuego, situación que fue aprovechada por los estadounidenses para capturar los dos barcos conservadores y llevarlos presos a Nueva Orleans. Frustrando así el intento de bloqueo marítimo a los juaristas y el suministro de bombas y municiones para los conservadores.

Al estropearse sus planes, Miramón quiso llegar a un acuerdo pacífico con el Gobierno de Juárez, pero éste no aceptó la capitulación. Miramón abrió fuego contra el puerto de Veracruz, sin poder tomarlo. El sitio duró algunos días más hasta que se agotaron las municiones del Ejército Conservador y fue levantado ese mismo mes por la noche, regresando a la Ciudad de México derrotado totalmente por primera vez.

Tras fracasar en su intento de derrotar a Benito Juárez en Veracruz, comenzaron nuevos enfrentamientos, Miramón, al mando de 8.000 efectivos y 30 piezas de artillería, el 22 de diciembre de 1860, en San Miguel Calpulalpan, se enfrentó a las fuerzas liberales del General JesúsGonzález Ortega, al mando de 11.000 hombres y 14 piezas de artillería. Finalmente fue derrotado por los juaristas de manera definitiva el 22 de diciembre de 1860 en la Batalla de Calpulalpan y con él todo el Partido Conservador Mexicano. Con su derrota, y el triunfo del Partido Liberal, concluyó el 10 de enero de 1861 la Guerra de la Reforma.

Después de su derrota Miramón dejó la presidencia de la República, se vio obligado a abandonar el país junto con su esposa Concepción Lombardo y sus pequeños hijos Miguel de un año y Concepción de dos meses de edad, y otros distinguidos conservadores como Juan Nepomuceno Almonte, que se exiliaron en La Habana, de ahí pasaron a

Europa, concretamente a Italia, Francia y España, e incluso llegaron a entrevistarse con Napoleón III y con Isabel II.

Mientras, el Ejército Liberal se apoderó de México Capital, donde días después Benito Juárez instaló su Gobierno.

Ya como Presidente llevó a cabo un cambio en el simbolismo tricolor de la Bandera: Verde, la Esperanza, Blanco, la Unidad, y Rojo, la Sangre derramada por los Héroes Nacionales.

Juárez, diariamente vestía de etiqueta con levita y sombrero de copa, jamás montaba a caballo, se trasladaba en sencillos coches negros. Decía que él no tenía personalmente la menor importancia, que lo importante era lo que él representaba.

Benito Juárez nació en San Pablo Guelatao, del Estado de Oaxaca, el 21 de marzo de 1806, de familia indígena zapoteca muy humilde, a los 19 años de edad conoció a Antonio Salanueva, sacerdote franciscano español que lo protegió y por el que logró cursar estudios de Derecho en el Seminario Pontificio de la Santa Cruz, de la ciudad de Oaxaca, allí concluyó los estudios de Latín, Filosofía y Teología, llegando a hablar perfectamente español y latín.

Antes de ser político, se dedicó a la docencia, a los 24 años de edad se convirtió en encargado del Aula de Física del Instituto de Ciencias y Artes de Oaxaca, y un año después en Rector.

Algunos conservadores a pesar de su derrota, decidieron luchar por su cuenta, éste fue "El tigre de Tacubaya" acompañado por algún rezagado, haciendo correrías por las montañas entre México Capital y Toluca, manteniendo focos que actuaban con ataques esporádicos haciendo batidas contra los liberales. El General Leonardo Márquez, mostrando su fuerza de estratega, ordenó al soldado español Lindoro Cajiga buscar a Melchor Ocampo, el mejor consejero de Juárez, científico, liberal, intelectual, abogado, político y diplomático. Fue aprehendido en su hacienda de Pomoce cerca de Michoacán. Lindoro Cajiga lo trasladó a la población de Tepeji del Río, en el Estado de Hidalgo.

Le dejó hacer testamento en el que recordaba con amor a sus hijos naturales y los legitimaba a Josefa Petra, Julio y Lucía, y adoptó también como hija a Clara Campos para que heredase un quinto de todos sus bienes. Terminaba diciendo: *"Muero en la creencia de que he hecho por mi país cuanto he creído en consecuencia de que era bueno".*

El General Márquez, disparó su pistola en la frente de Melchor Ocampo el 3 de junio de 1861, tenía 47 años de edad. El cadáver fue colgado de un árbol en el Monte de las Cruces.

(Eugenia).- ¿Por qué apresaron precisamente a Melchor Ocampo, sí ya había terminado la guerra?

Presidente Benito Juárez

(Louis Napoleón).- Era muy perseguido por los conservadores. Abogado, defensor de la causa liberal, acabó con la era del Presidente Antonio López de Santa Anna. Apoyó a Juárez participando en la elaboración de las Leyes de Reforma, defensor de la separación entre Iglesia y Estado, autor del acuerdo que permitía un canal interoceánico en Tehuantepec. Perseguido, sobre todo, debido a que en 1859, por órdenes del Presidente Juárez, firmó en Veracruz con el Ministro de Exteriores de Estados Unidos Robert McLane, el controvertido Tratado McLane-Ocampo, mediante el cual México otorgaba a perpetuidad el derecho de tránsito al Ejército y mercancías de los Estados Unidos de Norteamérica por tres franjas de territorio mexicano. La primera por el istmo de Tehuantepec, la segunda de Guaymas a Nogales, en Arizona, y la tercera franja desde Mazatlán hasta la Heroica Matamoros, en el Golfo de México, pasando por Monterrey, aunque, Melchor Ocampo decía que México mantenía su soberanía por los tres pasos.

James Buchanan, Presidente de los Estados Unidos, en secreto, antes de firmar el Tratado dijo: *"Que en el Tratado se incluya una cláusula para lograr la cesión de la Baja California."*

El Tratado no fue ratificado por el Congreso estadounidense cuando éste se presentó en vísperas de la Guerra de Secesión, los senadores consideraron que las nuevas vías de tránsito por México aumentarían el poder económico y militar de los estados separatistas del Sur.

Una vez que en México Capital se supo la triste noticia del asesinato de Melchor Ocampo, Benito Juárez ordenó al General José Santos Degollado, que apresase a "El Tigre de Tacubaya" vivo o muerto.

Lindoro Cajiga, captor de Melchor Ocampo, fue detenido y ejecutado en San Miguel Acambay, su cabeza fue entregada en Arroyo Zarco al juarista Coronel Victoriano Espíndola.

Doce días después, el 15 de junio de 1861, José

Santos Degollado moría a manos de Márquez. Cinco días más tarde, un joven oficial Leandro Valle Martínez, diputado por el Estado de Jalisco y Comandante General del Distrito Federal, salió con 800 hombres a vengar las muertes de Ocampo y Degollado. El 23 de junio, Márquez hizo prisionero al oficial idealista Leandro Valle y lo fusiló por la espalda el 23 de junio de 1861, tenía 28 años de edad, fue colgado por las muñecas en un árbol del Monte de las Cruces junto con los cuerpos de Melchor Ocampo y José Santos Degollado.

Leandro Valle Martínez, en 1844, cuando tenía 11 años de edad, ingresó en el Glorioso Colegio Militar de Chapultepec, allí conoció al cadete Miguel Miramón uno de sus mejores amigos.

En realidad, no me creo la versión que me contaron, de que le amenazó a Leandro Valle con aserrarlo por la mitad, Márquez, por muy cruel que era, normalmente como buen militar fusilaba a sus enemigos, aunque fuese por la espalda.

Márquez, al saberse perseguido se exilió en La Habana.

A Leandro Valle, el Héroe de la República

"¡Descanse en paz, sublime mártir de la libertad republicana!

Los pendones enlutados de la Patria sombrearán tu sepulcro en son de duelo, y el libro de la Historia guardará tu nombre en esa página reservada a los militares y los héroes".

Juan Antonio Mateos.
Dramaturgo, novelista. 1831-1913.

(Louis Napoleón).-Volviendo a la historia de los créditos. La derrota definitiva de los conservadores, en diciembre de 1860, fue paralela a la ruina de Jecker, que desde mayo el banquero se había declarado en quiebra. Entre los pasivos se encontraban los bonos, de los cuales sólo había vendido una pequeña parte, su situación se tornó desesperada, pensando en Europa, suplicó a Elsesser que le ayudase, éste era exconsejero de Estado, Director de la Justicia y de la Policía en Berna, y además, cuñado de Jecker, Elsesser buscó apoyo en el Duque de Morny.

(Eugenia).- ¡Ah! Elsesser y, además, cuñado. Todo es un embrollo entre la Banca Jecker-Torre y Compañía, al que México se niega a pagar y Charles Auguste Demorny, más conocido como el Duque de Morny, en ese momento Ministro y Presidente del Cuerpo Legislativo Financiero francés, quien se comprometió a conseguir el pago de los bonos por parte del Gobierno de Benito Juárez, a cambio de un treinta por ciento de comisión. En realidad, estos bonos estaban más que caducados y mal redactados.

El contrato consistía en la emisión de 15.000.000 de pesos al 6% anual garantizado por la Casa Jecker durante cinco años y la mitad por el Gobierno con Derecho Aduanero que regula la entrada de comercio exterior del país, e impuestos que son la mayor fuente de ingresos al erario nacional.

Se dispuso, que mientras se arreglaba el modo de pagar en totalidad el crédito, se entregaría a la Casa Jecker la mitad de los derechos de explotación de plata que se enviara por los puertos de Tampico, Veracruz y San Luis Potosí.

Con objeto de apresurar el cobro de los bonos, Morny, con su gran influencia política en nuestra Corte, ya que es medio hermano tuyo, al ser hijo natural de tu madre con su amante el Conde Auguste Charles Joseph de Flahaut, éste, a su vez, era hijo bastardo del Obispo Talleyrand.

Morny, consiguió al banquero prestamista Jecker la ciudadanía francesa; después reorganizó su Banca como negocio protegido por Francia; de esta forma, las reclamaciones del prestamista podrían ser presentadas al Gobierno de Juárez por las vías diplomáticas francesas.

(Louis Napoleón).-Cuando nos fuimos a vivir a Suiza, mi madre tuvo un hijo con su amante, le bautizó con el nombre de Charles Auguste Louis Joseph, necesitaba un apellido, y un militar anónimo apellidado Demorny, mediante un pago reconoció al niño como hijo suyo, mi medio hermano se inventó un condado al que llamó Morny, desde entonces pasó a llamarse Conde de Morny, y ha sabido mezclar el negocio de los bonos, para que en mayo de 1860, designase el nombramiento de uno de sus amigos, el Conde Alphonse Dubois de Saligny, como Ministro Plenipotenciario.

Haciéndole caso, el 15 de mayo de 1861, designé a Saligny, como Enviado Extraordinario Administrador de la Legación y Ministro Plenipotenciario. Llegó a México el 28 de junio, con instrucciones y reclamaciones en contra del Gobierno de Benito Juárez, exigiendo al Ministro de Relaciones y Negocios Exteriores Manuel Doblado, el pago inmediato de la deuda de 15.000.000 de pesos, que además incluía un cobro exagerado de los intereses, Manuel Doblado, se negó a aceptar la proposición de pagar a Jecker, ya que la deuda era realmente de los conservadores, exactamente del antiguo Presidente Miguel Miramón, y no sólo con la palabra de Saligny servía, por los antecedentes que de él se recibieron. La carrera diplomática de Dubois de Saligny, se inicia desde 1838, como agente en Washington, en 1839, el

Rey Louis Philippe I de Francia, lo nombró Embajador en la nueva República de Texas, donde juró un acuerdo de comercio y navegación entre Texas y Francia. Se instaló en la capital Austin y realizó varios negocios de colonización que terminaron en escándalo.

Con estos antecedentes, era necesario que el Ministro de Negocios Extranjeros Eduard Thouvenel, autorizase al nuevo Embajador Saligny presentar al Gobierno de Juárez las reclamaciones de Jecker.

El asunto no era fácil en vista de los dudosos antecedentes del negocio, al mismo tiempo, a Thouvenel lo presionaban los acreedores de Jecker también arruinados que exigían al Gobierno francés su protección y la indemnización de sus intereses.

Thouvenel, al ver que el asunto se presentaba con ventajas apreciables para el comercio francés, aseguró que los préstamos, en realidad fueron hechos para la Guerra de la Reforma, desde el 17 de diciembre de 1857 hasta el 1 de enero de 1861. Thouvenel, ordenó a Saligny el 28 de agosto de 1861, que amenazase con tener en las costas de México una fuerza naval apoyada por el Gobierno francés ocupando Veracruz y Tampico, y junto a los bonos de Jecker reclamar grandes extensiones de tierra en Sonora y Baja California, sí no, romperían las relaciones diplomáticas con los juaristas.

Benito Juárez, triunfador de la República, ha

expulsado de México a Jecker y a otros siete extranjeros mafiosos.

(Eugenia).- Insisto, pienso, que todo es un embrollo de Morny para lucrarse a costa de los bonos, y estos son los motivos reales de la intervención en México.

(Louis Napoleón).- Tienes razón, todo es un embrollo organizado por mi hermanastro el Conde de Morny, es un gran negociante, al principio, me sentí molesto cuando me enteré de la existencia de él, pero, pronto me acostumbré a trabajar juntos, en realidad, nos llevamos muy bien, me recordaba sus orígenes diciendo: "Soy hijo bastardo, bisnieto de rey, nieto de un obispo, hijo de reina y hermano de emperador".

Cuando De Morny en París trató de labrarse un futuro, no le fue fácil, y sólo podía valerse de su inteligencia, ya que por entonces yo vivía en el exilio y no tenía poder alguno. Después de mucho padecer, como tú sabes, me hice Presidente de Francia, mi medio hermano De Morny siempre estuvo detrás de mí integrado a mi favor. Más tarde, cuando la República pasó a ser Imperio conmigo como Emperador, otra vez De Morny fue un hombre crucial que supo enfrentar los acontecimientos que bien pudieron costarle la vida afrontándolo con demasiada sangre fría.

Al nombrarme Emperador, el Conde de Morny, pasó a ser Duque, y por un tiempo Embajador de

Rusia, donde se casó con una bellísima joven casi treinta años menor que él.

La verdad, que el Segundo Imperio francés se levantó sobre dos pilares: el Duque De Morny, y Alexis Conde Colonna Waleswki, político y diplomático, también medio primo mío al ser hijo bastardo del Gran Napoleón I. Bueno, medio primo o medio hermano mío, ya no sé, porque según mi madre, yo también era hijo del Gran Napoleón I al ser su amante. Es una rocambolesca historia pasional, que ya te contaré en otro momento.

De Morny, es muy emprendedor, comenzó su vida empresarial adquiriendo un pequeño negocio de remolacha azucarera, hasta culminar con la Fundación de la Compañía del Ferrocarril Central de Francia, todas sus empresas son acometidas a gran escala, maneja grandes sumas de dinero que le llegan por numerosos negocios, jugada en Bolsa, y ventajosas especulaciones, gran amante de los caballos inauguró un hipódromo.

Acuérdate cuando fuimos a inaugurar el 27 de abril de 1857, en el parque del Bois de Boulogne, el hipódromo parisino de Longchamp, también, en la pequeña ciudad de Deauville en Normandía creó un Casino, balneario, carreras de caballos, tiendas de grandes firmas de lujo, y además, alterna con la política, estoy seguro, de que conseguirá que México devuelva la deuda.

(Eugenia).- Sobre todo, pensando en el treinta por ciento lucrativo que le va a suponer su gestión.

(Louis Napoleón).-También España anteriormente, presionó tanto por vía diplomática como con acuerdos con el Gobierno Conservador mexicano, para que España cobrase la deuda contraída con Miguel Miramón mediante una indemnización que España le exigía al Gobierno Conservador por el asesinato de varios españoles en sus haciendas, y esas indemnizaciones exigidas, sirvieron para subsidiar los gastos de guerra.

Los conservadores, terminaron firmando con España el Tratado Mon-Almonte, el 25 de septiembre de 1859, fue celebrado por el Ministro Plenipotenciario de Asuntos Extranjeros Juan Nepomuceno Almonte, por orden del Presidente Miguel Miramón, firmó en París con el español Ministro de Hacienda Alejandro Mon en nombre de la Reina Isabel II de España.

El Tratado se comprometía a pagar la deuda contraída por la indemnización del asesinato de varios hacendados españoles en las haciendas Chiconcuac y San Dimas, del Estado de Morelos, y de un minero en Durango. Sucedió, que una gavilla de bandoleros asaltó ambas propiedades, y tras amenazar a todos los operarios, asesinó a los españoles. En su reclamación, todo ello ascendía a nueve millones de pesos.

En el Tratado, se restablecían las relaciones

con España, también, de así, como aceptar el establecimiento de un protectorado en territorio nacional, al perder la guerra, la deuda pasó al Gobierno de Benito Juárez, todo esto es lo que está llevando también a España en sus reclamaciones.

Este Tratado, el Gobierno de Juárez siempre ignoró, sus responsabilidades no fueron aceptadas, porque la deuda había prescrito, y las indemnizaciones, los culpables ya habían castigado los delitos y no correspondía al Estado indemnizar a los afectados. Como consecuencia de esa decisión, se creó una situación aún más conflictiva en las ya malas relaciones de España con México. Por la firma de dicho Tratado, Benito Juárez le declaró al Ministro Almonte traidor a la patria, razón que le impulsó a permanecer en Europa.

Juan Nepomuceno Almonte, es hijo natural del cura José María Morelos, gran insurgente.

Almonte, político y diplomático, veterano de la Batalla de El Álamo, hizo la campaña de Texas como Ayudante de Campo del General Antonio López de Santa Anna, durante la cual fue hecho prisionero en la Batalla de San Jacinto en 1836. Al ingresar en el Partido Conservador dio comienzo su brillante carrera política, fue Diputado en Cortes, Ministro de la Guerra, estuvo en 1847 como Embajador en París, marchó a México y tomó parte de las batallas de Buena Vista y Cerro Gordo contra los estadounidenses, en

1855, volvió a Europa como Ministro Plenipotenciario de su país, en Austria, Nápoles y España.

Benito Juárez en 1862, se sintió presionado y para solucionar el problema de la deuda, a la vista de la intervención europea por el Tratado de Londres, ante tal situación, acudió a sus vecinos de los Estados Unidos de América, intentando conseguir dinero a cambio de terrenos que la Nación hipotecaría, no menos del veinticinco por ciento del país.

Manuel Doblado, Ministro de Relaciones Exteriores y el Ministro Plenipotenciario estadounidense Thomas Corwin, entablaron negociaciones para pactar la deuda del Gobierno mexicano, y Manuel Doblado, el 6 de abril de 1862, elaboró el Tratado Corwin-Doblado, cuyo objetivo era que Estados Unidos de América convenía en prestar a México la suma de once millones de pesos, que serían entregados en la ciudad de Nueva York a la persona o Casa de banco que nombrase el Gobierno mexicano en los plazos y bajo los términos:

Dos millones de pesos serían pagados 15 días después de la ratificación del Tratado por el Gobierno de los Estados Unidos, y medio millón de pesos sería pagado el día 10 de cada mes hasta que la suma estipulada fuese enteramente pagada con un seis por ciento anual, para ello, obligaban a hipotecar como garantía del rembolso, los bienes nacionalizados a la Iglesia que no se hubiesen vendido, y todos los bonos, pagarés e hipotecas que resultasen de las ventas hechas hasta el día, y las minas del noroeste de la República mexicana.

El Tratado, lo firmaron y sellaron los dos Plenipotenciarios en México el día 6 de abril del Año de Nuestro Señor 1862.

Pero, el Senado de los Estados Unidos de América rechazó el Tratado, por lo tanto, nunca entró en vigor.

(Eugenia).- Con este Tratado, al mismo tiempo, no se podría detener la intención de los Estados Unidos de Norteamérica deseosos de apoderarse de México.

(Louis Napoleón).- Como ya lo intentaron. Te voy a leer en uno de mis libros favoritos como fue la invasión feroz de los estadounidenses a México.

Todo empezó con la independencia de Texas. El Virreinato de Nueva España, hoy México, en 1821, invirtió sus políticas y aprobó una Ley de Colonización de españoles en Texas, justo seis meses antes de que México lograra su independencia el 27 de septiembre de 1821.

Moisés Fuller Austin, era un empresario estadounidense nacido en Virginia, conocido por sus esfuerzos en la industria americana del plomo, había conseguido pasaporte español, fue enterado de la firma del Tratado Adams-Onís firmado en 1821, entre España y Estados Unidos.

Luis de Onís, gran diplomático español de origen

salmantino, acudió como representante del Rey Fernando VII de España a Estados Unidos para negociar el Tratado con John Quincy Adams, (posteriormente sería el sexto Presidente estadounidense), el Tratado de fronteras, entre los Estados Unidos y el Virreinato de Nueva España. El acuerdo recogía, entre otras cuestiones, la cesión de La Florida a Estados Unidos y que Texas siguiera perteneciendo a España, y replantear y dar permiso a súbditos españoles se establecieran en Texas, era paso obligado para pasar por tierra a los Estados Unidos. El Tratado se firmó en 1819, pero no fue ratificado por ambas partes hasta el 22 de febrero de 1821.

Moses Fuller Austín se estableció en San Antonio de Béjar con su hijo Stephen. Pretendió un permiso para establecer una colonia angloestadounidense de 300 familias a lo largo del Río Brazos, llamado el Río de los Brazos de Dios por los primeros exploradores españoles, el Gobernador de Texas Antonio María Martínez se mostró reticente, al final, Martínez aceptó enviar la solicitud de Austin al Comandante de Chihuahua, con una recomendación para su aprobación.

En espera del resultado, Austin regresó a Estados Unidos mientras su solicitud era aprobada. El Comandante Joaquín Arredondo, después de consultar con la recién Diputación establecida, aprobó la solicitud el 17 de enero de 1821, de una concesión de tierras baldías en Texas.

Moses Fuller Austin, el 10 de junio de 1821, preparaba su regreso a Texas cuando a causa de una neumonía le sorprendió la muerte en Territorio de Misuri.

La oferta tentadora de concesión de tierras en Texas, llevó a su hijo Stephen Fuller Austin, nacido en Virginia, conocido como el "Padre de Texas", a participar en el proyecto a la muerte de su padre. Las condiciones impuestas al padre, el viejo Austin, quedaban iguales: se permitía el traslado de 300 familias de Luisiana, que debían ser católicas apostólicas romanas, de buenas costumbres, debían jurar obediencia, esto descartaba a los protestantes, aunque los colonos siempre se hicieron pasar por católicos.

Austin, camino de San Antonio de Béjar, en 1821, recibió la noticia de que México había declarado su independencia del Virreinato de Nueva España, y Texas se convertía en provincia mexicana, aunque la Texas Mexicana iba a operar de manera muy similar a la Texas Española.

El primer grupo de 300 colonos, llegó en 1822, el hijo del fallecido Austin, Stephen Fuller Austín, para resolver la adquisición dada por los españoles, se hizo cargo de la nueva colonia. En 1823, el Emperador Agustín I de México, aprobó el contrato del plan propuesto por Austin para distribuir la tierra; concediendo a cada colono 640 acres, a los casados se les concedía, además, 320 por esposa y 160 por cada hijo, Austin solicitó 80 acres por cada esclavo. Un mes más tarde, Agustín Iturbide abdicó como Emperador y el Congreso republicano recién creado anuló todos los actos de su Gobierno, incluyendo el contrato de colonización de Austin, que estableció San Felipe de Austin como la nueva sede para la colonia.

En la nueva Constitución Mexicana de 1824, hacía el país una República Federal, con 19 estados y cuatro territorios; se creó una estructura federal con Texas escasamente habitada, se unió a la provincia de Coahuila formando el Estado de Coahuilay Texas, parte de los Estados Unidos Mexicanos.

Para aumentar el número de colonos, México promulgó en 1824, la Ley General de Colonización, que permitía a las familias, la mayoría de los Estados Unidos de América, venir a México. En 1827, Austin recibió una segunda concesión que le permitió asentar 100 familias más, poco después, se le concedió asentar 800 familias en Texas. Le fue otorgado el título de Lugarteniente de la Milicia, y se le dio total autoridad judicial sobre el territorio, excluyendo la sentencia del crimen capital. Las instrucciones autorizaron la creación de oficinas de sheriff y establecieron un sistema basado en el comportamiento perjudicial, así como apostar, maldecir o embriagarse en público. Se crearon guardabosques, compuesto de 10 voluntarios que sirvieron seis meses y se les pagó con tierras, ellos fueron los precursores de los Rangers de Texas. Pero, la Ley del 6 de abril de 1830, prohibió la inmigración de ciudadanos estadounidenses hacia Texas.

Enojados los colonos, formaron guarniciones con sus colonos. La primera guarnición para supervisar a los colonos se estableció a lo largo de la Bahía de Galveston, que en 1831, se convirtió en el primer puerto en Texas, un segundo puerto Velasco, se estableció en la desembocadura del Río Brazos, mientras que una tercera guarnición estableció la fortaleza Terán en Río Neches, que desagua en el golfo de México, para combatir el contrabando y la inmigración ilegal.

Los colonos llevaron a cabo una Convención en 1832, para exigir que se permitiese a los ciudadanos estadounidenses emigrar. Al año siguiente el 19 de enero de 1833, Antonio López de Santa Anna fue elegido Presidente de México.

En enero de 1835, Austin formó otra Convención proponiendo que Texas se convirtiera en un Estado separado de México, y el 2 de octubre de 1835 comenzó la guerra de la Independencia de Texas. Para echar a los colonos, se implantaron varias medidas, Antonio López de Santa Anna, transformó a México de federalista a un Estado centralista, motivando a los colonos de Texas a una revuelta. Los colonos eran una pequeña porción, pero, pronto se sintieron partidarios de la independencia texana, y les impulsó hacia la confrontación con el nuevo Gobierno centralista de Antonio López de Santa Anna, que enfurecido en 1835, preparó rápidamente al Ejército mexicano para barrer a los colonos de Texas.

Stephen Fuller Austín fue detenido en Saltillo, Coahuila, bajo la acusación de estar trabajando por la independencia de Texas, y ser sospechoso de incitar a la insurrección. Quedó libre con la amnistía general de julio de 1835, y marchó de vuelta a Texas. En diciembre, fue nombrado Comisario por el Gobierno provisional.

En Texas se formarían dos grupos políticos: unos, colonos partidarios de la independencia, cuyos representantes más importantes fueron Anson Jones y Ashbel Smith; la otra parte, más numerosa y popular, encabezada por Sam Houston, político, abogado y propietario de una granja con esclavos. Fue a Texas a instancias del Presidente Andrew Jackson, gran amigo y de la misma logia masónica, para buscar la anexión del territorio a los Estados Unidos. Houston fue convertido en Mayor General del Ejército de Texas en noviembre de 1835. El 2 de marzo de 1836, se firmó la Declaración de independencia de

Texas, mediante la cual se declaró la República de Texas. A Samuel Houston se le nombró Comandante en Jefe en marzo de 1836.

México no aceptó la declaración de la independencia texana.

El Ejército mexicano, encabezado por el Presidente Antonio López de Santa Anna, salió con 2.000 hombres hacia San Antonio, en el condado de Béjar, el centro político de Texas.

El General Martín Perfecto de Cos, era cuñado de Antonio López de Santa Anna; fue derrotado por un ejército de voluntarios texanos.

Las fuerzas en combate fueron por parte mexicana: 700 soldados comandados por Martin Perfecto de Cos, las bajas 150 muertos, heridos o capturados. Por parte texana: 600 soldados comandados por Stephen Fuller Austin y Edward Burleson, bajas 70 muertos, heridos o capturados.

Después del sitio de San Antonio, una de las primeras batallas, con la rendición de las fuerzas mexicanas, que abandonaron los cañones y empalizadas en la Misión. Los rebeldes texanos adquirieron la posesión de la Misión de El Álamo, una misión española del siglo XVIII, en San Antonio, en el condado de Béjar, en Texas.

Los texanos habían llevado a todas las tropas federales de Texas fuera de Coahuila.

El General Sam Houston, solicitó al Teniente

Coronel de artillería James Clinton Neill tomara el mando de la guarnición Misión de El Álamo. Más tarde, creyó que los texanos no tenían suficientes fuerzas humanas para mantener ocupado el Fuerte y mantener una defensa exitosa. En su lugar, envió al aventurero y mercenario de 40 años de edad, Coronel James Bowie, acompañado de 30 hombres, para eliminar la artillería de El Álamo y que lo destruyera. Bowie no siguió la orden, y en colaboración con el Teniente Coronel James Clinton Neill, 100 texanos se guarnecieron en El Álamo, James Bowie, pidió por carta refuerzos, la fuerza texana creció ligeramente con la llegada de 200 soldados dirigidos por el Teniente Coronel de caballería de 26 años de edad, William Barret Travis.

Los beligerantes destacados fueron por parte de la República Mexicana: General Antonio López de Santa Anna, General Martín Perfecto de Cos, Teniente Coronel José Enrique de la Peña, Coronel Juan Nepomuceno Almonte, General Manuel Fernández Castrillón, General Juan Valentín Amador.

Por parte del Ejército de Texas: Teniente Coronel William Barret Travis, David Crockett, Coronel Jim Bowie; el Teniente Coronel James Clinton Neill, dejó El Álamo para atender a su esposa superada por una grave enfermedad que la llevó a la muerte.

Los 1500 hombres del General López de Santa Anna se plantaron frente al Fuerte de El Álamo, el último bastión de los rebeldes, que apenas llegaban a 300 hombres.

El Álamo no era una fortaleza preparada para resistir un asedio de 13 días de duración desde su inicio el 23 de febrero hasta el asalto final el 6 de marzo de 1836, cuando comenzaron a sonar las trompetas con redobles de tambor de la banda de música tocando "A Degüello", marcha militar española y después mexicana. En la Batalla de El Álamo, todos los beligerantes texanos murieron, a excepto de varias mujeres, niños y dos esclavos. Por parte mexicana tuvieron 60 muertos y 250 heridos.

El Ejército de López de Santa Anna se retiró a la Llanura de San Jacinto, cerca de La Porte, Texas.

Al General Sam Houston después de la Batalla de El Álamo, varios de sus oficiales y representantes del Gobierno, lo acusaron de cobarde, y en un principio, se le responsabilizaba de la muerte de los defensores de la Misión de El Álamo.

Los líderes texanos, Sam Houston y James Clinton Neill, reorganizaron sus tropas y en la tarde del 20 de abril, recibieron una columna de refuerzos hasta elevarla a 1.000 hombres.

López de Santa Anna, unió a su Ejército 500 hombres de refuerzo mandados por el General Martín Perfecto de Cos.

Después de una marcha de 24 horas, López de Santa Anna, ordenó parar en Llanuras de San Jacinto, cerca de La Porte, para comer y dormir una breve siesta, lo que pretendía ser en un principio una siesta de tres horas, debido al gran cansancio, se prolongó a una siesta de siete horas, descuidando de forma grave la defensa del campamento, sería un retén de 20 hombres, que a su vez se turnaran, pero López de Santa Anna no estableció este retén, y finalmente él se retiró también a dormir.

El Ejército texano inició su avance y a las tres treinta de la tarde entró en el campamento con caballería pesada, al no hallar oposición alguna se arrojaron sobre todas las líneas enemigas dormidas, el griterío y las balas despertaron al General Manuel Fernández Castrillón, trató de organizar la resistencia, pero fue muerto a los pocos minutos. El día 21 de abril de 1836, se dio la Batalla de San Jacinto, duró sólo 18 minutos, durante ese tiempo 630 mexicanos fueron masacrados, 210 cayeron heridos y 730 fueron capturados, entre ellos López de Santa Anna, Teniente Coronel Juan Nepomuceno Almonte, General Martín Perfecto de Cos, Teniente Coronel José Enrique de la Peña, General Juan Valentín Amador. Antonio López de Santa Anna, quien no sólo era Jefe militar, sino Presidente de México, lo cual aumentaba la importancia de la captura.

El Ejército texano sólo tuvo 10 muertos y 37 heridos, el General Houston fue herido por bala en su pierna izquierda, y hubo de retirarle de la batalla, se fue muy contento pensando que Texas ya era independiente por la firma del Tratado de Velasco, sin saber que México no lo ratificó.

Después de la captura del Presidente López de Santa Anna en la Batalla de San Jacinto, y mediante el Tratado de Velasco, acuerdo firmado el 14 de mayo de 1836, estableciendo la retirada de las tropas mexicanas del Estado rebelde de Texas, este Tratado el Congreso mexicano se negó a reconocerlo, ya que fue firmado por el Presidente López de Santa Anna estando prisionero de la Batalla de San Jacinto, y por derecho internacional, un prisionero de guerra no puede firmar un Tratado, ya que en prisión pierde toda autoridad. México declaró a Texas en estado de rebeldía.

El 10 de junio de 1836, Stephan Fuller Austin se encontraba en Nueva Orleans, donde recibió la noticia de la derrota del Presidente López de Santa Anna por el General Sam Houston en la Batalla de San Jacinto.

Después de esta batalla desastrosa, hubo nueve años de tranquilidad, y los prisioneros fueron puestos en libertad. En las primeras elecciones presidenciales, Sam Houston fue elegido el 22 de octubre de 1836 primer Presidente de Texas para el periodo de 1836-38, y de nuevo elegido por tres años en 1841, hasta que el Congreso estadounidense votó por la anexión de Texas a finales de febrero de 1845, el Ministro de Exteriores de México en Washington, Juan Nepomuceno Almonte, exigió como medida de protesta sus cartas credenciales. De esta forma, México suspendió sus relaciones diplomáticas con la Unión, advirtiendo que la anexión de Texas sería considerada como un acto de guerra. Al final, fue reconocida su independencia en 1845, año que reclamaron la anexión de Texas a Estados Unidos, y Austin se convirtió en la capital.

En 1845, tras la anexión de Texas a la Unión como el Estado número 28, el Presidente James Knox Polk, ordenó al General Zachary Taylor concentrar un gran número de tropas, concretamente, 4.000 hombres en la frontera de Corpus Christi, es una ciudad de la costa Sur del Estado de Texas, junto a la desembocadura del Río Nueces y Bravo, es el límite de la frontera Sur de Texas con México, donde comenzaron a construir el Fuerte Browncon el propósito de provocar un conflicto que permitiera a los Estados Unidos declarar la guerra a México y poder anexionarse no sólo Texas, sino también California y Nuevo México.

El General Zachary Taylor, penetró en un territorio situado entre el río Nueces y Río Grande o Río Bravo, en territorio mexicano, y derrotó con facilidad a los dos contingentes de tropas mexicanas que le salieron al paso, venciendo al primero en la Batalla de Palo

Alto, el 8 de mayo de 1846, y el segundo en la Batalla de Resaca de la Palma, al día siguiente.

El Presidente James Knox Polk, utilizó estas batallas como pretexto para provocar al Gobierno de Antonio López de Santa Anna, e iniciar la Guerra mexicano-estadounidense. México declaró la guerra diez días después, el 23 de mayo de 1846, una guerra para la que no estaba preparado ni económicamente, ni militarmente, teniendo un Ejército que resultó no estar siempre equipado para el combate.

Nada más declararse la guerra oficialmente, el Gobierno de Estados Unidos ordenó a su Ejército conquistar los estados de Tamaulipas, Nuevo León y Coahuila. El General Zachary Taylor se dirigió a Monterrey, capital del Estado de Nuevo León, ciudad que cayó enseguida el 23 de septiembre de 1846.

Por otra parte, se bloquearon los puertos de Tampico, Frontera Carmen, Guaymas, Mazatlán y San Blas, entre otros.

El 23 de octubre de 1846, las tropas estadounidenses a bordo de siete buques al mando del Comodoro Matthew Perry, tomaron el puerto de Frontera Tabasco, que se encontraba sin guarnición, iniciando la Primera Batalla de Tabasco, terminando con una victoria de las fuerzas tabasqueñas, siendo esta una de las pocas batallas ganadas por México.

En febrero de 1847, El General Taylor decidió avanzar por su cuenta hasta la localidad mexicana de

Buena Vista con el objetivo de enfrentarse a las tropas del General López de Santa Anna que se dirigía hacia el Norte a su encuentro a marchas forzadas para enfrentársele en la Batalla de Angostura, también conocida como Batalla de Buena Vista, el 22 y 23 de febrero de 1847, en un lugar cercano a la ciudad de Saltillo, en el Estado de Coahuila. A pesar de ir ganando la batalla, al caer la noche López de Santa Anna interrumpió el combate declarándose vencedor y emprendió una inmediata retirada. La batalla fue una de las más duras de las fuerzas mexicanas, había tenido 695 muertos, entre ellos: 10 jefes, 22 oficiales y 212 heridos, más 135 prisioneros, las bajas de los estadounidenses fueron similares.

El General López de Santa Anna, echó a perder la batalla de forma inexplicable con su retirada ante un enemigo ya vencido. Por su actuación se le acusó a él y a otros mandos, de traidor e incompetente, López de Santa Anna, alegó como causa principal que el Ejército carecía de rancho y tras la fatiga de la batalla no podía comprometerle para otra batalla al día siguiente.

Chihuahua fue ocupada por una columna estadounidense del Coronel Alexander William Doniphan, procedente de Nuevo México, ocupando también Santa Fe y El Paso. Para defender Chihuahua se entabló la Batalla de Sacramento el 28 de febrero de 1847, derrota total para los mexicanos, ya que el Coronel Doniphan llevó al Sur al Coronel Frank Preston Blair con el Primer Regimiento de voluntarios de Missouri, artillería ligera, que con los rifles Winchester repetían los tiros con un solo cargador, y las ametralladoras y cañones de corto y largo alcance acabaron con los mexicanos, las aguas montañosas del Río Sacramento se tiñeron de rojo, las mujeres, niños y ancianos recogían a sus muertos, los mexicanos que sobrevivieron se trasladaron a El Parral, y el primero de marzo el Ejército estadounidense ocupó la ciudad de Chihuahua, habiendo terminado con casi toda la juventud mexicana.

Al mismo tiempo, el bombardeo de Veracruz por el General Wenfield Scott, en marzo de 1847, para iniciar la invasión del centro de México, acción que fue considerada por los estadounidenses como un paseo, pues no ofreció más resistencia que la Batalla de Cerro Gordo, 18 de abril de 1847, tremenda derrota de los mexicanos. El General Winfield Scott y el Capitán Robert Edward Lee, tuvieron unas bajas de 63 muertos y 365 heridos, mientras que el General Antonio López de Santa Anna y el General Ciriaco Vázquez, tuvieron 1.000 muertos y heridos, el General Ciriaco Vázquez muerto en combate, y 3036 prisioneros.

El 18 de agosto de 1847, el Ejército Mexicano del Norte, comandado por el General Gabriel Valencia, fue derrotado en Las Lomas de Padierna, al sur de Ciudad de México.

Consumada la derrota, el General López de Santa Anna se acercaba con sus tropas, pero llegaron tarde a posiciones cercanas de Contreras y San Antonio, ordenando la retirada rumbo a Ciudad de México, dejando en el Convento de Santa María de Churu busco unas fuerzas de la Guardia Nacional del Distrito Federal, integrada por voluntarios, así como el Batallón de San Patricio, formado en su mayoría por irlandeses que en 1846 habían desertado del Ejército estadounidense, sus comandantes John Riley y Abraham Fitzpatrick, y por parte mexicana el General Pedro María Anaya y el General Manuel Rincón, en total sumaban 1.300 tropas. La defensa del puente Churubusco el 20 de agosto de 1847, la lucha fue atroz durante dos horas y media, cuando el puente cayó en manos estadounidense que tuvieron bajas de 21 oficiales y 270 muertos y heridos sobre el terreno, los defensores mexicanos, bien dirigidos por los generales Manuel Rincón y Pedro María Anaya, no se dieron por vencidos y se replegaron al Convento de Santa María de Churubusco, ante la férrea defensa, el General Scott ordenó ocupar la retaguardia del Convento y la Hacienda de Portales, a pesar de los ataques continuados por el frente y en los flancos apoyados por cañones y morteros, las bajas estadounidenses aumentaron de manera dramática.

Tras algunas horas de combate, las fuerzas mexicanas seguían en posesión de sus reductos, pero se agotaron las municiones y las pocas que quedaban eran inservibles, una bomba provocó una explosión en la reserva de pólvora, dejándoles sin posibilidad de seguir defendiéndose, sus pérdidas fueron de 139 muertos, 99 heridos la mayoría artilleros. Cuando el General David Emanuel Twiggs entró en el Convento, ordenó a los soldados mexicanos entregar todas las armas y las municiones, el General Anaya pronunció la famosa y desafiante respuesta: "Si hubiera parque, no estarían ustedes aquí."

Tras la victoria estadounidense, se hizo juicio de guerra a los soldados del Batallón San Patricio que habían desertado del Ejército estadounidense en 1846. Sentenciados, unos fueron ahorcados en San Ángel y Mixcóac, a otros se les azotó y marcó en la mejilla con hierro candente la letra "D" de desertores.

Los generales López de Santa Anna, Juan Álvarez y Alejandro Constante llegaron en auxilio con 5.000 soldados, pero cuando ya había terminado la batalla.

El General Pedro María Anaya fue capturado como prisionero de guerra de los estadounidenses, y vio el final de la guerra, posteriormente fue liberado, murió el 21 de marzo de 1854, debido a una neumonía, a los 59 años de edad.

Los estadounidenses alzados con la victoria, sólo les quedaba para llegar a Ciudad de México, tomar Chapultepec. Los generales Winfield Scott y James Longstreet, el Capitán Robert Edward Lee y el Teniente Ulysses Sipson Grant, marcharon el 12 de septiembre hacia el Cerro Castillo de Chapultepec, en donde había un Colegio Militar con 100 alumnos y 800 soldados de diferentes batallones. Chapultepec estaba comandado por el General Nicolás Bravo y el Teniente Coronel Felipe Santiago Xicoténcalt.

El Capitán Robert Edward Lee del arma de ingenieros, examinó el emplazamiento de cada pieza de artillería, y el Teniente Ulysses Simpson Grant atacaron al frente de sus tropas. Las batallas se libraron en Molino del Rey y en el Glorioso Colegio Militar de Chapultepec. El Ejército estadounidense bombardeó durante todo el día 12 de septiembre la línea de defensa, al siguiente día 13 comenzó un bombardeo desde la madrugada hasta las 8 de la mañana, momento en que dejaron de bombardear para iniciar el asalto al Castillo. El General Nicolás Bravo, pidió desesperadamente refuerzos al General López de Santa Anna que envió al Batallón de San Blas con 400 hombres para auxiliar la defensa del Castillo contra las divisiones de los generales, William Jenkins Worth, John Anthony Quitman y Gideon

Johnson Pillow, en el ataque murieron 398 soldados mexicanos y de entre ellos el Teniente Coronel Xicoténcalt. Del Batallón de San Blas, solamente dos de los 400 sobrevivieron a la batalla.

El General Mariano Monteverde, Director del Colegio Militar, viéndose acorralados, pidió a los cadetes que se fueran a sus casas, y un grupo, de entre ellos Miguel Miramón de 15 años de edad, Leandro Valle Martínez de 14 años, Luis Gonzaga Osollo de 11 años, dijeron que defenderían el Colegio que había quedado desprotegido, ya que el General Monteverde fue tomado prisionero, los jóvenes alumnos con las pocas armas que tenían como: rifles, pistolas, palos y su propio cuerpo se defendieron, cuando ya se hizo imposible la resistencia seis de los cadetes de 13 y 14 años de edad, se envolvieron en la bandera de México y se arrojaron desde lo alto del muro. Su muerte fue gloriosa y conmovió a todos los mexicanos, nombrándoles "Héroes de la Patria" y el llamado "Martirio de los niños Héroes de Chapultepec".

El Ejército de López de Santa Anna había evacuado la capital ante las desastrosas pérdidas y la falta casi absoluta de artillería.

El General Scott, tomó Puebla sin encontrar resistencia, desde allí, inició una maniobra envolvente de la Ciudad de México en la noche pensando que no encontraría resistencia en una ciudad evacuada, y situó a sus soldados ante el Palacio Presidencial.

El Ayuntamiento, entregó la ciudad al General Scott, quien tomó posesión de la capital con 8.000 hombres distribuidos en garitas para evitar brotes de violencia. Eran medidas obligadas, ya que los rumores indicaban que dentro de la ciudad se preparaba un equipo armado del General López de Santa Anna, aunque pensaron que solamente eran rumores, que no había nuevos intentos de combatir a los estadounidenses.

El Ejército de Scott permaneció dos meses estacionado en Puebla, mientras el General Antonio López de Santa Anna, llevaba a cabo una de sus intrigas para distraer a Scott, y al mismo tiempo preparar la defensa de la capital.

La batalla para tomar la Ciudad de México se libró en agosto de 1847. En realidad, la resistencia mexicana fue feroz, por parte de algunos rezagados de la evacuación de López de Santa Anna, los 125 de estos hombres opuso una resistencia suicida a los invasores, pero las limitaciones del pequeño batallón les hicieron perder la capital mexicana, en la lucha murieron los 125 valientes.

Al General Scott le duró poco el triunfo y su caída no tardó en llegar. Hubo generales en contra por su mala actuación en la Batalla de Molino del Rey, acusándole de haber actuado con incompetencia.

Los rumores y difamaciones minaron a Scott, y se formó un tribunal de investigación el cual destituyó a Scott del mando militar siendo sustituido por el General William Orlando Butler, el 18 de febrero de 1848. El desprestigio del General Scott le impidió su ascenso a la presidencia, perdiendo su candidatura frente a la del General Taylor.

El Gobierno mexicano decidió trasladar su residencia, y se estableció en Querétaro, tratando de reunir al Congreso para iniciar las negociaciones de terminar la guerra.

El Presidente James Knox Polk, durante el gobierno mexicano del Presidente Manuel de la Peña y Peña, envió al Diplomático Nicolas Philip Trist para negociar con el Gobierno de México, Trist organizó un armisticio con Antonio López de Santa Anna hasta por tres millones de dólares, López de Santa Anna, no accedió. El Diplomático Trist amenazó con continuar la guerra, López de Santa Anna, ante tal amenaza cedió a las exigencias estadounidenses.

Quedó establecida la paz entre las dos naciones al firmarse el Tratado de Guadalupe Hidalgo el 2 de febrero de 1848, en una ciudad al norte de la capital donde el Gobierno mexicano había escapado tras el avance de las fuerzas norteamericanas. El Tratado fue ratificado el 30 de mayo de 1848, llamado Tratado de Paz, Amistad, Límites y Arreglo Definitivo entre los Estados de México y los Estados Unidos de América.

Se estableció: México cedía más de la mitad de su territorio que comprendía: California, Nevada, Utah, Nuevo México, Texas, Colorado, Arizona y parte de Wyoming, Kansas y Oklahoma. Además, México renunciaría a todo reclamo sobre Texas, y la frontera internacional se establecería en el Río Bravo del Norte o Río Grande como la línea divisoria entre Texas y México. Por su parte, Estados Unidos se comprometió a pagar quince millones de dólares por los territorios cedidos, y los mexicanos, asumirían las reclamaciones de los ciudadanos estadounidenses contra México por daños durante la guerra con un valor similar de dólares. Firmado el 2 de febrero de 1848 en Villa de Guadalupe Hidalgo, Ciudad de México. Ratificado en Querétaro el 30 de mayo de 1848.

El Presidente James Nnox Polk, no quedó satisfecho, y se enemistó con el Diplomático Trist, por no haber conseguido aún más Estados de México.

El General Antonio López de Santa Anna, después de la derrota frente a los estadounidenses en 1848, se exilió en Jamaica.

El General Zachary Taylor, al terminar la guerra se retiró del Ejército para hacerse cargo de su plantación de tabaco sostenida con el trabajo de un gran número de esclavos. Debido a las manifiestas diferencias que mantenía con el Presidente James Knox Polk, demócrata, y a sus simpatías por el

Partido Whig, antimasónico, nacional republicano, liberal, ligado con la doctrina evangélica, los líderes del Partido vieron la posibilidad de nombrar a Taylor candidato presidencial, a pesar de que éste se declaraba independiente poseía esclavos en su plantación y carecía de la más mínima experiencia política. Elegido candidato por el Partido Whig en la Convención Anual de Filadelfia, en 1849, Zachary Taylor fue nombrado el duodécimo Presidente de los Estados Unidos de América, desde 1849 a 1850, por el Partido Whig.

Terminada su lectura, Napoleón III, comentó.

(Louis Napoleón).- Su ambición ahora es Paso del Norte, (hoy Ciudad Juárez) al norte de México, en el Estado de Chihuahua, y a orillas del Río Bravo, significa una plaza muy importante no sólo por su localización fronteriza con los Estados Unidos donde los sureños quieren plantar algodón y tener esclavos que lo trabajen; el mexicano nunca será esclavo, es muy independiente y nunca será obligado a esclavizarse.

Terminada su plática, Napoleón III, junto con José Hidalgo, que de costumbre acudía por las tardes a visitarles, organizaron documentos preparados en su mesa de despacho.

(Louis Napoleón).- Examinando los documentos de los motivos de la expedición de los tres asociados, observo que son distintos; Inglaterra envía tropas para recoger pagarés; consciente de una protesta de los Estados Unidos al enterarse de la expedición tripartita a México, diciendo, que no permitirían propósitos de mayor alcance, debido a que se producía una abierta violación.

Una nota publicada, escrita por William Henry Seward, Secretario de Estado, Gobernador de Nueva York y precandidato presidencial del Partido Republicano, basándose en la Doctrina Monroe de 1823, "América para los americanos", estableció, que cualquier intervención de los europeos en América sería vista como un acto de agresión que requería la intervención de los Estados Unidos de América. Seward, en los comienzos de su carrera política, había dicho que los Estados Unidos de América, se anexionarían el Canadá, o México, o ambas, por lo cual, Inglaterra, por si acaso, para no violar la Doctrina Monroe, solamente ha aportado 800 hombres a la fuerza conjunta de la intervención.

España, también persigue esos propósitos de conseguir recuperar las indemnizaciones, y el enfado porque una vez en el poder Benito Juárez había expulsado al embajador español en 1861. Posiblemente piensa que hay muchos mexicanos que se sentirían felices de que su país volviese a la vieja Corona de España, y defender el habla español, que los estadounidenses querían cambiar por el inglés, y al mismo tiempo, reafirmar su prestigio perdido como antigua dueña de gran parte de América y el temor de perder las Antillas españolas, Cuba y Puerto Rico, tan codiciadas por los Estados Unidos.

El tercer asociado somos Francia, la verdad es que no tenemos el menor interés por recuperar el dinero de los bonos, lo que nos importa mucho es establecer una Monarquía aliada para asegurarnos materias primas y mercancías para la industria francesa.

La idea de una Monarquía en México ha interesado sobre todo a tres personas: a Charles Auguste de Morny, a quien el acaudalado José María Gutiérrez de Estrada le había ofrecido el trono de México, y aunque él decía sentirse feliz en París, repentinamente se le ha despertado un gran interés por México, seguramente, para llevar a cabo un negocio fraudulento que traía entre manos.

Y tú misma, mi querida Eugenia, suspiras con ser Emperatriz de México.

(Eugenia).- De todos los problemas con que se encuentra México, el de la Iglesia es el que más profundamente me preocupa, en este momento pecador y ateo, que despoja de sus tesoros a la Iglesia. Yo devota católica, Francia podría proporcionarle un gran apoyo, yo me siento una defensora de la Fe, nadie me puede negar, que hay grandeza en haber enviado un Ejército de 2.500 soldados de Francia a Veracruz.

(Louis Napoleón).- Con respecto a la Doctrina

Monroe, está en suspenso a causa de que los Estados Unidos se encuentra en una guerra civil llamada Guerra de Secesión, y no está en condiciones de hacer efectivas las amenazas del Gobernador de Nueva York, Seward con sus notas de prensa, Europa volverá a tierras americanas.

(Hidalgo).- Efectivamente, no hay que temer a los yankees, son los soldados de los estados del Norte, hace poco más de un mes de la primera batalla Bull Run, en Virginia el 21 de julio de 1861, gran victoria de los Confederados con el General Robert Edward Lee, que ha puesto en fuga al Ejército de la Unión. Los americanos tienen bastante con sus problemas internos, seguro que no se moverán.

(Louis Napoleón).- Mi anterior angustia era pensar en las correrías de los bandidos y guerrilleros que atacasen a nuestra expedición. En estos momentos, lo acuciante es salir de Veracruz, donde nuestros soldados están muriendo por decenas aniquilados por la fiebre amarilla.

(Eugenia).- No te angusties, ya verás que pronto los expedicionarios saldrán de Veracruz a un lugar menos insalubre, y por los guerrilleros que puedan atacar a nuestra expedición, recuerda lo que te dijo el Almirante Jean Pierre Edmond Jurien de la Graviére antes de partir para México.

(Louis Napoleón).- Sí lo recuerdo, me dijo que el General Juan Prim a la cabeza de las tropas españolas, antes de embarcar le advirtió, de que estábamos a punto de involucrarnos en una empresa de consecuencias impredecibles, Jurien de la Graviére se rió y le dijo que la expedición iba a ser un simple paseo, y los mexicanos nunca pelearían y sí lo hicieran, en un par de horas estarían completamente derrotados, puesto que hemos enviado lo mejor de nuestro Ejército:

Un Cuerpo de Ejército de Infantería, con 2.500 soldados: Noventainueve Regimiento de Línea, Segundo Regimiento de Zuavos, Un Batallón de Fusileros de Infantería de Marina, Un Batallón de Ingenieros Coloniales, Un Cuerpo de Caballería Ligera, 152 Jinetes, Segundo Escuadrón de Cazadores de África, Un Batallón de Cazadores de Vincennes.

Alphonse Dubois de Saligny, Ministro Plenipotenciario, en una carta me dijo, que él no creía que los mexicanos fuesen capaces de enfrentarse a este Ejército vencedor de las grandes batallas de Solferino y Magenta.

(Eugenia).- Dubois de Saligny, antes de partir, a mí me dijo, que al General Prim no le importaba los nueve millones de pesos que México debía, su interés era convertirse en un Hernán Cortés y proclamarse Rey Juan I de México, cosa que él no se lo iba a permitir.

Aunque, evidentemente Saligny tenía razón, lo que Prim soñaba seguramente, era establecer una

Monarquía española en México, y él como Rey Juan I, idea que no era un imposible, ya que en su día el Ministro Plenipotenciario español en México desde 1845 a 1847, Salvador Bermúdez de Castro y Díez, conspiró, junto con Ramón María Narváez, pretendiendo convertir a México en una Monarquía Borbónica, quisieron enviar a México al Infante de España Carlos María Isidro de Borbón como Rey absoluto. En octubre de 1834, un decreto le había privado de sus derechos como Infante de España.

Carlos María Isidro de Borbón, primer pretendiente carlista del trono, ante la frustración producida por su fallido intento de solucionar el problema sucesorio y proclamarse por el Manifiesto de Abrantes, Carlos V Rey de España, el 14 de septiembre de 1839, cruzó la frontera francesa instalándose en Bourges, en el Valle de Loira, y allí, el 18 de mayo de 1845, abdicó en su hijo Carlos Luis de Borbón y Braganza, Conde de Montemolín.

Carlos María Isidro de Borbón, con 66 años de edad, el 10 de marzo de 1855 murió en Trieste, parte del Imperio austriaco.

Por lo tanto, nunca hubiera tenido intención de aceptar el reinado en México.

(Louis Napoleón).-Muy interesante tu narración, en parte, yo la desconocía.

Después de despedir a José Hidalgo, la Emperatriz sugirió.

(Eugenia).- Ahora, para que te tranquilices, y esperes con calma las noticias, sean las que sean, diré que nos traigan una cena ligera, y a continuación, nos retiraremos a descansar, el dormir te calmará.

(Louis Napoleón).- Sí, tienes razón, de nada sirve que ahora me atormente, encenderé un cigarro e intentaré tranquilizarme. Mañana tengo que reunirme con el Embajador Juan Nepomuceno Almonte, viene desde Roma, y me ha pedido Audiencia.

(Eugenia).- A propósito, te recuerdo, que en una de tus conversaciones, me dejaste muy intrigada cuando dijiste que eras hijo del Gran Napoleón I, en algún momento, espero que me lo cuentes.

(Louis Napoleón).- Mañana, asistiré a mi Audiencia, veré de qué trata, y después, en otra ocasión, y según me encuentre, intentaré contarte la historia a la que te refieres.

Al día siguiente, según lo previsto, Napoleón III recibió al Embajador Almonte, procedente de Roma.

(Almonte).- Excelencia, mi presencia es con intención de gestionar la intervención militar y el establecimiento de una Monarquía en México.

Tal como están las cosas, el Presidente Juárez está respondiendo a la expedición de tropas en Veracruz, diciendo "El mexicano que coopere con los europeos es un traidor y será ejecutado."

Cerca de diez mil soldados franceses, ingleses y

españoles acampan en Veracruz y sus alrededores, duermen en monasterios abandonados e iglesias.

Seguramente, en París se estima que no corresponde a la dignidad de Francia comprometerse en una expedición cuya contribución es sensiblemente inferior a la de España, considero, que lo mejor será enviar una nueva expedición militar francesa, mínimo de tres mil hombres.

(Louis Napoleón).- Tienes razón, no es lógico haberme comprometido en una expedición, cuya contribución es sensiblemente inferior a la de España.

(Almonte).- En ese caso, podríamos aumentar hasta 4.000, con los 2.500ya en Veracruz, casi igualaríamos en número a la de España y a la de Inglaterra juntas. Yo mero me pondré al frente, y gestionaré la intervención militar y el establecimiento de una Monarquía, estoy seguro de que los ciudadanos se unirán entusiasmados al ver flamear la bandera de la Monarquía. El equipo juarista serán los que intentarán impedir que el pueblo manifieste su voluntad. Mientras tanto, los representantes tripartitos, acudiremos a conferenciar sobre las reclamaciones de los pagos, sobre todo los que se adeudan a Francia y quizás de algo más.

(Louis Napoleón).- De acuerdo. Se escogerá a los mejores soldados de los tres regimientos de Zuavos para formar parte de esta nueva unidad, podría llegar al puerto de Veracruz a principios de febrero un batallón de 3.000 hombres a vuestro cargo, a los que se uniría el resto del batallón en marzo, para hacerse cargo de este batallón enviaremos al General Ferdinand Latrille, Conde de Lorencez, es en realidad un arrojado militar, confío en su impetuosidad para vencer a cualquier enemigo que intente hacer frente a las armas de Francia, y relevar por tierra al Almirante Jurien de la Graviére, no creo oportuno se responsabilice de todo lo que no sea por mar.

El Emperador se despidió de Almonte dándole algunas instrucciones más, a continuación, se reunió con la Emperatriz, que le relató por encima el origen de la visita del diplomático mexicano.

(Louis Napoleón).- Me apetece en estos momentos tomar una taza de café y fumar un cigarro, para distraerme de la nueva decisión, creo, muy acertada para nuestra idea de apoderarnos de México.

Ya más tranquilo, te contestaré a tu pregunta sobre mis orígenes. Siéntate, porque la historia es, casi diría yo, truculenta.

Hortensie, mi madre, era hija de Josephine de Beauharnais esposa de Napoleón I, fue adoptada por él como hija junto a su hermano Eugéne.

Mi madre tenía 17 años, y Napoleón un hombre todavía muy joven, no llegaba a los 30 años, se enamoró locamente de ella, y para asegurarle una vida de esplendor, y tuviese una gran posición de reina en un trono, la casó con Louis hermano de Napoleón, nombrándole en 1806, Louis I Rey de Holanda, en holandés, Lodewijk I, y a ella Reina Hortense. Era un matrimonio de conveniencia, ya que no sentían nada el uno por el otro. Mi padre siempre dudó la legitimidad de sus hijos. Mi madre empezó a tener varios amantes, de entre ellos al Gran Napoleón.

Del matrimonio Hortense de Beauharnais y Louis I Bonaparte Rey de Holanda, nacimos supuestamente tres hijos; mi hermano Napoleón Charles, nació el 10 de octubre de 1802, no le conocí, murió el 5 de mayo de 1807, de difteria a los cuatro años de edad. Los médicos pensaron que se trataba de un caso de sarampión y lo trataron como tal, resultando en la muerte del pequeño Príncipe Real de Holanda.

Su muerte afectó profundamente a mi madre, quien se sintió extremadamente deprimida, llegando a preocupar profundamente a sus conocidos y en especial al Gran Napoleón, que la noticia de la muerte de mi hermanito le llegó el 14 de mayo durante una campaña militar en Polonia, también le afligió y apenó bastante, esto le llevó a lanzar un premio para la mejor tesis médica sobre la difteria y sobre cómo tratarla.

Mi hermano Napoleón Louis Bonaparte, nació el 11 de octubre de 1804. Fue nombrado Príncipe Real de Holanda a la muerte de nuestro hermano, y Rey Lodewijk II por una semana entre la abdicación de nuestro padre y la invasión de Holanda por las tropas napoleónicas. Murió el 17 de marzo de 1831, curiosamente, él sí murió por sarampión.

En 1808, nací yo, Carlos Louis Napoleón Bonaparte, fui el tercer y último hijo. Cuando nací, mi padre se negó a celebrar el alumbramiento y después a reconocerme legalmente, recordaba no haber estado en su lecho marital en mucho tiempo, yo creo que nunca. Después de medio año, por orden de Napoleón I, mi padre me reconoció como hijo suyo. Dos años después el matrimonio llegó a su punto final.

Mi madre al separarse, el Gran Napoleón, fue a buscarnos para que nos mudásemos a vivir al pequeño Castillo de Malmaison, en París. Napoleón cuando iba con frecuencia a verla, nos trataba a mi hermano y a mí con mucho cariño, y nos colmaba de regalos.

Un día, mi madre nos confesó, que los tres hermanos éramos hijos del Gran Napoleón.

(Eugenia).- ¡Me dejas helada!, o sea eres hijo del Gran Napoleón. Aunque no os conocía, oía comentar, que toda la familia Bonaparte habíais huido de Francia.

(Louis Napoleón).- Esa historia es bastante extensa, se refiere a toda la familia Bonaparte.

Mi primo Napoleón François Charles Joseph, llamado Rey de Roma como los herederos del Sacro Imperio Romano, Napoleón II por una semana, nació en el Palacio de las Tullerías el 20 de marzo de 1811, en París se cantó un Te Deum en los 130 departamentos de los dominios de su padre. La madrina del bautizo fue mi madre.

En junio de 1812, la Grande Armée, el mayor Ejército jamás formado en la Historia europea, cruzó el río Niemen, que fluye por Bielorrusia, Lituania y termina en la frontera con Rusia, y enfiló el camino de Moscú, y en los nevados campos de Rusia se consumó el naufragio del Gran Ejército.

El 24 de diciembre de 1812, Napoleón, que ya no era el invencible, llegó a París, y en el despacho de las Tullerias durante toda la noche quemó documentos secretos y trazó las líneas de la gran campaña que había de sellar su destino. Napoleón entró en el dormitorio de su pequeño hijo, lo contempló por unos instantes y nunca más volvió a verle.

Salió a hacer frente a las fuerzas combinadas de Rusia, Prusia y Austria, estas últimas de su suegro Franz I, padre de su mujer.

La Batalla de Leipzig, también llamada Batalla de Las Naciones, en Sajonia, Alemania, del 16 al 19 de octubre de 1813, fue la batalla más importante perdida por Napoleón Bonaparte, la Grande Armée, contra Aleksandr I de Rusia, era el Ejército de la Sexta Coalición, Reino Unido, Rusia, España, Portugal, Prusia, Austria, Suecia y pequeños Estados alemanes.

Napoleón vio finalmente que la batalla estaba

perdida, y empezó a retirar a la mayoría de su Ejército cruzando el río Elster Blanco, la retirada se desarrolló en orden, hasta que el único puente fue destruido por error, haciendo que la retaguardia fuera capturada por los aliados, muchos murieron ahogados tratando de cruzar el río a nado, entre los ahogados se encontraba el polaco Mariscal por Francia Józef Antoni Poniatowski, quien había recibido el bastón de mando de Mariscal el día anterior.

Meses después el 30 de marzo de 1814, la desastrosa campaña terminó y París había caído, Napoleón no estaba en la capital, sino maniobrando con las fuerzas que le quedaban. Sabía que su función había terminado, y suponía que al caer París los aliados impedirían que el trono fuese para su hijo. El 3 de abril, el Emperador fue depuesto por el Senado, y bajo presión de sus allegados, el 4 de abril de 1814, le obligaron a redactar en Fontainebleau un acta de abdicación entregando los ducados de Parma, Piacenza y Gustalla, a su esposa la Emperatriz Louise Marie, y otro acta de abdicación, por el que nombraba a su hijo Napoleón II Emperador de Francia, ostentando al mismo tiempo el de Rey de Roma, proclamado y coronado al nacer.

Pero ya era tarde, con la toma de París por los vencedores, su esposa, su hijo y su hermano Joseph Bonaparte, ya habían huido de París, refugiándose en el Palacio de Ramboullet y luego en el Castillo de Blois.

Ante la imposibilidad de salvaguardar los derechos y emprender una nueva ofensiva sobre París, Napoleón abdicó nuevamente el 6 de abril de 1814, esta vez incondicionalmente, estableciendo finalmente la renuncia de los Bonaparte en Francia e Italia para sí y su familia, únicamente le seguiría perteneciendo la isla de Elba, cuando en su día le fue asignado como Principado de Elba, en el mar Tirreno, situada al oeste de Italia, en la provincia de Livorno, de la región de Toscana.

El acuerdo de abdicación fue ajustado el 11 de abril de 1814, en París, por Armand Augustin Louis de Caulaincour, Michel Ney y Etienne Juseph Mac Donald en nombre de Napoleón I Bonaparte, y los efectivos representantes del Emperador Franziskus I de Austria.

Napoleón Bonaparte, renunciaba a todos los derechos de soberanía sobre los territorios bajo su dominio, los bienes que mantuviera en Francia serían devueltos a la Corona francesa, las tropas polacas al servicio de Francia quedarían libres para regresar a Polonia.

En la primavera de 1814, fue detenido y desterrado a la isla de Elba, donde debería retirarse con una guardia de 400 voluntarios. Tanto Napoleón como los miembros de su familia conservarían sus títulos nobiliarios y sus bienes privados.

Desde el 3 de mayo de 1814, el Palacio de las Tullerías fue habitado por Louis XVIII Borbón, monarca restaurado en el Trono.

Sin embargo, Napoleón logró escapar de la isla de Elba el 26 de febrero de 1815, emprendiendo el retorno a París. El día 12 de marzo al atardecer, Louis XVIII abandonaba las Tullerias con dirección a Gante, al día siguiente al mediodía llegaba Napoleón I, iniciando el periodo de los Cien Días.

Durante dichos meses, prefirió la intimidad del Palacio del Elysée, a la magnificencia de las Tullerias. La restauración en el trono fue de corta duración, Napoleón I, de París fue a Waterloo, a unos 20 kilómetros al sur de Bruselas, a encontrarse con el General Arthur Wellesley, Duque de Wellington, y con el prusiano Mariscal Gebhard Leberecht von Blücher.

Con su derrota en Waterloo el 18 de junio de 1815, por el ejército británico y prusiano, Napoleón derrotado ordenó una caótica retirada. En el Palacio del Elysée el 22 de junio de 1815, signó su segunda y definitiva abdicación con los vencedores, esta vez incondicionalmente, estableciendo finalmente la renuncia a todos sus poderes.

Había un Acta Adicional a la Constitución del Imperio del 22 de abril de 1815, le devolvía a su hijo el título de Príncipe Imperial, pero no el de Rey de Roma.

Napoleón, fue desterrado a la lejana e inhóspita isla de Santa Elena, en el Océano Atlántico Sur, a más de siete mil kilómetros de París, perteneciente a la Compañía Británica de las Indias Orientales, de donde le sería imposible escapar. Murió el 5 de mayo de 1821, se cree que fue envenenado. Al enterarme de su muerte, lloré desconsoladamente.

La derrota de Waterloo, fue el final de la era Napoleónica.

Con su muerte, no hubo futuro para su hijo, Napoleón François Charles Joseph, Napoleón II por una semana.

Al caer definitivamente el Imperio Francés, antes de que Napoleón embarcase para Santa Elena, mi tío Joseph Bonaparte se ofreció en Rochefort-sur-Mer, a unos diez Kilómetros de la costa atlántica, para hacerse pasar por su hermano Napoleón I, así éste tendría tiempo para huir a América. Cuando el Emperador se negó a permitir este sacrificio, Joseph decidió marcharse a Estados Unidos, creyendo que el resto de la familia se reuniría más tarde con él.

Joseph Bonaparte viajó bajo el nombre de incógnito de Monsieur Bouchard, con pasaporte falso y un séquito de cuatro personas a bordo del bergantín americano Commence. Durante su viaje hasta Nueva Jersey, en Nueva York, se hizo llamar Conde de Survilliers. Se convirtió en granjero, compró una finca la "Point Breeze", al lado del río Delaware, cerca de Bordentown, ciudad de Nueva Jersey, mientras su mujer Julie Clary, utilizando también el título de cortesía de Condesa de Survilliers, permanecía en Europa con sus hijas Charlotte Napoleona y Zenaida.

Tuvimos que huir. Sí, así fue, toda la familia Bonaparte, Joseph, Louis, Pauline, Elise, Lucien, Jerôme y Caroline, emigraron, casi todos a Italia, menos mi tío Joseph. Mi madre también huyó de Francia, mi hermano tenía doce años de edad y yo ocho, nos fuimos a vivir al pequeño Castillo de Arenenberg, en el municipio de Salenstein a orillas del lago Constanza en Suiza, allí mi madre tuvo un hijo natural con su amante Charles Auguste Louis Joseph de Flahaut de La Billorderie.

Ya que mi tía Louise Marie, estaba muy mal aconsejada, tomó la decisión de regresar a Austria con mi primo el Rey de Roma, así seguíamos llamándole, aunque ya no tenía ese título. El Emperador Franz I, padre de Louise Marie, al enterarse de que huían de Francia, envió la caballería austriaca con el General Adam Albert von Neipperg, fue asignado para dirigir su protección como Comandante de la escolta.

(Eugenia).- ¿Tenías relación con tu primo el Rey de Roma?

(Louis Napoleón).- En realidad, le vi pocas veces,

era un niño muy alto, con los ojos azules, muy espabilado para su corta edad.

Cuando se le llevaron de París, era muy pequeño sólo tenía tres años, y yo siete. Él no quería irse, le introdujeron en el carruaje a la fuerza. De Ramboullet y de Blois, le llevaron a Parma y a la frontera Suiza. No volví a verle, mi madre me contó, que cuando llegaron al Palacio de Schönbrum, la residencia de la familia Habsburgo en Viena, su abuelo el Emperador Franz I, se dedicó desde entonces a convertirle en austriaco, su servidumbre francesa que le acompañaba, fue sustituida por monitores y criados austriacos, algunos de sus educadores eran oficiales que habían luchado contra Francia en las campañas de Austria, mi primo ya no se llamaba Napoleón François Charles Joseph, desde entonces sólo se llamaba Franz.

Franz pocas veces vio a su madre, ya que fue nombrada Gobernadora de Parma, uno de los dominios que los austriacos poseían en Italia, allí se trasladó con ella su amante, el apuesto oficial de origen suabo, diplomático, embajador y militar General Adam Albert von Neipperg, se encargó de que mi tía Louise Marie olvidase a mi tío Napoleón, tanto fue así, que de su relación nacieron dos hijos ilegítimos.

A mi primo no se le permitía viajar a Parma a visitar a su madre, porque los dominios austriacos en Italia podían sublevarse contra el hijo de Napoleón I, si aparecía por allí. Cuando cumplió siete años de edad, pensaron en darle un título de honor al ser nieto del Emperador de Austria, y en 1818, Bohemia le concedió el título germano de Duque de Reichstadt. A los 15 años de edad, se enamoró de su tía política; ella tenía 21, era la Archiduquesa Sophie de Baviera, casada con el Archiduque Franz Karl, hijo del Emperador de Austria.

El Duque de Reichstadt veía diariamente a Sophie, y juntos tomaban el té y comentaban sus lecturas. Aunque continuaba celosamente su educación militar.

El 6 de julio de 1832, Sophie dio a luz su segundo hijo le llamaron Ferdinand Maximilian. Aun antes del nacimiento de este nuevo vástago, se comentaba libremente en los círculos de la Corte de Viena, que Maximilian era el fruto de amores ilícitos entre la Archiduquesa Sophie y el Duque de Reichstadt.

No volvimos a saber nada de él hasta su muerte en el Palacio de Schönbrunn, el 22 de julio de 1832, Su Alteza Serenísima Napoleón François Charles Joseph, Duque de Reichstadt, Napoleón II por una semana, contaba con 21 años de edad, creo que murió de tuberculosis.

Mi madre me comentó, que casi con seguridad, se sabía que Maximilian era hijo de mi primo, desde entonces comencé a sentir gran afecto por él, al fin y al cabo, éramos extraoficialmente familia.

Con la muerte de mi primo el Duque de Reichstadt, ya que mi tío Joseph no tenía hijos varones, pasaba la sucesión de la Corona Napoleónica a mi hermano, pero había fallecido un año antes en 1831, con su fallecimiento, me hicieron pretendiente al trono. Los demás miembros de la familia, no tenían derecho de sucesión.

Como puedes ver, todo tenía una explicación, que debías saber.

Ahora, seguiremos con el asunto de la expedición a México, que en estos momentos lo primordial es saber la llegada de los refuerzos de tropas al cargo de Juan Nepomuceno Almonte.

Capítulo III

Tratado De La Soledad

El General Juan Nepomuceno Almonte, llegó a Veracruz con las 4.000 nuevas unidades francesas.

Tuvo una entrevista con el General Prim en la que le dijo, que las fuerzas no deberían permanecer acampadas, sino avanzar hacia el interior, a Prim y al Almirante Jurien de la Graviére, la decisión de dejar Veracruz y marchar al interior, les pareció acertada. Los jefes de los tres ejércitos, acordaron hacer saber al Gobierno mexicano que las tropas avanzarían hacia el interior para evitar la zona atacada por las fiebres. El General juarista José López Uraga y el Ministro de Relaciones Exteriores Manuel Doblado, aceptaron el comunicado.

El General López Uraga salió al encuentro de los portadores de la misiva, con los que se reunió en el camino muy cerca de Veracruz, y les hizo algunos obsequios de tabaco, el Almirante Jurien de la Graviére correspondió, a su vez, con vinos franceses y cigarros. Durante el contacto, López Uraga contempló el equipo militar de Jurien de la Graviére y comprendió que no había fuerza mexicana capaz de resistir un ataque de artillería de esos expedicionarios. López Uraga impresionado, le insinuó casi furtivamente al Almirante, sin que nadie lo notase, que no sentía admiración por Juárez, y que quizás un monarca sería la mejor solución para librar de trastornos el país.

(Louis Napoleón).- Las noticias que me han llegado, no me gustan; Salygny, me detalla las maniobras que Juan Prim está haciendo por su cuenta y riesgo. Por lo visto, Prim, aprovechando que su mujer es sobrina de José González Echevarría, Ministro de Hacienda de Benito Juárez, y parlamentario, le había alertado con anterioridad de su llegada, para que le facilitase los contactos con el Ministro de Estado, Manuel Doblado y firmar un Tratado preliminar en La Soledad, que permitía a los europeos moverse hacia tierras menos infectadas.

Los representantes de las tres naciones, habían acordado enviar sendos comisionados a Ciudad de México, contándose entre ellos al Brigadier y gran amigo de Prim, Milans del Boch, el cual fue el más agasajado por las autoridades, y hubo brindis para Prim, provocándose con ello los primeros roces con los franceses, que llegaron a decir que Prim quería proclamarse Rey de México.

Las conversaciones se iniciaron de inmediato, pero el único Ministro Plenipotenciario que acudió a la reunión con el Ministro Manuel Doblado fue Prim, el 18 de febrero de 1862, mes y medio después del desembarco oficial del Ejército expedicionario a México.

El Ministro Manuel Doblado, acordó con Prim, que no se proclamaría en México una Monarquía, y la deuda contraída con España, Francia e Inglaterra, en ese momento era imposible saldarla, más adelante, quizás dentro de dos años se intentaría devolver lo exigido. Se les permitía a los europeos acampar en el interior, en zonas de clima menos riguroso.

Para estar de acuerdo, se firmaría un Tratado en la cercana población tropical de La Soledad, en el estado de Veracruz, el 19 de febrero de 1862, fue firmado por Manuel Doblado y por Juan Prim, que firmó omitiendo su apellido y haciéndolo como Juan P. Prats.

(Eugenia).- ¿Por qué firmó de tal forma? ¿Tal vez pretendía que sus relaciones personales con los altos cargos del Gobierno de Juárez no salieran a la luz pública?

(Louis Napoleón).-Sí, seguramente fue eso, y para proteger los intereses de su esposa mexicana, no le interesaba ponerse a mal con el Gobierno de

Benito Juárez, exigiendo la deuda con los europeos, Francisca Agüero y González Echevarría, más concretamente, su esposa pertenece a la Casa Agüero González, de importante trayectoria como prestamista y tenía algunos créditos que reclamar al Gobierno mexicano. Prim seguramente no podría permanecer indiferente ante la situación política y económica de México, que afectaba directamente los bienes de su familia política y aún los de su propia esposa.

Los representantes de Francia, el Conde Dubois de Salygny y el del Reino Unido, Charles Nyke, firmaron cuando este Tratado había sido acordado por los dos primeros, es decir estamparon sus firmas debajo de las anteriores. No se sabe con certeza que Prim tuviera un encuentro con Benito Juárez, sin embargo, sí se sabe que se inició entre ellos una amistad por carta.

En la noche del 22 al 23 de febrero de 1862, Benito Juárez aprobó el Convenio.

En virtud de lo acordado, el 25 de febrero, a las seis de la mañana, la expedición tripartita inició la marcha hacia el interior.

Al mediodía, el sol se hizo deslumbrador y la arena del suelo era abrasadora, haciendo caer agotados sobre ella a las dos terceras partes expedicionarias.

El Almirante Jurien de la Graviére exhausto, recorrió la línea y vio a los mejores soldados del

Imperio francés, los Zuavos, los héroes de Magenta y Solferino, imposibilitados y jadeantes tendidos en el suelo, igualmente los españoles y los ingleses.

La impedimenta y la intendencia seguían arrastrándose penosamente por el camino de Veracruz.

Las unidades llegaron por fin a Orizaba, centro del Estado de Veracruz, y Córdoba, también conocida como Lomas de Huilango, igualmente en el centro del Estado de Veracruz, donde podían respirar un aire más fresco. Ocho días invirtió la tropa en cubrir 30 Kilómetros.

El 6 de marzo, el General Ferdinand Latrille, Conde de Lorencez, llegó a Veracruz con los mil Zuavos restantes de la expedición. Relevaba al Almirante Jurien de la Graviére, del mando de operaciones de las fuerzas de tierra.

A los seis días de su llegada escribió a París.

(Louis Napoleón).- Eugenia, he recibido carta del General Latrille, Conde de Lorencez, me comunica; que las conferencias no resuelven nada, y el Tratado de La Soledad, tendremos que olvidarlo, está decidido marchar y ocupar la capital.

El General Latrille es un impetuoso militar, y muy optimista; tanto es así, que me asegura que el Archiduque Maximilian será proclamado Emperador de México con todos los honores.

También me comunica; que avanzaría rápido hacia

Orizaba con la totalidad de sus fuerzas al saber que esta ciudad estaba en peligro, tenía varios soldados franceses enfermos de fiebre amarilla. Desde allí mismo, emprenderían disparos contra soldados mejicanos que encontrasen en las cercanías, sería una provocación de guerra.

Aunque, me comenta también; que el Comodoro Hugh Dunlop, de la Royal Navy, no ve las cosas así, y prefiere salir de ese enredo, piensa que con las inútiles conferencias su tarea ha terminado y ha ordenado el embarque de sus tropas con dirección a Inglaterra. El General Prim, piensa lo mismo, y lo ha seguido con sus tropas españolas dirección a La Habana.

Saligny, al enterarse de la marcha de Prim, le dijo: Que se sabía sus deseos de haber sido Rey de México, pero que él no se lo permitió, y que lo único que le interesaba era resguardar el capital de la familia de su mujer. También le dijo que en cuanto las tropas españolas fuesen hacia Veracruz para embarcar, las fuerzas francesas avanzarían para tomar la Ciudad de México. El General Prim rechazó estas afirmaciones, dijo tenerlo claro; ante las apetencias francesas no quería embarcarse en aventuras insensatas, y no podía comprender cómo Napoleón III podía comprometer tan imprudentemente el decoro, la dignidad y hasta el honor de las armas francesas rompiendo el pacto de La Soledad, a continuación, hizo el saludo militar, y siguió hacia Veracruz, donde embarcó a sus soldados y oficiales en el vapor "Blasco de Garay" rumbo a la Habana.

Los franceses salieron hacia Puebla, comenzaron las escaramuzas de tiroteos contra algunas patrullas mexicanas apostadas por los caminos y estas les respondían. México, por lo tanto, inició las hostilidades y anunció la cancelación del Tratado de la Soledad. Las tropas francesas se agruparon y se dispusieron a emprender la conquista de México.

El General Charles Ferdinand Latrille, Conde de Lorencez, escribió otra vez a Napoleón III.

(Louis Napoleón).- Eugenia, deberías invitar a cenar a José Hidalgo, ya que he recibido una carta del Conde de Lorencez, y me interesa enseñársela, comentarla y saber su opinión.

(Eugenia).- Me parece muy bien, también opinaré acerca de la carta, que ya me tiene intrigada.

Al término de la cena, Napoleón III, inició la lectura de la intrigante carta.

(Louis Napoleón).- Después de los saludos protocolarios dedicados a mi persona, voy a lo importante:

> "Ruego a Su Excelencia Emperador de Francia, tenga a bien darme Vuestra autorización, a la cabeza de 6.500 hombres, soy ya el dueño de México".
>
> "Las fuerzas francesas iniciarán su avance el 27 de abril de 1862. Todo lo que sabemos del enemigo indica que Benito Juárez está
>
> Agrupando sus fuerzas, no sabemos cuántas, en la Ciudad de México que se halla a más de 300 kilómetros, los franceses estamos convencidos de que nuestra expedición será un simple paseo militar. Los mexicanos no lucharán, mis tropas entrarán en Puebla, la única ciudad importante en la ruta de Veracruz a Ciudad de México".

Lo que no sabían los franceses, era que las fuerzas agrupadas por Benito Juárez, eran 15.000 hombres bien pertrechados.

(Hidalgo).- Es una gran noticia, pero, aun así, cabría la posibilidad de resistencia; conviene aclarar que Puebla fue tomada más de veinte veces durante la guerra de liberales y conservadores, y siempre por contingentes que no llegaban a 4.000 hombres.

(Eugenia).- Siendo así, no me extraña que Latrille diga que nuestra expedición será un simple paseo.

(Louis Napoleón).- Eso espero, aunque yo no soy tan optimista, primero me gustaría saber con qué ejército cuentan los mexicanos para la defensa de

Puebla, y una vez ganada la batalla, continuar la lucha para conseguir tomar Ciudad de México.

Todo lo que saben los franceses es que Juárez está agrupando sus fuerzas en la capital, y que el General López Uraga ha dimitido, después de haber dicho delante de sus tropas que sería imposible que México venciese a Francia. También escribe en su carta, que se nombró para sustituirle, al Ministro de la Guerra, General Ignacio Zaragoza, es muy joven, delgado con gafas, más bien parece un estudiante, más que un General.

De momento, tendremos que esperar nuevas noticias.

Mientras tanto, en México, el Ejército francés cruzó por puertos difíciles, trepó por caminos montañosos, y al borde de un sendero divisó una antigua penitenciaría en ruinas, allí se escondían los mexicanos que rompieron el fuego desde las ventanas y las grietas de su improvisada fortaleza, los franceses por su doctrina militar exigía que las tropas no atacasen sin una previa preparación de fuego artillero. Pero los cañones venían en la retaguardia de la columna, y el General Latrille, ordenó atacar sin más premisas.

Los Zuavos dejaron caer sus mochilas y se lanzaron al ataque, seguidos por los jinetes, que habían echado pie a tierra, desplegaron a derecha e izquierda rodeando al edificio de la vieja penitenciaría, sus defensores mexicanos huyeron ante el despliegue francés.

Los expedicionarios franceses después de diez días más de marchas no descubrían ni rastro del enemigo. El 4 de mayo se detuvieron en Amozoc de Mota, estableciendo allí su Cuartel General situado a 18 kilómetros de Puebla, y donde se les unieron los generales conservadores Juan Nepomuceno Almonte, Antonio Haro y Tamaríz, Francisco Javier Miranda Morfi.

Ya instalados, supieron que el jefe de las fuerzas mexicanas, con casi 5.000 efectivos el General Ignacio Zaragoza, estaba en Puebla, y se disponía a resistir en esa ciudad.

En la mañana del 5 de mayo, los franceses, formados desde la madrugada, iniciaron la ofensiva. Puebla había sido edificada por los españoles como ciudad "Fuerte", ya que era la ruta más importante del país como defensa adelantada de Ciudad de México.

Los primeros elementos de la vanguardia francesa alcanzaron la llanura sin descubrir huellas del enemigo. Se ordenó a las tropas hacer un alto, pasando revista a los uniformes y armamento para que estuviera todo en orden. Detrás de las tropas, en un vehículo, iba Dubois de Saligny, leyendo un mensaje del General Leonardo Márquez, "El Tigre de

Tacubaya", diciendo que se sumaba a las tropas, les esperaba a la entrada de Puebla.

El Ejército francés avanzó hacia el "Fuerte de Guadalupe" y el "Fuerte de Loreto", próximos a la ciudad de Puebla. La artillería sin saber si habría mexicanos resistiéndose, abrió fuego, que resultó inútil al no haber supuestamente enemigos. Latrille, ordenó que tres destacamentos de infantería de Zuavos, avanzasen por la derecha rodeando el convento, pero un súbito ataque de fusilería mexicana les hizo retroceder.

A las 9 de la mañana del 5 de mayo de 1862, con el disparo de un cañón mexicano dio inicio la batalla. Los artilleros del General Ignacio Zaragoza, que ostentaba el cargo de General en Jefe del Ejército de Oriente, se batían, no cabía duda. Los franceses no soportaron la acometida de esos defensores, y retrocedieron por la falda de la colina.

Indignado, Latrille ordenó atacar a la bayoneta, pero las fuerzas se encontraron bajo los fuegos cruzados del "Fuerte de Guadalupe" y el "Fuerte de Loreto" y no pudieron hacer progresos bajo un calor sofocante en esa tarde que se desarrollaba el combate, debido en parte, a los oscuros nubarrones que fueron cubriendo el cielo y al fin torrentes de lluvia caían sobre los quepis y los vistosos uniformes, y cegados por la lluvia los franceses no podían sostenerse sobre una riada de fango, con todo y con eso, se lanzaron de nuevo al ataque por la falda de la colina, y de nuevo fueron rechazados. Las cornetas dieron la orden de retirada, los soldados retrocedieron, se agruparon cantando la Marsellesa, haciendo una salida por aquellas colinas donde los soldados franceses habían pagado un caro tributo.

En consecuencias, el General Latrille, el día 8 de mayo, dispuso la retirada hasta San Agustín del Palmar, donde se encontraba la Banda musical de Guerra de los Carabineros republicanos, saludando tocaron "Escape". Latrille, avergonzado, se retiró con sus agotadas fuerzas a Orizaba, a continuación, escribió al Emperador Napoleón III, pidiéndole artillería de sitio y 20.000 hombres.

(Louis Napoleón).- No puedo creer que las fuerzas expedicionarias francesas, el mejor Ejército ganador de batallas en Argelia, en río Alma, Sebastopol, Solferino, Magenta, han sido humillados a manos de unos pocos mexicanos, que al parecer calzan sandalias. Ordenaré a mi espía, me mande de inmediato el cuerpo de beligerantes mexicanos combatientes en Puebla. Hay que vengar la derrota.

Ya he escrito al General Latrille, Conde de Lorencez, diciéndole que está en juego el honor del país, y se le proporcionará todo el refuerzo que necesite, para ello, recurriré al Cuerpo Legislativo, para que me conceda créditos y soldados.

A José Hidalgo los emperadores lo recibieron

como de costumbre después de la cena. Hidalgo, a raíz de las desoladoras noticias, encontró a Napoleón III, sombrío, muy disgustado, la Emperatriz Eugenia trataba de calmarle.

(Louis Napoleón).- Precisamente ese mismo día y año del ataque a Puebla, el 5 de junio de 1862, por el Tratado de Saigón, se ha puesto fin a la guerra entre Francia, y el Emperador de Annam, Tu Dúc, nos cedió la ciudad de Saigón, el archipiélago de Côn Dao y las provincias de Bien Hoa, Gia Dinh, y Dinh Tuong, que forman la colonia de Cochinchina. Mi interés era poner las bases de una penetración colonial francesa en el sudeste asiático. Y apenas sin luchar ocupamos las tres provincias del delta del río Mekong.

(Eugenia).- Debido al desastre de Puebla, deberías destituir al General Charles Ferdinand Latrille, Conde de Lorencez.

(Hidalgo).- Soy de la misma opinión.

(Louis Napoleón).- Me veo en este momento en esa disyuntiva. La culpa, sin duda, ha sido del General Latrille, por decidir lanzarse en primer lugar contra el "Fuerte de Loreto" y el "Fuerte de Guadalupe", en lugar de ir sobre la ciudad. También, un fallo imperdonable fue su orden de colocar sus cañones en batería a dos kilómetros y medio de las fortificaciones de Puebla, lo cual lo califico como disparate, ya que las balas llegaban a sus blancos, pero sin fuerza.

El General Latrille, Conde de Lorencez, será repatriado y sustituido por el General Élie Fréderic Forey, es un militar del Ejército de Tierra, de 57 años de edad, pausado y reflexivo. Formado en la Escuela Especial Militar de Saint-Cyr, participó en la Guerra de Crimea en 1854 estuvo a cargo del sitio de Sebastopol; en 1859, en Italia participó en las batallas de Monteverde y Solferino. Forey ejercerá de Comandante en Jefe de todos los poderes militares y políticos en México.

Antes, tendremos una entrevista para darle consejos de su actuación en México. Le citaré cuando esté organizado el gran Ejército que tendrá que dirigir.

El 5 de septiembre de 1862, todavía acuartelado en Puebla, el General Ignacio Zaragoza, se dirigió a las Cumbres de Acultzingo, donde visitó a los soldados heridos y enfermos, allí contrajo el tifus, fue asistido por el médico Juan Navarro, enviado expresamente por el Presidente Juárez, y murió tres días después, tenía 33 años de edad. Le sustituyó en el mando del Ejército de Oriente el General Jesús González Ortega, que en enero de 1862, había sido nombrado Comandante militar de los estados de San Luis Potosí, Zacatecas, y Aguascalientes.

El Presidente Benito Juárez viajó a Puebla, acompañado por sus ministros: Secretario de Guerra y Marina, Miguel Blanco Múzquiz, y de Relaciones

Exteriores y Gobernación, Juan Antonio de la Fuente, para una serie de ceremonias y reconocimientos de los defensores de la ciudad, se reunió con el General González Ortega, y finalmente, en medio de una gran ceremonia en el "Fuerte de Guadalupe", hizo entrega formal de las medallas a los vencedores de las batallas del 28 de abril y del 5 de mayo de ese año. Se acordó, que la ciudad de Puebla se llamase desde entonces Puebla de Zaragoza, en honor al defensor de la ciudad, General Ignacio Zaragoza.

"México ha reconocido que los franceses se batieron como bravos, muriendo una gran parte de ellos en los fosos de las trincheras del "Fuerte de Guadalupe".

Benito Juárez, Presidente de México.

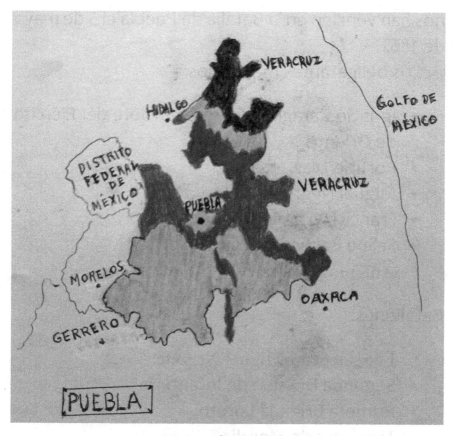

Mapa de Puebla

El Emperador, recibió la información solicitada a su expía en México, sobre el batallón de Puebla ganador de la batalla.

(Louis Napoleón).- Os he reunido para mostraros el informe solicitado, me ha llenado de ira, tenía entendido que los mexicanos no eran un ejército preparado para la lucha, y por lo que leo, es un gran ejército que se nos enfrentarán en todo momento.

Con casi la mitad de hombres que nuestro Ejército,

nos han vencido en la Batalla de Puebla el 5 de mayo de 1862.

Los beligerantes mexicanos:

- Ignacio Zaragoza General en Jefe del Ejército de Oriente.
- Porfirio Díaz,
- Miguel Negrete
- Francisco Lamadrid
- Felipe Berriozábal
- Antonio Álvarez.

Batallones:

- Fijo. General Miguel Negrete.
- Segunda División de Infantería.
- Primera Brigada Loreto.
- Tiradores de Morelia.
- Primera Batería de Artillería.
- Segunda Brigada Guadalupe.
- Batallones del Sexto.
- Guardia Nacional de Puebla.
- Zacapoaxtlas y Mixto de Querétaro.
- Segundo y Sexto de Puebla.
- Una Batería de Artillería.
- Brigadas Independientes de Infantería.
- Brigada de Infantería, General Felipe Berriozábal.
- Batallones Fijo de Veracruz.

- Primero y Tercero Ligeros de Toluca.
- Segunda Brigada de Infantería General Francisco Lamadrid.
- Batallones Patria Brigada de Caballería, General Francisco Lamadrid.
- Tercer Regimiento de Carabineros de Pachuca y
- Escuadrones de Lanceros de Toluca y Oaxaca.

En total eran unos 5.000 soldados. La batalla duró cuatro horas. Las bajas: 83 muertos, 232 heridos y 12 desaparecidos.

Nuestras bajas fueron por parte del Escuadrón de Cazadores de África, 172 muertos o desaparecidos, 305 heridos y 35 prisioneros. Se rindieron ante un Ejército mucho menor en efectivos que el francés con 6.500 hombres.

Como tenía previsto, Napoleón III, se reunió en Audiencia con el General Élie Frédéric Forey, en el Palacio de las Tullerias.

(Louis Napoleón).- Si os he citado a Vuecencia, para comunicaros, que con mi poder de Emperador de Francia, os otorgo el mando de Comandante en Jefe de todos los poderes militares y políticos en México. Desembarcaréis en Veracruz en el mes de septiembre próximo, y recibiréis el mando de todas las fuerzas armadas francesas en México de manos del General Ferdinand Latrille, Conde de Lorencez.

Estas fuerzas en México constan de: 1.300

infantes, 1.100 jinetes y 50 artilleros, así como la Legión de Honor, formada por 3.000 oficiales y jefes conservadores sin mando de tropa.

En enero de 1863, ya contaréis con la fuerza expedicionaria que me solicitaba el sustituido General Latrille, Conde de Lorencez.

También enviaré al General François Achille Bazaine, del Ejército de Tierra, tiene 51 años de edad. Ingresó en la Legión Extranjera y sirvió en Argelia, de donde pasó a España con los legionarios franceses que lucharon junto al ejército liberal, habla español por haber combatido en la Primera Guerra Carlista en la Batalla de Barbastro; en la Guerra de Crimea, en la Batalla del río Alma, y Comandante Militar en el Sitio de Sebastopol; en Italia, en la Batalla de Solferino; en 1856 regresó a África, tomó el mando del Primer Regimiento de la Legión Extranjera en Sidi-bel-Abbés, obteniendo allí numerosas condecoraciones por valor militar. Puede ser de mucha utilidad, ya que será hábil para tratar con nativos de habla español.

La fuerza de este gran Ejército constará de 28.126 efectivos, además de las fuerzas en México.

Ese vasto Ejército, lo he conseguido llamando a los Cazadores de África, artilleros navales, unidades de obuses y fusileros, artilleros de montaña, zapadores, equipos de sanidad, grupos de baterías pesadas, destacamento de gendarmería, el cincuenta por ciento de las fuerzas de la Legión Extranjera, el noventa y nueve por ciento de los regimientos de Línea, el Primer Batallón de Cazadores a pie, el Segundo Regimiento de Zuavos, regimientos de Guarniciones metropolitanas y tropas coloniales, la Legión Egipcia que ha enviado el Virrey de Egipto desde Alejandría.

Los transportes cargados de tropa, material y sesenta carros con tres millones de francos en oro destinado al pago de las tropas, este oro será custodiado por una compañía de la Legión Extranjera.

Todos ellos se harán a la mar desde Tolón y Mers-el-Kebir con destino a la Martinica, donde repostarán combustible, y descansarán dos días, luego partirán rumbo a Veracruz.

Vuestra misión no será imponer a los mexicanos una forma de gobierno impopular, sino de apoyo a quienes tengan mayores posibilidades de establecer un gobierno capaz de garantizar el pago de las reclamaciones francesas, apoyar al General Almonte y a todos los mexicanos que quisieran unirse a los franceses.

(Forey).- En primer lugar daos las gracias por Vuestra deferencia con mi persona. Mi intención será, no chocar con ninguno de los partidos, no expresarme mal del país y de sus habitantes para no herir el orgullo de los mexicanos.

También necesitaré administradores de los negocios públicos, bajo el control de Francia, hasta que elija una forma de Gobierno que dé dirección al país.

A mi llegada, iniciaré mi actividad con una proclama ensalzando a los valerosos mexicanos, documento que enviaré al General Jesús González Ortega, Comandante en Jefe del Ejército de Oriente en Puebla.

Con los refuerzos llegó a Veracruz el nuevo Jefe entendiendo que esta vez Francia no sufriría ningún contratiempo. Inició su actividad con una proclama: "Desde esta bendita tierra, nos dirigimos con nuestra pacífica intención del Emperador Napoleón III de Francia, y mía General Fréderic Forey, y decíos el amor que sentimos por México y por los valerosos mexicanos".

Este documento se le envió al General Jesús González Ortega, encargado de la defensa de Puebla de Zaragoza; González Ortega lo devolvió diciendo:

"La presente comunicación, debido a su carácter y lenguaje, no puede admitirse en los archivos del Gobierno de México".

El General Forey, al recibir la contestación, decidió entrar en combate con las fuerzas francesas que le habían entregado al llegar a Veracruz, encomendando la misión a las órdenes del Almirante Edmon Jurien de la Graviére, atacase el puerto de Tampico en el estado de Tamaulipas, la expedición compuesta por diez buques contra elementos del Ejército mexicano al mando del Gobernador de Tamaulipas, General Juan José de la Garza, y el General Brigadier Desiderio Pavón.

El 19 de enero de 1863, tuvo lugar la Batalla de Tampico, victoria mexicana, ya que los franceses perdieron muchos hombres capturados o heridos, y 196 muertos, una embarcación y parte del cargamento con el que habían llegado. Las fuerzas mexicanas, tuvieron 100 muertos.

Las primeras órdenes de Benito Juárez, se encaminaron a organizar dos ejércitos: uno se tituló Ejército del Centro, bajo el mando del General Ignacio Comonfort, el segundo Ejército se llamó Ejército de Reserva, organizado por el General Manuel Doblado, reclutando fuerzas de los estados de Querétaro, Guanajuato, Aguascalientes, Jalisco, Colima, Durango, Chihuahua, Sonora y Sinaloa. Para cumplir en su cometido, se le autorizó a disponer de las rentas federales de esas entidades.

El Ejército del Centro, pudo contar con 5.250 hombres, se situó en Texmelucan, con lo que se encontraba en posibilidades de brindar ayuda efectiva a la protección de Puebla y a la Ciudad de México.

Para marzo de 1863, Puebla de Zaragoza era la plaza mejor defendida de México.

Con el poderoso Ejército francés, el General Forey avanzó deliberadamente la marcha sobre

Puebla de Zaragoza, pensando ponerle sitio hasta su capitulación.

El sitio de Puebla de Zaragoza, tuvo lugar, del 16 de marzo al 17 de mayo de 1863, entre las fuerzas de Francia, dirigidas por el General en Jefe, Fréderic Forey, y el Ejército de Oriente de México, comandado por el General en Jefe, Jesús González Ortega.

El día 16 de marzo, los cañones de las divisiones mandadas por los generales, Félix Charles Douay, y François Achille Bazaine, desde el "Fuerte de Guadalupe", en el cerro Acuaeyametepec, abrieron fuego con 56 cañones sobre Puebla de Zaragoza.

Alrededor de Puebla de Zaragoza, más de 28.000 franceses y unos 1.300 aliados mexicanos, encontraron a 23.000 soldados juaristas.

Las fuerzas francesas se dividieron en dos grupos: el primero, dirigido por el General Félix Charles Douay, rodeó Puebla por el Norte, y el otro, bajo el mando del General Bazaine, por el Sur, mientras que el General en Jefe Forey estableció su Cuartel General en el cerro de San Juan Centepec. El 19 y 20 de marzo hubo algunos disparos aislados y la batalla comenzó formalmente el 21 de marzo, cuando las fuerzas del General Miguel Negrete, apostadas en torno al "Fuerte de Loreto", recibieron más de 30 disparos de artillería.

Los soldados del General Bazaine lograron abatir la defensa del "Fuerte de San Javier", conocido también como "Penitenciaría" o el "Iturbide", tenía 120 metros de frente y 220 de fondo, en su interior había tres patios en los cuales se realizaron las batallas cuerpo a cuerpo en el tercer intento, que costó a los franceses 235 bajas, de las cuales tres jefes y 13 oficiales, de entre ellos, murió de un disparo el Comandante General de artillería Xavier Jeanne de Launiére, mientras supervisaba a sus soldados.

"El Fuerte de Santa Anita", también conocido como el "Demócrata", en Zacapoaxtla, baluarte de forma cuadrada, con 300 metros por cada lado, defendido por el Capitán Manuel Ascensión Carreón, el Sargento Mariano Xiloty el Subteniente Ramón Vergara, último abanderado del Batallón de Zacapoaxtla, pelearon contra las tropas invasoras francesas. Esta fortificación era la más grande de toda la plaza y tenía grandes parapetos con cinco metros de altura y ocho metros de ancho. Estaba muy bien fortificado con un total de 17 piezas de artillería; 14 de bronce y tres de hierro. Quedó devastado tras el sitio el 25 de abril de 1863.

Los franceses fueron cavando trincheras y establecieron reductos a las órdenes del Capitán Henri Loizillon, aunque él no había estado en Puebla el año anterior y opinaba que la ciudad no podría resistir, como mucho, más de ocho o diez días.

El General Forey, ordenó a los zapadores la construcción de un túnel hasta los muros de la ciudad, para producir una explosión que abriese una brecha en la defensa; los explosivos se hicieron detonar a distancia y produjeron, en efecto, un derrumbamiento hacia el cual se dirigió la defensa.

La carga del Segundo de Zuavos fue dirigida por su Coronel, el Marqués Alexandre Gastón de Galliffet, que llevaba mientras escalaba con una escalera el muro de piedra, una bandera francesa flameando sobre su cabeza.

Los franceses aplicaban la táctica fundamental del Gran Napoleón I: concentrar en un punto la mayor cantidad posible de fuerzas. Los mexicanos comenzaron a retroceder al interior de la ciudad. Ya el sitio duraba seis semanas. Los franceses estrecharon lentamente el cerco, el Coronel Marqués de Galliffet resultó gravemente herido en el vientre y él mismo contuvo la masa intestinal, que se le salía, fajándose con una manta, y echó a andar hacia un puesto de socorro.

El 13 de mayo, en vísperas de ocurrir el asalto final de los franceses y reaccionarios sobre Puebla, el Ejército de Reserva del General Manuel Doblado, solamente había podido contribuir con la Brigada de Sinaloa, ya que el Quinto Batallón de Jalisco para esa fecha apenas había podido salir de su Estado y con dificultad podría llegar a tiempo para auxiliar a los poblados próximos a sucumbir por falta de elementos de guerra.

Por su parte, Aguascalientes y Colima a duras penas contaban con hombres suficientes para mantener a raya a los sublevados que se rebelaban contra la República en los puntos más inesperados. A las insistentes súplicas del General en Jefe Manuel Doblado, Durango le contestó que no podía desprenderse ni de un solo hombre, mientras que Sonora y Chihuahua se limitaron a acusar recibo de la correspondencia del General en Jefe, pero no enviaban ni hombres ni recursos.

En siete meses de esfuerzo, el llamado Ejército de Reserva mexicano estaba constituido por única división conformada por hombres de Guanajuato, y se encontraba situada en la entrada de Sierra Gorda, Querétaro, conteniendo los ataques del General conservador del Ejército francés, el mexicano indio otomí Tomás Mejía. El General en Jefe Manuel Doblado, estaba sin posibilidad de combatir de forma directa al invasor extranjero, así lo contaba el propio Doblado, aunque él conocía la necesidad de apoyar a Puebla, pero también, comprendía a la perfección que era indispensable asegurar el interior de la República y en especial los estados limítrofes, pues ese sería el reducto donde el Gobierno podría establecerse ante la eventualidad, cada vez más posible, de que Ciudad de México sucumbiera ante el enemigo.

Gracias a la contribución del Ejército de Reserva, la

República pudo sobrevivir errante en San Luis Potosí, Coahuila, Nuevo León, Zacatecas, y Chihuahua.

Dos meses habían pasado, y el hambre hacía estragos en la ciudad de Puebla; los cadáveres se descomponían en los charcos que la lluvia formaba en las trincheras y galerías. El General González Ortega se acercó a parlamentar con los franceses, preguntándoles si los sitiados podían abandonar la plaza y marchar al interior del país, con armas y bagajes, y con los honores de la guerra. El General Forey se negó, aduciendo que México contaba con un Ejército solamente, que había que liquidar en el lugar en que luchaba. Se exigiría a su tropa la palabra de honor de no volver a tomar las armas, pero los oficiales serían hechos prisioneros.

A la mañana siguiente, en las posiciones francesas oyeron detonaciones procedentes del reducido sector de Puebla de Zaragoza que seguía aún en manos del Ejército de la República Mexicana. González Ortega estaba volando sus piezas y sus barricadas. A las explosiones siguió la llegada de un mensajero con bandera blanca comunicando que el General González Ortega y sus oficiales esperaban formados en la plaza de la Catedral. Los franceses ya vencedores, marcharon en formación, con las fuerzas del General Leonardo Márquez, atravesaron entre banderas blancas las calles de la ciudad, al llegar a la plaza encontraron unas docenas de hombres vencidos y hambrientos. Se designó al Capitán Loizillón para que suministrase raciones de comida a los mexicanos que se lanzaron en tropel sobre los víveres que bajo la lluvia aquellos hombres devoraban, sin embargo, González Ortega y los demás oficiales soportaban con estoicismo el hambre y no comían. El General de División Ignacio Mejía Fernández de Arteaga, Gobernador militar de Puebla, hasta marzo de 1863, fue hecho prisionero y enviado a Francia.

Aprovechando el desorden de aquella situación, el General Porfirio Díaz, pudo escabullirse del lugar y huir cubierto con un sarape prestado, logró pasar a través de las líneas francesas como un simple peón, y recobrar la libertad. Igualmente, Miguel Negrete pudo escapar y refugiarse en San Luis Potosí. En la torre de la Catedral de Puebla de Zaragoza ondeaba la bandera francesa.

Beligerantes

República Mexicana	Segundo Imperio Francés
Jesús González Ortega	Élie Frédéric Forey
Felipe Berriozábal	Charles Abel Douay
Miguel Negrete	François Achille Bazaine
Porfirio Díaz	Xavier de Laumiere
Tomás O'Horán	Leonardo Márquez
Luis Ghilard	Juan Nepomuceno Almonte
	Ignacio Mejía Fernández
	Arteaga
	Adrián Woll
21.000 hombres	35.000 hombres

Bajas

14.000 muertos, heridos	2.000 muertos
10.000 prisioneros	Muerto el General Xavier de Laumiere

El resultado, tras 62 días de una cruenta batalla que prácticamente destruyó la ciudad, fue la derrota de las fuerzas mexicanas, lo que permitió tener abierto la mitad del avance de las tropas francesas hasta la Ciudad de México.

Porfirio Díaz, indio mixteca, gran luchador, escribió a Juárez comunicándole que Puebla había caído en poder de los generales Forey y Márquez, y en la torre de la Catedral ondeaba la bandera francesa, y las tropas avanzaban hacia la capital.

Benito Juárez, quedó convencido de lo que Porfirio Díaz había dicho. En su sede presidencial empezó a llenar cajas y baúles de documentos que se desbordaban hasta el suelo. Junto a su despacho, en una sala de recibir, se reunía un pequeño grupo de ministros y gobernadores leales. Juárez en un principio, pensó organizar la defensa de los accesos a la capital mexicana, pero, los gobernadores de las provincias le comunicaban que carecían de tropas, de equipos, y de dinero. Juárez por lo tanto, tenía que abandonar la capital.

La noticia de la caída de Puebla llegó a París cuando los emperadores asistían a una cena en el Palacio de Fontainebleau. Al transmitirle la grata nueva, Napoleón III, escribió en una servilleta: "Puebla es nuestra", y ordenó que el escrito en la servilleta se entregase al director de la Banda de música del Regimiento Ligero de la Guardia que estaba tocando en el comedor. La Banda enseguida rompió a interpretar la marcha "Reina Hortensie". Al día siguiente, el Emperador ordenó, que los cañones de Los Inválidos dispararan salvas por la victoria y se iluminasen los edificios públicos.

Mientras, en la capital de México se reunió el Congreso de la República, al término, las tres de la tarde, los cañones dieron la señal de que la sesión había terminado. Al atardecer, la hora normal de arriar la bandera, las tropas formaron frente al Palacio Nacional, y presentaron armas, se tocó el "Himno Nacional Mexicano" entre redobles de tambores y trompetas, Juárez apareció en el balcón y contempló a la gran muchedumbre congregada en la Plaza de la Constitución- El Zócalo- al haberse corrido el rumor de que Juárez esa noche saldría de la ciudad. Juárez con voz clara y fuerte gritó:

"¡Viva México!"

El 31 de mayo, ante la inminente llegada de las tropas francesas, Juárez y su gabinete abandonaron la capital. Ese mismo día el Congreso le dio a Benito Juárez un nuevo voto de confianza, cerró sus sesiones y se disolvió. Sin embargo, varios diputados, entre ellos el Presidente de la Cámara, Sebastián Lerdo de Tejada, decidieron acompañar al Presidente en su peregrinación. En primera instancia, Juárez con su gabinete trasladó su Gobierno a San Luis Potosí. Los principales jefes militares se habían rendido. Durante la estancia de Juárez, San Luis Potosí se convirtió en un refugio de tropas derrotadas. Llegaron, entre otros, el General Jesús González Ortega, jefe de las operaciones militares en Puebla, y el General José María Patoni, Gobernador del Estado de Durango, el General Ignacio de la Llave, que venía con ellos, fue emboscado y asesinado en el camino.

Juárez Presidente de México era civil, y podía establecer una clara diferencia entre la capitulación militar y la supervivencia de la República constitucional. Durante los siete meses que Juárez permaneció en San Luis Potosí, intentó normalizar las formas de Gobierno emitiendo cargos militares y políticos. Tomó varios gabinetes integrados por Manuel Doblado, Ministro de Relaciones Exteriores y de Gobernación, en 1862, negoció los Tratados Preliminares de la Soledad, logró que el español Juan Prim, y el inglés Lord John Russel, se retiraran de México. Felipe Benicio Berriozábal, fue Gobernador de Michoacán de Ocampo 1863-1864. José Ignacio Comonfort de los Ríos, cargos anteriores: Gobernador de Tamaulipas 1862-1862. Miguel Negrete, Ministro de Guerra y Marina de México 1864. Sebastián Lerdo Tejada, Ministro de Justicia e Instrucción Pública de México 1863-1863.

La presencia de las tropas en el territorio potosino produjo grandes tensiones entre la población a causa de las levas y los gravámenes necesarios para el sustento de los ejércitos.

Los principales jefes militares que acompañaban al Presidente Juárez abandonaron San Luis Potosí para dirigirse a sus localidades, desde donde organizarían la resistencia: Jesús González Ortega en Zacatecas y José María Patoni en Durango. El General José Ignacio Comonfort de los Ríos murió en una emboscada en Molino de Soria, camino de Guanajuato. El General Manuel Doblado, enfermó mientras acompañaba a Juárez en su retirada hacia el Norte mexicano.

El General Forey hizo su entrada en Ciudad de México saludando a derecha e izquierda, majestuoso iba a la cabeza de sus tropas que habían tomado Puebla. Primero, se dirigió a la Catedral, después al Palacio Nacional.

Por las mañanas Forey salía en su carruaje tirado por cuatro caballos, con escolta de húsares y un batidor que portaba la bandera francesa, se dirigía al parque central de La Alameda, llevaba un libro en sus manos, era el diccionario franco-español. Forey se hacía muy agradable a los transeúntes, que le decían al pasar "Ahí viene don Forey."

Tras la salida del Ejército juarista de la capital, el General Forey convino en establecer una Junta suprema de Gobierno en Ciudad de México. Las fuerzas militares conservadoras, con ayuda del Ejército francés, se organizaron en cuatro divisiones a las órdenes de los generales Miramón, Márquez, Mejía y Woll; Miramón se situó en México Capital,

Márquez se dirigió a Michoacán, Mejía a San Luis Potosí y Woll a Jalisco. La junta del Gobierno conservador resolvió el 10 de julio de 1863 que la nación mexicana adoptaría como forma de Gobierno la Monarquía moderada, hereditaria, que recaería en un príncipe católico. El soberano tomaría el título de Emperador de México.

El General Forey convocó lo que se llamó una Asamblea de Notables. Los imperialistas formaron un Gobierno provisional o Junta Superior de Gobierno, dirigido por Mariano Salas, Juan Nepomuceno Almonte y el Arzobispo Pelagio Antonio de Labastida Dávalos, para ejercer el Poder Ejecutivo hasta la llegada del príncipe europeo que ocuparía el Trono del recién restablecido Imperio Mexicano. De ahí surgió el nombre de Maximilian de Habsburgo.

(Louis Napoleón).- Os he reunido a la Emperatriz Eugenia, y a vos, ilustre señor Hidalgo, para comunicaros mi nueva decisión sobre México. Pienso relevar al General Forey, ya que es lento y caviloso, aunque la verdad, es demasiado importante para interesarse en pequeños detalles de la administración de recogida de firmas de votos por todo México a favor de una Monarquía.

El General François Achille Bazaine, ha tenido una brillante actuación en la segunda ofensiva sobre Puebla de Zaragoza.

Al General en Jefe Élie Frédéric Forey le retiro de

México y regresará a Francia, dulcificándole el relevo con la concesión del bastón de Mariscal de Francia, Legión de Honor y Medalla Militar.

(Hidalgo).- Estoy muy satisfecho de los avances en México. Al mismo tiempo, en la Guerra de Secesión, me ha impresionado la muerte del General confederado Thomas Jonathan Jackson, le llamaban "Stonewall" "Muro de piedra" de la Unidad Ejército del Norte de Virginia. Era profesor, líder militar y propietario de esclavos.

Thomas Jonathan Jackson dirigía su Segundo Cuerpo de 28.000 hombres, haciendo frente al General Joseph Hooker del Ejército de la Unión del Potomac, en Chancellorsville, Virginia.

Por lo visto, Jackson se movía por la carretera, cuando al no ser reconocido por sus hombres del Segundo Cuerpo, fue herido por fuego amigo. La herida no era mortal, pero Jackson, tras serle amputado el brazo, contrajo una infección, y murió el 10 de mayo de 1863, tenía 39 años de edad. Su muerte ha sido una pérdida devastadora para la Confederación, uno de los más conocidos y exitosos generales confederados durante la Guerra de Secesión.

(Eugenia).- No he oído hablar de él. Cuánto lo siento, sobre todo al pensar que fue víctima casual de sus propios soldados. ¡Que Dios le tenga en Su Gloria!

¿Se sabe cómo terminó la batalla?

(Hidalgo).- Sí, se conoce como la "Batalla perfecta" del General Robert Edward Lee, debido a su exitosa pero arriesgada decisión de dividir su Ejército en presencia de una fuerza enemiga muy superior, lo que condujo a una importante derrota de la Unión. Aunque la victoria confederada ha sido atenuada por las mortales heridas que recibió: 1665 muertos, 9081 heridos y 2018 desaparecidos.

La Unión se conmocionó con la derrota. El Presidente Abraham Lincoln, enfadado gritó ¿Qué dirá el país?

(Louis Napoleón).- El Presidente Abraham Lincoln, desciende de modesta familia, él ve en el continente americano una forma de vida en la que cada cual prosperará según sus propios méritos. No hay allí lugar para una aristocracia basada en el nacimiento, ni para una Monarquía fundada en un pasado europeo, su política es el no reconocimiento del Imperio mexicano, y contra las fuerzas francesas de México.

(Hidalgo).- Creo que Lincoln sólo piensa en la unificación de su país, y la abolición de la esclavitud, de momento, México no le interesa mucho.

Pero eso no es todo. Poco después de que el General Lee saliera victorioso; el 3 de junio de 1863, abandonó Richmond la capital confederada de Virginia del Norte, junto a un Ejército de 75.000 hombres se dirigió al Nordeste y, durante tres semanas, fue amo y señor de los caminos de Pensilvania, se guió con sus hombres a combatir alrededor del pueblo de Gettysburg, al Sur de Harrisburg en Pensilvania. De momento, es la batalla terrestre con más bajas en Estados Unidos, del 1 de julio al 4 de julio de 1863. El Presidente Abraham Lincoln destituyó de su cargo al General Hooker por haber perdido la Batalla de Chancellorsville, reemplazándole por el General George Gordon Meade, militar ingeniero de la Unión, enfrentándose durante tres intensos días al General Robert Edward Lee, de la Confederación.

(Eugenia).- De ese militar Gordon Meade, sí he oído hablar, sé que nació en España en 1815, concretamente en Cádiz, aunque cuando contaba 13 años de edad, sus padres decidieron regresar a los Estados Unidos y enviarle a estudiar a la Academia Militar de West Point.

Su padre fue el Cónsul de los Estados Unidos en Cádiz, y sufrió el asedio francés a la ciudad en 1810.

(Hidalgo).- Una historia del General Meade, que desconocía. En junio, Robert Edward Lee atacó al Ejército federal del Potomac, invadiendo Pensilvania y destruyó las comunicaciones de ese lugar.

Los dos ejércitos se encontraron el 1 de julio de 1863, cuando se dio el comienzo de la batalla oficialmente. Durante los dos primeros días, hubo más bajas en el lado de la Unión, lo que llevó al

Teniente General Ulysses Simpson Grant a producir un gran duelo de artillería entre los cañones de un lado y otro. En las primeras descargas, destrozaron a las filas confederadas. Cerca de 30.000 hombres del Sur dejaron la vida en ese último día de la batalla, por lo que esta gran victoria de la Unión dejó desconsolado y exhausto al General Lee, que vio su fama de invencible seriamente dañada. Lee, humillado se retiró a Virginia. La derrota se unió a la que se produjo el 4 de julio, en Vicksburg, victoria a cargo del Teniente General unionista Ulysses Simpson Grant.

Esta contienda marcó el declive de los ejércitos del Sur, que entre 1860 y 1861, años en los que 11 estados: Carolina del Sur, Misisipi, Florida, Alabama, Georgia, Luisiana, Texas, Virginia, Arkansas, Tennessee y Carolina del Norte se unieron, crearon una nueva nación llamada los Estados Confederados de América, y declararon la guerra a los Estados Unidos.

(Louis Napoleón).- ¿La guerra ha terminado?

(Hidalgo).- No, la guerra continúa con uno de los más conocidos y exitosos generales confederados Stand Watie, General de Brigada de los Estados Confederados al mando del Primero de Rifles Montados Cherokees. Su líder Stand Watie es cherokee, nacido en Tahlequah, ciudad de Oklahoma capital de la nación cherokee, y al ver como más de 20.000 cherokees fueron sacados a la fuerza de sus casas por el Ejército de Estados Unidos, y trasladarles a la meseta Ozark (Oklahoma) en lo que se llamó el "Sendero de lágrimas", más de 4.000 indios murieron en aquella salvaje travesía que los convirtió en apátridas. Stand Watie sufrió al ver a su pueblo traicionado y oprimido por el Gobierno de la Unión; siendo Marteen van Buren, el octavo Presidente de los Estados Unidos, heredó la decisión de su antecesor Andrew Jackson sobre la expulsión de los indios cherokees, y no hizo nada para evitar sus muertes por ejecución. Así que cuando unos años después en 1861 estalló la Guerra de Secesión, entendió que era el momento de la venganza y se unió a los estados rebeldes. En estos momentos, está al frente de una brigada entera la "Cherokee braves" (la Brigada de los valientes cherokees) a esta enseña, Watie añadió cuatro estrellas rojas a la primera bandera confederada, representando las cinco tribus hermanas con la estrella del centro de mayor tamaño como símbolo de la nación cherokee. Este estandarte es el emblema más temido del Ejército de la Unión, con esta fuerza, organizó una emboscada contra un convoy de barcos de suministros de la Unión en el río Arkansas, capturando además uno de ellos. Este fue el monto de mayor gloria y fama del jefe cherokee. Otra vez, durante la segunda Batalla de Cabin Creek, los jinetes de Watie capturaron un tren con toda la logística del Ejército de la Unión, animales, munición, cañones, ropa de abrigo. Un golpe de mano que truncó por varios meses los planes de la Unión.

El General Watie, es un personaje muy peculiar, a mí me entusiasma, todo su Ejército y él son excelentes jinetes, visten el uniforme confederado. De momento la guerra sigue.

Continuando con México. A las seis semanas de tomar el mando supremo en México, el General François Achilles Bazaine, pudo enviar los documentos firmados que representaban el voto de las tres cuartas partes de la nación mexicana a favor de la Monarquía.

Una comisión de personas relacionadas con el Partido Conservador y la Iglesia Católica, el 10 de julio de 1863, emitieron el siguiente dictamen: Iba encabezado por José María Gutiérrez de Estrada, Francisco Javier Miranda y el diplomático José Manuel Hidalgo Esnaurrízar:

La nación mexicana adopta por forma de Gobierno la Monarquía moderada, hereditaria, con un príncipe católico. La Corona Imperial de México ofrece al Príncipe Maximiliano, Archiduque de Austria para sí y sus descendientes.

Las peticiones firmadas llegaron el 3 de octubre de 1863, al Castillo de Miramar en Trieste. La delegación mexicana estaba formada por José María Gutiérrez de Estrada, como Secretario de Relaciones

Exteriores de México, e integrada por José Hidalgo, Antonio Escandón, Tomás Murphy, Adrián Woll, Ignacio Aguilar Morocho, Joaquín Velázquez de León, Francisco Javier Miranda y Ángel Iglesias. Gutiérrez de Estrada como Secretario, expuso ante el Archiduque Maximilian de la Casa de los Habsburgo, la petición de los monárquicos mexicanos, tuviera el honor de ceñir la Corona mexicana y ocupar el Trono de México. Pero el Archiduque no dijo en conclusión que él sería Emperador de México.

Mientras, continuaban las batallas en México; el 30 de noviembre de 1863 tuvo lugar la Toma de Morelia por los generales Alfredo Berthelin y Leonardo Márquez en contra de las fuerzas republicanas del General José López Uraga. Victoria francesa. El 8 de diciembre de 1863, tuvo lugar la toma de Guanajuato por el General Félix Charles Douay. Victoria francesa.

La Archiduquesa Charlotte, en Trieste, escribió a su padre comunicándole que los mexicanos deseaban ardientemente fuesen allí. También le decía que Napoleón III les había invitado a que visitasen París.

El Rey Leopold, les contestó diciendo que debían obtener de Napoleón una declaración escrita sobre el plazo de estancia del Ejército francés en México. Que no tolerasen ninguna frase que les desviase de este asunto importante e indispensablemente y necesario como la garantía que debe tener la fuerza de un Tratado.

Los archiduques fueron recibidos con entusiasmo en París, honrándoles con banquetes, bailes, una representación de una obra de Alexandre Dumas en la Comédie Française, y una partida de caza en Versalles. Llegó el día de la reunión formal con Napoleón III.

(Maximilian).- Mi Excelencia, la Archiduquesa y su humilde servidor, tenemos el placer de comunicaros que nuestro deseo es ir a México a gobernar aquel inmenso país; de ello hemos hablado con Su Excelencia el Rey Leopoldo I, y nos ha aconsejado, como padre, sobre el plazo de estancia del Ejército francés en México, y añado por mi cuenta, la necesidad de un empréstito para reunirme con las tropas.

(Louis Napoleón).- Discutiremos detenidamente el problema, tendremos que negociar la conveniencia en que permanecerán en México 25.000 soldados franceses hasta que vos creáis un Ejército Nacional, y la Legión Extranjera conservará durante ocho años un efectivo de 8.000 hombres.

En cuanto al asunto financiero, el Gobierno mexicano, desde ese momento concertareis un colosal empréstito del Estado francés, con objeto de cubrir las deudas y asegurar la financiación del país. "Se pagarán a Francia una obligación de 500 millones de pesos mexicanos, equivalente en este momento a 2.500.000 millones de francos, por los gastos de la expedición y actividades francesas hasta principios de julio de 1864; se pagarán también, partidas adicionales que se invertirán en la tropa".

"Las reclamaciones de deuda que Francia presentó al iniciarse la intervención se harán efectivas, incluso los bonos Jecker. Se emitirán nuevas emisiones de bonos para ayudar al Estado a emprender su vía económica".

Cuando llegó el momento de marchar de París, en la estación Eugenia al despedirles, se dio cuenta de que el Archiduque sin duda aceptaría el cargo que se le ofrecía.

En París los diputados se preguntaban que hasta dónde llegaría el compromiso francés. Ya en ese momento había en México 40.000 soldados franceses; en la primera expedición, bajo el mando del Almirante Jurien de la Graviére, solamente llegaron 2.500, y poco a poco se fueron incrementando con los mejores oficiales y tropa de Francia, suponiendo un derroche de dinero de las arcas del Estado.

Los archiduques de París marcharon a Viena, donde fueron recibidos con honores imperiales, una cena de gala y una recepción.

El Emperador Franz Joseph se reunió con su hermano Maximilian, y después de comentar el asunto que les había llevado a dicha visita, Franz Joseph declaró que él no tenía objeciones que oponer a que aceptase el ofrecimiento de México. Franz Joseph no había señalado condiciones. Pero al día siguiente, el Ministro de Negocios Extranjeros, el Conde Johann Bernhard von Rechberg, presentó a Maximilian un documento extendido por el Emperador, y una carta explicativa lo acompañaba:

"*Sire, mi querido hermano Archiduque Ferdinand Maximilian:*

He recibido información, de que os disponéis con certeza a aceptar el Trono de México que os han ofrecido, y a fundar allí un Imperio, estoy obligado, como Cabeza Suprema de la Casa de Austria, con la más profunda y acendrada consideración de los deberes que me incumben como Soberano, a notificaros mi consentimiento a este grave e importante acto de Estado, solamente a condición de que firméis el documento que contiene la renuncia absoluta al Trono de Austria por sí y por los herederos, como Archiduque y miembro de la Casa de Habsburgo. Las renuncias serán irrevocables".

Maximiliano respondió por escrito a la carta:

"Con el consentimiento de Vuestra Majestad, comprometí mi palabra de honor, que es respetada en toda Europa, a una población de

nueve millones de personas que me han llamado con la esperanza de un futuro mejor, y poner fin a una guerra civil prolongada y asoladora. Lo he hecho así, completamente desapercibido de las condiciones que ahora me imponéis y de las que en verdad yo no podía tener conocimiento".

Todavía en Viena, los dos hermanos tuvieron una escandalosa discusión. Maximilian a gritos le dijo que las guerras perdidas y su desafortunado matrimonio le habían deshumanizado. Su pensamiento era ante todo la dinastía. Franz Joseph, le contestaba preguntándole, ¿Qué sucedería si yo muriera y tú te encontrases a miles de kilómetros al otro lado del mar? ¿Podrías tú ser Regente durante la minoría de edad de mi hijo el joven heredero de la Corona, el Príncipe Rudolf?

Maximilian advirtió deslealtad y rencor en las palabras de su hermano. Le contestó, que no firmaría nada y que si fuera necesario iría a México en un barco francés y sin despedirse del Emperador de Austria. Franz Joseph le replicó que si obrase así, el nombre del Archiduque Maximilian sería borrado de la lista de la Casa de Habsburgo.

La Archiduquesa Sophie — madre de los dos hermanos — llevó a Charlotte y Maximilian a una estación suburbana de ferrocarril, sin escolta ni honores, los futuros emperadores de México tomaron de noche un tren que los condujo a Trieste.

Al llegar a Miramar, convocó a varios amigos, diciéndoles que tenía que hablarles de su imperial familia aunque con gran dolor y sentimiento. Uno de los invitados era Pepe Hidalgo, que censuró la actitud increíblemente cruel de Franz Joseph.

Los archiduques recurrieron de nuevo al Rey Leopold I, que les aconsejó en una carta:

"Hacedme caso, ¡no cedáis nada! Maxi en tal situación, de ninguna manera estás obligado a aceptar, sería una gran imprudencia no conservar lo que te pertenece, firmando un documento que implica una desheredación. Os aconsejo, que luchéis frente a Franz Joseph I y frente a Napoleón III".

Esa tarea estaba muy lejos de las posibilidades de los archiduques. Tenían que decidirse por alguna de las dos cosas: vivir en Austria o vivir en México. Después de largos debates, Maximilian, medio llorando escribió a Napoleón anunciándole que firmaría el documento de renuncia que su hermano le presentaba.

La noticia llegó a Viena, y a la mañana siguiente, el tren especial del Emperador Franz Joseph I, llegaba a la pequeña estación privada del Palacio de Miramar. El Emperador iba a recoger el documento firmado por su hermano de renuncia de todos los poderes en Austria.

Maximilian condujo a Franz Joseph a la biblioteca, donde permanecieron completamente solos durante varias horas.

Por las galerías del palacio paseaban sus dos hermanos más jóvenes, los archiduques Karl Ludwig, el más preferido por Maximilian, y Ludwig Viktor, en compañía de sus parientes, Karl Erlöser, Wilhelm, Joseph, Leopold, Raniero, y Karl Bombelles, amigo íntimo de Maximilian, también varios ministros del Imperio, los cancilleres de Croacia, Hungría y Transilvania. Todos habían acudido en calidad de testigos del histórico acontecimiento.

Después de un largo tira y afloja, finalmente, Franz Joseph y Maximilian, ambos con huellas de lágrimas en los ojos, salieron de la biblioteca. Maximilian había firmado.

Los pasajeros del cortejo del Emperador de Austria, subieron al tren imperial. Franz Joseph se apartó, y volviéndose a su hermano le hizo un saludo militar; luego, se acercó a él y le dijo: "¡Max! ¡Hermano!".

Se besaron, a continuación se subió al tren.

Al día siguiente, 10 de abril de 1864, un grupo de exiliados mexicanos llamada Junta de Notables llegó al Palacio de Miramar para hacer en nombre de México el ofrecimiento de la Corona Imperial. José María Gutiérrez de Estrada los dirigía junto con José Hidalgo. Formaron en la entrada del Palacio y fueron conducidos al salón de audiencias donde los archiduques los recibían sentados en un estrado bajo un dosel de seda bordada en oro. El Archiduque Maximilian de Austria vestía el uniforme de Vicealmirante de la Armada de Austria, con las insignias del Toisón de Oro y la Gran Cruz de San Esteban, y su esposa la Princesa Charlotte vestía de seda carmesí con adornos de encajes de Bruselas, se tocaba con una corona archiducal y lucía un collar de diamantes y la cinta negra de la Orden de Malta, estaba acompañada por la Princesa Melanie Metternich, Condesa de Zichy, con funciones de Camarera Mayor de la Princesa; la Condesa Paula Kollonics, Canonesa del Cabildo de señoras nobles de Saboya; la Marquesa Marie de Ville; Su Excelencia el Señor Herbert, Ministro Plenipotenciario de Primera Clase de Su Majestad el Emperador de los franceses Napoleón III, en misión del Ministerio de Negocios Extranjeros; Su Excelencia el Conde O'Sullivan de Grass, enviado Extraordinario y Ministro Plenipotenciario de Su Majestad el Rey de los belgas Leopold I; el Señor Hipólito Morier, Capitán de navío de la marina francesa y Comandante de la fragata "La Themis"; y Su Excelencia el Conde Hadik de Tutak, Consejero intimo actual, Gentilhombre de Su Majestad Imperial y Real Apostólica y Contralmirante de la marina austriaca. Todos fueron llevados a presencia de Sus Altezas Imperiales de México, por Su Excelencia Conde Francisco Zichy de Vazonkeo, Consejero íntimo actual y Gentilhombre de Su Majestad Imperial y Real Apostólica, precedido del Gran Maestre de Ceremonias, el Excelentísimo Señor Don José María Gutiérrez de Estrada, Caballero Gran Cruz de la Real y distinguida Orden española de Carlos III, antiguo Ministro de Negocios Extranjeros y Ministro Plenipotenciario de México y cerca de varios Soberanos de Europa; los Excelentísimos Señores Don Joaquín Velázquez de León, Comendador de la Orden Imperial de Guadalupe, antiguo Ministro de Fomento de México y antiguo Ministro Plenipotenciario en los Estados Unidos, Don Ignacio Aguilar, Comendador de la Orden de Guadalupe, antiguo Ministro de Gobernación y antiguo Magistrado del Tribunal Supremo de la Nación, y Don Adrián Woll, General de División, Comendador de las Ordenes de Guadalupe y la Legión de Honor, y los Señores Don José Hidalgo, Comendador con placa de la Orden americana de Isabel la Católica, de la Pontificia de Pío Nono y de la Jerusalén, Gran Oficial de la de Guadalupe y Caballero de la de San

Silvestre; Don Tomás Murphy, Comendador de la Orden Imperial y Real de Franz Joseph de Austria, y antiguo Ministro de México en Inglaterra, el Coronel Don José Armero Ruíz, Comendador de la Orden de Isabel la Católica y Caballero de Guadalupe, actual Cónsul de Marsella; precedido del Gran Maestre de Ceremonias, el Marqués José Corrío, Gentilhombre de Su Majestad Imperial y Real Apostólica, y el Gentilhombre de servicio de sus Altezas Imperiales; Doctor Don José Pablo Martínez del Río.

El Excelentísimo Señor Don José María Gutiérrez de Estrada, leyó un discurso en francés, los invitados se agrupaban tras él en semicírculo:

"Señor:

La Diputación Mexicana tiene la felicidad de hallarse de nuevo en Vuestra augusta presencia, y expresar nuestro júbilo al considerar los motivos que nos conducen.

Señor, en nombre de la Regencia del Imperio, el voto de los notables, por el cual habíais sido designado para la Corona de México, ratificado hoy por la adhesión entusiasta de la inmensa mayoría del país, de las autoridades municipales y de las corporaciones populares, ha llegado a ser por su valor numérico, un voto verdaderamente Nacional.

Nos prestamos ahora a solicitar de Vuestra Alteza Imperial, la aceptación plena y definitiva del Trono Mexicano".

Terminado el discurso Maximilian con voz trémula habló en español diciendo:

"Yo, Maximiliano, junto a Dios por los Santos Evangelios, de acuerdo con los deseos de la nación mexicana, puedo ahora con toda justicia mirarme como un elegido dirigente, trabajaré por la libertad, el orden, la grandeza y la independencia de ahora mi país."

"¡Acepto la Corona!"

José María Gutiérrez de Estrada se arrodilló ante él, le tomó la mano, y gritó:

"¡Dios salve a Su Majestad Maximiliano I, Emperador de México! y ¡Dios salve a Su Majestad Carlota, Emperatriz de México!"

Todos los presentes corearon los vítores. En la torre del castillo se izó la bandera tricolor mexicana en lo alto de un asta; en el puerto de Trieste, el navío austríaco "Novara" y la fragata francesa "La Themis" dispararon salvas de saludo. El Abad mitrado de Miramar y Lacroma (Croacia), Monseñor Jorge Racic, con mitra y báculo, tomó el juramento de fidelidad, asistido de dos sacerdotes, fray Tomás Gómez, de la orden franciscana, y un mexicano, Ignacio Montes de Oca y Obregón.

Posteriormente, en nombre de Napoleón III, el Consejero de Estado y Ministro de Negocios Extranjeros de Francia, Charles François Eduard Herbet, y en nombre de Maximiliano, el Ministro de Estado, Joaquín Velázquez de León, firmaron los llamados "Tratados de Miramar" al amparo de los cuales se proponía crear una Monarquía respaldada por Francia en México. Según el acuerdo, Maximiliano tendría apoyo militar francés, hasta que el nuevo Imperio mexicano se estabilizara; por parte del Papa Pío Nono, pidió que restaurase a la Iglesia las propiedades tomadas bajo la Reforma mexicana.

Maximiliano y Carlota, no podían posponer por mucho tiempo su partida a México.

El alcalde de la ciudad, envió al Emperador Maximiliano un mensaje de simpatía y despedida firmado por más de diez mil personas, sin embargo de Franz Joseph no pudo conseguirse el menor testimonio, y Maximiliano lo sabía, pero no preguntaba.

La bahía estaba llena de botes; alrededor del castillo se congregaba la muchedumbre.

La banda de música tocó el recién compuesto "Himno de México". Todo estaba listo para emprender el viaje los emperadores y su séquito en la fragata de guerra austriaca "Novara" y en la fragata francesa "La Themis", otros ocho barcos les darían escolta hasta salir del puerto. Hubo intercambio de salvas de artillería.

Una falúa adornada con un dosel de terciopelo rojo bordado en oro (como protector de los emperadores) atracó al pie de la escala en la cual se embarcaron un centenar de personas del séquito imperial; después embarcó la Emperatriz, el Emperador, mientras, estrechaba las manos que le tendían, al fin, embarcó en la falúa que les llevaba a los navíos dispuestos para el viaje. Abandonando el territorio austriaco el día 14 de abril de 1864.

Luego de Trieste continuaron por Albania, Sicilia, la isla Lipai y de ahí camino de Roma.

Los dos barcos fondearon en el puerto de Civitavecchia, (por donde Roma se pone en contacto con el mar Mediterráneo), su primera parada el día 18, en donde les recibieron el Cardenal Secretario de Estado Giacomo Santiago Antonelli, y los representantes de Austria, Francia y Bélgica, varios cardenales, jefes y oficiales de los ejércitos francés y pontificio, y muchas señoras.

Los días posteriores, un bote les recogió y viajaron a Roma, y el Vaticano, tuvieron eventos con el Papa Giovanni María Mastai Ferreti Pío Nono. El día 20, Maximiliano y Carlota asistieron en la Capilla Sixtina a la misa pontifical. En un breve paseo por Roma, la imperial pareja admiró la Fontana de Trevi y los jardines del Palacio Borghese, después visitaron el Palacio Marescotti, el hogar que habitaba Gutiérrez de Estrada a lo largo de años de exilio, a continuación regresaron al puerto Mediterráneo. Continuaron por Córcega, en Gibraltar, los emperadores se sintieron complacidos ante el saludo de las baterías británicas. Los cañones de España también sonaron.

El General Sir William Codrington, Jefe de la plaza de Gibraltar, les ofreció un banquete, y los emperadores le obsequiaron a su vez otro a bordo del "Novara."

Los barcos pusieron proa al Atlántico, a la altura de las islas Madeira, pararon y desplegaron las velas, para ahorrar consumo de carbón. Todas las noches el "Novara" daba un concierto la banda de música, cuando se cruzaba con algún barco, la tripulación del "Novara" lanzaba luces de bengala. Los nuevos emperadores bajo cubierta, trabajaban en tareas de preparación para hacer frente a la administración del Imperio mexicano, así también con el estudio de la lengua española.

El barco entró y fondeó en la Martinica, los emperadores contemplaban encantados los arboles cocoteros, las cascadas que bajaban de las montañas, en la sabana, millares de nativos bailaron en su honor al son de los tambores.

Entre Martinica y Veracruz se cruzaron con el "Tampico", que se dirigía a Europa, a bordo regresaba a su hogar el Coronel François du Barail (ya retirado del servicio) el Coronel escribiría en su diario: "Pobre Maximiliano".

La fragata "La Themis" enfiló el puerto de Veracruz y disparó sus cañones anunciando la llegada del Emperador de México. El ruido de las salvas llegó por el mar a la ciudad resonando en las deslucidas calles. No había la menor señal de actividad en la costa ni en el puerto, cuando el "Novara" fondeó con los emperadores a bordo, no se produjo la menor reacción en ninguna parte. Desde el puente del barco Maximiliano veía un cementerio militar francés en una pequeña isla y los esqueléticos restos del naufragio de un barco francés embarrancado en un arrecife de coral.

Eran las dos de la tarde del 28 de mayo de 1864. No llegaba nadie a darles la bienvenida. Dos horas después apareció el Contralmirante Auguste Bossé, de la Armada francesa, subió al "Novara" diciéndoles: Ustedes ilustres señores, han llegado demasiado pronto, por eso no lucen colgaduras ni adornos en ningún sitio, el comité encargado de recibirles se encuentra en Orizaba, ya que el General Bazaine no estaba todavía preparado, y sin un numeroso destacamento de tropas francesas que los escoltase hasta Veracruz y seguir a Ciudad de México, en el camino podrían correr el peligro de ser capturados por las guerrillas liberales.

El Contralmirante Bossé abandonó el "Novara" y los viajeros quedaron de nuevo solos en frente del solitario puerto, hasta que al fin, Juan Nepomuceno Almonte, de la Asamblea de Nobles, acudió en una falúa con el comité de dar la bienvenida.

Almonte aconsejó, que debían de apresurarse a salir de Veracruz, ya que la fiebre asolaba la ciudad, las campanas doblaban a muerto durante todo el día por los que habían sido víctimas del vómito negro.

Lo conveniente sería ponerse en marcha el próximo día de madrugada, así se hizo, a las cuatro y media se oyó misa; a continuación los viajeros embarcaron en la falúa que había de trasladarlos a tierra firma.

La Emperatriz Carlota contempló el "Fuerte de San Juan de Ulúa". En el estribo del desembarcadero, Almonte les aguardaba al frente de una insignificante representación del municipio, portando las llaves de la ciudad en una bandeja de plata. Una banda militar francesa rompió a tocar y se lanzaron unos cohetes.

En carruajes se trasladaron a la estación de ferrocarril que los franceses habían levantado para que las tropas y los suministros pudiesen abandonar con rapidez la zona costera afectada por las fiebres.

La Emperatriz ocupó un coche abierto; la acompañaba la esposa del Comandante militar francés del distrito de Veracruz. Ninguna señora mexicana había acudido a darle la bienvenida. Las calles por donde cruzaron estaban completamente vacías. Soplaba un cálido viento que derribó los modestos adornos de arcos triunfales levantados durante la noche. Maximiliano contemplaba su alrededor con mirada de preocupación y Carlota tenía lágrimas en los ojos. Llegaron a una descuidada plazoleta, la imperial pareja subió al tren cuyos asientos era de cuerda de sisal trenzada, fuerte a las inclemencias del tiempo y a la abrasión. Se corrieron las persianas para defenderse de los rayos del sol mañanero. Dejaron en silencio Veracruz. En pocos minutos quedaba la ciudad atrás, mientras el tren atravesaba paisajes de lomas baldías, pasaron junto a pantanos y terrenos de matorrales abigarrados, no vieron más huella humana que algunas chozas entre polvorientos cactus. Llegaron al apeadero de La Soledad, donde hicieron parada para almorzar en un tenderete de madera. Una banda militar francesa tocaba en honor de los ilustres viajeros. Se reanudó el viaje hasta el Paso del Macho, lugar cuyas calles parecían campos arados y donde terminaba la línea ferroviaria. Allí se habían dispuesto carruajes arrastrados por caballos. La pareja Imperial subió a un coche inglés, las damas a otro coche, y el resto del séquito ocupó varias diligencias. Les acompañaba una fuerte escolta francesa de caballería, valorada como una de las mejores unidades destacadas en México, y del Destacamento de Cazadores mandados por el joven y apuesto Coronel Miguel López.

La Emperatriz Carlota, viajaba con la creencia de que posiblemente Benito Juárez les atacase con alguna de sus numerosas guerrillas. Pero Juárez se hallaba en aquellos momentos con un grupo de voluntarios, a 800 kilómetros de distancia, en marcha hacia el Norte en su viejo vehículo negro huyendo de los franceses. La caída de San Luis Potosí era inminente, por lo que Juárez decidió salir el 21 de diciembre rumbo a Monterrey. Dejó Monterrey, donde el Gobernador provincial le insultaba diciéndole que estaba acabado, y que abandonase ese lugar. Juárez se dirigió a Saltillo y de allí a Los Cuatillos, en el Estado de Durango, con su deslucido pelotón de soldados, uno de ellos llevaba al hombro los archivos de la República, allí Juárez dio el grito de independencia la noche del 15 de septiembre de 1864. "¡El pueblo que quiere ser libre lo será!". Miguel Hidalgo enseñó que el poder de los reyes es demasiado débil cuando gobiernan contra la voluntad de los pueblos"

En Durango le compró un vestido a su mujer Margarita Maza y la envió con sus hijos a Los Estados Unidos, concretamente, a Nueva York, donde recibió el apoyo de Matías Romero y el Secretario de la Embajada de México en aquel país.

Matías Romero, los instaló a Margarita y su familia, en una casa de los suburbios. Margarita llevaba dos de sus hijos niños, José María de 6 años de edad, y Antonio, bebé recién nacido.

Juárez llegó a la Comarca Lagunera del Estado de Durango, atravesando las calles, se dio cuenta, de que nadie lanzó un ¡viva! por él. El pequeño séquito encontró una cueva la "Cueva del Tabaco" y en ella enterró los archivos de la República. De Durango, marchó a Chihuahua, con cada vez menos apoyo. Juárez vivía en un socavón remendado de tablas y lonas. Por orden suya, la pequeña guardia que custodiaba la puerta de la pobre vivienda fue dispensada de prestar servicio; uno de los soldados le sugirió que el Presidente de la República necesitaba protección, Juárez le contestó: "Qué daño puede hacerme "El Extranjero"- aludiendo a Maximiliano — "¡Si vamos a triunfar! Ya lo verán ustedes".

Manuel Doblado, acompañó hasta el último momento a Juárez en su retirada hacia el Norte. Se trasladó en 1864, a Nueva York en busca de apoyo político, y seis meses después, Manuel Doblado falleció en esta ciudad.

El viaje de los emperadores hasta su destino de Ciudad de México era largo, en remotas estaciones de postas, guardadas por soldados franceses, se hacía un alto y se cambiaba la caballería para seguir el viaje. Repentinamente empezó a llover, los carruajes tropezaban con las rocas; uno de ellos volcó y los seis caballeros que lo ocupaban tuvieron que salir por las ventanillas.

La caravana de los emperadores se proponía llegar a Córdoba, pero temía no poder cumplir porque se hizo de noche. Los soldados encendieron antorchas que fijaban en lo alto de los coches, pero la lluvia las apagaba, casi tuvieron que seguir el viaje a tientas.

A su llegada, Maximiliano y Carlota se vieron rodeados por hombres morenos vestidos con blanca ropa de algodón del peonaje mexicano, les sonreían se les veía muy serviciales. Los emperadores entraron en Córdoba a las dos de la madrugada. Al día siguiente, salieron a pasear entre hermosas acacias y adelfas, cruzaban bajo árboles tropicales cuajados de flores de color malva y de ricos frutos; vieron bandadas de papagayos posados en frondas. Pasaron frente a viejas iglesias, casas agrietadas de adobe pintadas de rosa, azul, amarillo, verde, entre estas humildes casas se veía de pronto una mansión de un pasado, de hermoso estilo español, con errajes dorados, ventanas con rejas hasta el suelo, donde se rondaba con música a las bellas muchachas, amplios balcones y portones de madera. Entre sones de guitarras y puestos de mercado se alzaban pregones de vendedores de papas, pasteles de miel, quesos, patos, y billetes de lotería. México impresionaba a los soberanos. De Córdoba marcharon a Orizaba, donde llovía cuando llegaron. Pese al mal tiempo, la ilustre pareja y su séquito se bajaron de los coches para que los viese la multitud congregada en la plaza principal de la ciudad.

Aquella noche, en el baile que se celebró en honor de los nuevos soberanos, Maximiliano preguntó por un peón lesionado al caerse en la mañana al intentar acercársele; esa misma mañana le envió una nota con palabras de saludo con frases de tan expresiva solidaridad que la gente se sintió admirada.

Durante el baile, Carlota danzó de pareja con personas a quienes jamás se les hubiera permitido en Viena o en París estar en presencia de los reyes. Estudiantes vestidos de blanco ofrecieron a Carlota la comida mexicana, Maximiliano no vestía de uniforme ni de etiqueta; llevaba un traje a la europea, sencillo, sin mostrarse ante el pueblo como un temido Caudillo o un Generalísimo.

La pareja imperial continuó el viaje, cada vez con más fluidez aparecían arcos de triunfo, hombres vestidos de charros con adornos de plata en los pantalones y en sus anchos sombreros. Llegaron a Puebla de Zaragoza; a su paso, contemplaron el "Fuerte de Loreto" y el Convento o "Fuerte de Guadalupe" que la guerra había dejado en ruinas.

Al Oeste contemplaron una cadena de montañas de la que emergían las cimas de los volcanes del Popocatépetl, Guerrero Dormido, y del Iztaccihuatl, en el Paso Cortés, al Este veían como se elevaba la Sierra Madre, con el pico de Orizaba y el monte de la Estrella, y entre ambos las alturas de Malinche. La ciudad de Puebla estaba en ruinas, la creación del Imperio había destruido la ciudad. Les recibieron con sones de tambores y trompetas acompañados de estallidos de cohetes. La tarde de la fiesta, Carlota cumplía 24 años de edad, donó 7.000 pesos para los desamparados.

A la salida de Puebla, pasaron por Cholula, continuaron el viaje por las altas tierras en cuya meseta se asienta la Ciudad de México. El 7 de junio de 1864, Maximiliano y Carlota llegaron a la Hacienda de Santa Anna de Aragón, una de las haciendas más productivas y grandes de la época novohispana del siglo XVI, en realidad el nombre de Aragón fue añadido por Blas López de Aragón, que arrendó la hacienda por nueve años. Fue propiedad de la República Indiana de Santiago Tlatelolco, al Norte de Ciudad de México. Se dirigieron a la Basílica de la Virgen de Guadalupe, donde el Arzobispo de México los aguardaba en compañía del General Bazaine. Los emperadores entraron en la Basílica bajo palio de seda y se acomodaron en un asiento de ceremonia bajo un dosel, especialmente para actos solemnes que se había dispuesto para ellos. Después de la ceremonia religiosa, salieron a la explanada, donde un miembro de la autoridad civil leyó una salutación en la que expresaba el gozo de México al recibir a sus amados soberanos.

Al día siguiente por la mañana entraron en la Ciudad de México, iban en un fastuoso carruaje, pasaron bajo arcos decorados con banderas y guirnaldas de flores, carteles de bienvenida, el

General Bazaine cabalgaba junto al estribo derecho del carruaje seguido de miembros del Gobierno de la ciudad.

Llegaron a la Plaza de la Constitución,- se le denominó así en honor a la Constitución de Cádiz promulgada en el año 1812, - es la plaza principal de la Ciudad de México. (Aunque todas las personas la llaman informalmente El Zócalo).

Maximiliano I Emperador de México

En la Catedral Metropolitana el 10 de abril de 1864 fueron coronados emperadores, se cantó un

Te Deum litúrgico para dar gracias a Dios. A la salida de la Catedral, los soberanos fueron a pie sobre alfombras y bajo palio hasta el Palacio Nacional, allí en el estrado levantado en un salón, los soberanos recibieron a la muchedumbre congregada frente al Palacio.

Carlota Emperatriz de México

Aquel mismo día, a la vista del gran recibimiento por parte del pueblo mexicano, el General Bazaine, la persona más cercana e influyente de los emperadores, escribió a París diciendo lo que mejor podían leer los franceses: "Con Maximiliano en Ciudad de México, será posible hacer regresar a Francia seis batallones de Infantería, una Compañía de ingenieros, una Batería de Artillería y alguna tropa de protección.

Al mismo tiempo, Maximiliano recibió una carta de Benito Juárez:

> "Le reprocho ser el criado del imperialista Napoleón III que ansioso de extender su Imperio coloca a un intruso extranjero que ha renegado de su patria austriaca y de su familia para servir en un país que ni siquiera habla su idioma, arrebatando la propiedad ajena, y entre los individuos, como entre las naciones el respeto al derecho ajeno es la paz, y también, atentando contra la vida de quienes defienden su libertad; pero hay una cosa que está fuera del alcance de la perversidad, y es el tremendo veredicto de la Historia que nos juzgará".
> Benito Juárez.

Mientras, en Francia, el prisionero juarista General Ignacio Mejía Fernández de Arteaga, aprovechando todo el revuelo que se había formado con la toma de la Corona Mexicana, y el viaje de los nuevos emperadores; en julio de 1864, se fugó de la prisión francesa, regresando a México.

Al mismo tiempo que en México ocurrían estos sucesos; en Francia Napoleón III, se enteraba de la fuga del prisionero huido a México.

(Louis Napoleón).- A pesar de todo, admiro al General Ignacio Mejía Fernández de Arteaga, nuestro prisionero bien protegido, ha tenido el valor de escapársenos, no sé exactamente cómo lo ha conseguido, pero me recuerda cuando de joven me fugué de la prisión de Ham, en Picardía. En realidad, lucha por su independencia.

(Eugenia).- Los mexicanos llevan combatiendo muchos años por su independencia. Siento un gran interés por México, aunque, nunca he llegado a saber bien cómo se proclamó independiente de España.

Capítulo IV

Independencia De México

(Luis Napoleón).- Tú ya sabes que no conozco México, debido a mi gran interés por la Historia, me he procurado diversos libros de civilizaciones y descubrimientos, acompañados de ilustraciones y de mapas; permíteme que alcance algunos de ellos. En España, el Rey Carlos IV Borbón, dejó la Corona a su hijo Fernando VII. Don Carlos, se arrepintió posteriormente y pidió el apoyo para recuperar el trono a mi tío Napoleón I Bonaparte. Fernando VII hizo lo mismo. Napoleón I entregó la Corona a Carlos IV, y éste firmó un Tratado con Napoleón I Bonaparte, que muy astuto, le otorgaba una cuantiosa indemnización, por medio de la cual España y las Indias, o sea, América, pasaban a depender de Francia, nombrando a mi tío José I Rey de España.

Un fraile mexicano, Melchor de Talamantes, con

argumentación jurídica, dijo que desde el punto mismo que el Reino de España se había cedido a una potencia extranjera, se habían roto los vínculos con la Metrópoli, o sea España, y en semejante estado de cosas, la Representación Nacional Mexicana correspondía al pueblo, y que a éste le tocaba constituirse como mejor le pareciera.

En vista de estas circunstancias, se empezó a fraguar la independencia.

En septiembre de 1810, el cura Miguel Hidalgo y Costilla, párroco del pequeño pueblo de Nuestra Señora de los Dolores, en el municipio de Guanajuato, se subió al púlpito de su iglesia y gritó: "Dolores, viva México, Viva Nuestra Señora de Guadalupe, mueran los gachupines" así al grito de "Dolores" trescientos hombres le siguieron portando el estandarte de la Virgen de Guadalupe, se dirigieron a San Miguel el Grande, los españoles asustados, se refugiaron en la Casa Consistorial, salieron cuando se les prometió que no se les haría daño, pero en realidad, los seguidores de Hidalgo se lanzaron al saqueo y la matanza, después marcharon a Celaya, eran ya una fuerza de 4.000 hombres, Celaya se rindió sin lucha. Prosiguieron su marcha, su número ascendía ya a 20.000 que avanzaban hacia la ciudad de Guanajuato, allí, los españoles se hicieron fuertes en el depósito de granos de la Alhóndiga de Granaditas, que cayó en manos de los sublevados, después de morir hasta el último de los defensores.

A las órdenes del cura Hidalgo 80.000 indios y mestizos se dirigieron por Toluca a Ciudad de México. El Virrey Francisco Javier Venegas y Saavedra, envió tropas al encuentro de los mexicanos insurgentes, las dos fuerzas se encontraron en el Monte de las Cruces, cercano a Tolucaen el municipio de Ocoyoacac. El cura Hidalgo, que no era soldado, cometió el error de dividir las fuerzas, con lo cual las debilitó. Los españoles capturaron a Hidalgo el 21 de marzo de 1811, condenándole a muerte ante el Tribunal de Chihuahua, y tras haber sido degradado por el obispo don Francisco Javier de Olivares, autoridad eclesiástica de Durango.

La cabeza del caudillo fue clavada en una pica y expuesta en la Alhóndiga de Granaditas de Guanajuato.

Su sucesor fue otro cura, el padre José María Morelos y Pavón organizó una lucha de guerrillas contra las cansadas tropas españolas y convocó un congreso que proclamó la independencia. Los españoles reaccionaron y enviaron para capturar a Morelos tropas veteranas de la guerra de Independencia española contra los franceses, al fin, fue hecho prisionero en Cuautla por el realista Matías Carranco, después de enfrentarse frente a frente a uno de los mejores militares españoles, magnífico estratega el General Félix María Calleja, el padre Morelos, tuvo enemigo digno de su altura.

Fue llevado a Tepecoacuilco, un pueblito querido por Morelos al vivir allí algunos familiares suyos. Se le juzgó en la capital, el clero le degradó con repulsivos improperios; tales como hereje, traidor a Dios al Rey y al Papa, fue condenado a morir fusilado el Generalísimo insurgente José María Morelos y Pavón, en San Cristóbal Ecatepec el 22 de diciembre de 1815.

Hubo un insurgente español, Xavier Mina, guerrillero navarro, combatió en España contra las huestes de Napoleón Bonaparte y al déspota de Fernando VII.

Xavier Mina, al finalizar la guerra de la Independencia, fue repudiado por Fernando VII, en su exilio en Londres, conoció al mexicano Fray Servando Teresa de Mier, que le animó a reavivar la independencia mexicana.

A mediados de 1817, Mina llegó a México (Nueva España) por el puerto de Soto la Marina, su campaña fue breve pero meteórica, Tamaulipas, San Luis Potosí, Zacatecas, vieron combatir al joven navarro unido a los insurgentes hermanos de ideales Pedro Moreno y Encarnación Díaz entre otros.

Los realistas temblaban al escuchar el nombre de Xavier Mina.

Después de varias escaramuzas, fueron a

descansar al rancho "El Venadito". El Virrey Juan José Ruiz de Apodaca había enviado un Ejército a combatir a los insurgentes. Les pillaron desprevenidos, era la hora del descanso, o sea una siesta. Mataron al gran guerrillero Pedro Moreno intentando defenderse, Xavier Mina fue aprehendido, conducido al Cerro del Bellaco frente al "Fuerte de los Remedios", cerca de Pénjamo, fue juzgado y condenado a muerte. Le ejecutaron de espalda como a un traidor, por soldados del Batallón de Zaragoza, el día 11 de noviembre de 1817.

Por este hecho, se le concedió a Apodaca el título de Conde de Venadito. Su destitución de Virrey, fue lograda por los diputados representativos de Nueva España, o sea México, en las Cortes de Cádiz. Fue nombrado en su lugar don Juan O´Donoju, en calidad de Jefe político y Capitán General de Nueva España.

Mientras, en España, la situación estuvo marcada por múltiples cambios en las instituciones, tanto políticas como sociales y religiosas, existiendo dos corrientes políticas: los liberales y los conservadores.

Con el triunfo de la revolución liberal en Las Cabezas de San Juan, en el municipio de Sevilla, encabezada por el General masón Rafael del Riego, el 1 de enero de 1820 ascendieron al Gobierno los liberales, y obligaron a Fernando VII a firmar la Constitución de 1812, comenzando así el Trienio liberal.

El levantamiento favoreció enormemente el avance de los movimientos independentistas en México y en gran parte de Sudamérica.

El Gobierno Liberal otorgó al militar español Juan O'Donojú el puesto de Capitán General que sustituía los antiguos virreinatos, por provincias gobernadas por los llamados Jefes Políticos Superiores. El Gobierno sustituyó al Virrey de Nueva España, hoy México, Juan Ruiz de Apodaca, y colocó como Jefe interino de la nueva provincia al General Francisco Novella, a la espera de que llegase a México Juan O'Donojú, nombrado Primer Jefe Político Superior y Capitán General de Nueva España. Llegó al puerto de Veracruz el 3 de agosto de 1821, se enteró de la sublevación liderada por Agustín de Iturbide Aramburu, militar realista Comandante en Jefe del Sur que luchaba contra Vicente Guerrero, político y militar jefe de la insurgencia de la Resistencia de la independencia, que se escondía en Veracruz para no ser capturado.

Pero Agustín de Iturbide, que había combatido eficazmente contra el padre Morelos y parecía leal a la Corona de España, era ambicioso, comprendió que las pérdidas de los realistas eran muy grandes contra los insurgentes. Decidió escribir una carta al jefe Vicente Guerrero, en la que le propuso reunirse cerca de Chilpancingo, para sellar un pacto de paz. El 10 de febrero de 1821, se efectuó una reunión en Acatempan en donde Guerrero e Iturbide, respaldados por las tropas, se reunieron, conversaron y se abrazaron para sellar la paz. A partir de entonces, las fuerzas militares de Guerrero se pusieron a las órdenes de Iturbide, a esta unión de tropas se le llamó el "Plan de las Tres Garantías" llamado así debido a las tres garantías que defendía: Religión católica, Independencia de México hacia España y Unión entre los bandos de guerra. Al ejército de Iturbide se le llamó "El Ejército Trigarante".

Juan O'Donojú, hizo llevar a Iturbide una carta a través del Capitán Pedro Pablo Vélez, diciéndole que deseaba reunirse con él en la ciudad de Córdoba, y adherirse al movimiento libertador. Ambos políticos se reunieron el 24 de agosto de 1821, firmaron ese mismo día el Tratado de Córdoba en el que se otorgaba la independencia del Imperio mexicano de la Monarquía española.

Agustín de Iturbide firmó el Tratado como Jefe del Ejército Trigarante, y Juan O'Donojú como Jefe Supremo de la Provincia de Nueva España, hoy México. El problema fue, que O'Donojú no tenía autorización por parte del Estado español para firmarlo, y el Gobierno español siguió durante años negando la independencia mexicana y condenando a O'Donojú como traidor a la Patria.

Nada más conocerse la firma del Tratado de Independencia, las fuerzas del Ejército español leales a la Monarquía se atrincheraron en diversos fuertes y ciudades, el General Francisco Novella al mando de 8.000 hombres en Ciudad de México, O'Donojú ordenó a Novella retirarse junto a sus hombres de Ciudad de México y asentarse en Veracruz, Novella, finalmente reconoció a O'Donojú como Jefe Político Superior y Capitán General de Nueva España. Al día siguiente se instauró una Junta Provincial Gubernativa compuesta por 34 personas, se decretó el Acta definitiva de la Independencia del Imperio Mexicano y nombró una Regencia liderada por Agustín de Iturbide como Presidente y Juan O'Donojú Primer Regente, quedando así conformada la Independencia de México.

Juan O'Donojú, falleció repentinamente pocos días después de la firma, en la Ciudad de México el 8 de octubre de 1821, a los 59 años de edad, corrió el rumor de que había sido envenenado.

Bajo el acuerdo del Plan de Iguala, firmado en la ciudad de Iguala, el Ejército comandado por Iturbide y donde se unieron los generales Nicolás Bravo, Vicente Guerreo, Antonio López de Santa Anna, Miguel Barragán, Melchor Múzquiz, Guadalupe Victoria y el resto de los insurgentes con el Ejército Trigarante entraron en la Ciudad de México con 16.000 hombres, de los cuales 7.416 eran de infantería, 8.000 de caballería y 770 de artillería, para derrotar a lo último que quedaba del Ejército realista. Fue recibido con gran entusiasmo por la población que vio al fin México independiente.

Desde que estalló en México el movimiento independentista en 1810, hasta su independencia definitiva en 1821, surgió la pugna; ¿Monarquía, República o Imperio? Al final, hubo una serie de tratados donde se implantaba una Monarquía Constitucional que defendía la religión católica, así se proclamó el nacimiento del primer Imperio Mexicano.

Sucedió que el 18 de mayo de 1822, los sargentos Pío Marcha y Epitacio Sánchez, con los soldados del Regimiento Celaya se lanzaron a la calle provocando un motín y, proclamaron a Iturbide Emperador de México dándole el poder pese al Congreso Constituyente de 1822, el cual aprobó la proclamación.

El 21 de julio de 1822, en la Catedral Metropolitana, Agustín de Iturbide fue proclamado Emperador de México con el nombre de Agustín I.

El panorama social, político y económico no era nada alentador. Esta situación llevó al Imperio de Agustín I, a autorizar en 1822, por primera vez en México, la emisión de papel moneda, produciendo más de 4.000.000 de pesos con lo que pagaba al Ejército, pero el experimento resultó un fracaso, debido a que la población estaba acostumbrada al uso cotidiano de monedas, sobre todo de plata y, además desconfiaba del propio Gobierno.

Ese mismo año, don Francisco de Borja Migoni, comerciante mexicano residente en Londres, escribió a Agustín I, ofreciéndole su intervención para negociar un empréstito con la Banca de Londres, pensaba que al llevar varios años viviendo en Inglaterra le permitirían concretarlo en las mejores condiciones. El Gobierno de México autorizó al señor Migoni contratar un préstamo con la Banca de Londres de 16.000 bonos de a 100 y 150 libras esterlinas, por valor total de 3.200 000 libras, que a 5 pesos eran 16.000.000 pesos, perdió México al negociar este préstamo 8.000 000 de pesos.

Agustín I, como podía, intentaba solidarizarse con el pueblo, pero, en octubre reprimió a los republicanos opositores que dificultaban su gobierno, siendo el Congreso Constituyente uno de ellos, por tal motivo, ordenó su disolución, estableciendo en su lugar una Junta Nacional Instituyente, y cesó al General Antonio López de Santa Anna, Gobernador de Veracruz, que buscaba la restitución del Congreso, y proclamó el primero de febrero de 1823, en Tamaulipas, el Plan de Casa Mata. En diciembre se produjo la insurrección de José Miguel Adaucto Fernández, más conocido como Guadalupe Victoria, Nicolás Bravo, y López de Santa Anna, del partido Independiente, logrando el apoyo de la mayoría del Ejército de Iturbide que le traicionaron, como eran: Luis Cortázar, José Antonio Echevarría, Celestino Negrete y José María Lobato entre otros. Este tal General Echevarría, que no había podido reducir a Santa Anna, entró en negociaciones con él debido a que ambos pertenecían a la misma logia masónica, se entendieron y firmaron el Plan de Casa Mata, que desconocía al Gobierno de Iturbide e instalar una República, lo que forzó a Iturbide a abdicar el 19 de marzo de 1823, fue abolido el Imperio y en mayo salió del país rumbo a Europa, concretamente a Italia.

(Eugenia).- ¿Por qué se llama Casa Mata?

(Louis Napoleón).- El nombre de Casa Mata se debe a que existía un depósito de pólvora a la salida del puerto de Veracruz, de donde López de Santa Anna era Gobernador, en el cual se realizaron varias reuniones conspiratorias. El Plan, era un documento que retornó los principios de la soberanía nacional y popular, logrando reinstalar el Congreso y poner fin al efímero Imperio de Agustín de Iturbide.

El 8 de abril, el Congreso declaró nulo el Plan de Iguala y el Tratado de Córdoba, disolviéndose el Imperio.

Siete días después, el 14 de abril de 1823, fueron adoptados los colores de la bandera nacional que había creado Iturbide, representaban las Tres Garantías: blanco la fe a la religión católica; verde la independencia de España por parte de la nación mexicana; rojo la unión entre los pueblos europeos y mexicanos.

Con el exilio de Agustín de Iturbide el Imperio terminó. El Congreso restaurado votó a favor del sistema de República Federada el 12 de julio de 1823.

Se creó el Supremo Poder Ejecutivo, un triunvirato encargado de convocar la creación de la República Federal. El 31 de enero de 1824, fue aprobada la primera Acta Constitucional de la Nación Mexicana en República representativa, popular y federal.

Agustín de Iturbide, tras una corta estancia en Italia, se instaló en Londres y el 13 de febrero de 1824 envió una exposición al Congreso mexicano anunciando su regreso al país. Su objetivo era ofrecer sus servicios a las autoridades mexicanas ante el peligro de una invasión por parte de la Santa Alianza, la cual pretendía reconquistar México y mantener el statu quo del absolutismo monárquico y religioso e impedir movimientos liberales.

Iturbide, cuando llegó a Soto la Marina del Estado de Tamaulipas, fue hecho prisionero por el General Felipe de Garza, el Congreso lo juzgó y sentenció a muerte, como traidor a la patria, y fusilado por los federales en Padilla el 19 de julio de 1824, tenía sólo 40 años de edad.

Iturbide, tenía razón al insinuar una invasión por parte de la Santa Alianza, y con el beneplácito del gabinete británico de Lord Wellington, el Gobierno español emprendió una expedición la cual pretendía reconquistar México para el Rey Fernando VII Borbón.

El Brigadier Isidro Barradas, solicitó el mando del contingente, formado por la División de Vanguardia, compuesto por tres batallones del Regimiento de Infantería de La Corona con refuerzos de los cuerpos Primero de Cataluña, España, Barcelona y Galicia. La división estaba formada por 3.376 soldados.

El 27 de julio de 1829, se produjo el desembarco de las tropas en Cabo Rojo, en las proximidades de Tampico, Tamaulipas.

A la compañía de cazadores del Primer Batallón, y a 30 granaderos del Tercer Batallón les correspondió ser los primeros en saltar a tierra, a éstos le siguieron el resto de granaderos y cazadores, enseguida tomaron posición frente a la campaña.

Dos días después, la división emprendió la marcha por caminos arenosos, con excesivo calor, y muy cargados con fusiles, paquetes de cartuchos y comida para ocho días. Al día siguiente, las tropas fueron emboscadas en Los Corchos, por tropas mexicanas, en la escaramuza los españoles tuvieron 23 hombres muertos y cerca de 80 heridos, consiguiendo reanudar la marcha hacia Tampico.

La República Mexicana encargó la defensa a los generales Antonio López de Santa Anna y al General Pablo González Garza, con 1.500 hombres.

Desde el día 23 de agosto, la enfermedad de la fiebre amarilla pasó a grado de epidemia. Cuatro días después, ante la enfermedad y muerte que sufría la expedición, el General Barradas decidió formar una Junta con todos los jefes de la División diciendo que la tropa se hallaba atacada de enfermedad, con más de 700 hombres enfermos, y para más desgracia, no sólo estaban enfermos la tropa de Tampico, sino que eran muchos los soldados enfermos que llegaba en barcazas procedentes del fortín de "La Barra", del río Pánuco.

La balandra española, tan necesaria para comunicarse con el fortín de "La Barra", fue capturada por el General López de Santa Anna. Barradas consideró que la situación era insostenible y ordenó convocar una Junta para decidir qué destino tomar. No quedaban pólvora ni balas de cañón, no había medicinas, ni médicos, pues todos estaban enfermos, más de 1.000 moribundos.

El día 7 de septiembre, se acordó pasarle una nota al General Antonio López de Santa Anna solicitando el proceso de capitulación. Al día siguiente, el General López de Santa Anna, seguro de sus fuerzas superiores, dijo que se entregasen a discreción.

El día 11 de septiembre de 1829, el General Isidro Barradas firmó finalmente la capitulación del Ejército expedicionario a México.

El final de la expedición fue de 88 muertos en

acción de guerra y la escalofriante cifra de 1.871 por enfermedad.

Durante años Isidro Barradas viajó por Francia, esperando a que fuera llamado algún día a presencia de su Rey, para poder defenderse de los feroces ataques por el desastre de reconquistar México.

Nunca regresó a España, el día 14 de agosto de 1835, falleció en Marsella a la edad de 52 años de edad.

Ante ese fracaso, España no volvió a intentar reconquistar México. Con el final de la independencia floreció también un sentimiento contrario hacia los españoles más de 15.000 que residían en México fueron expulsados sin poder hacer extracción de capitales, a pesar de todo, los más afortunados pudieron marcharse del país con todos sus caudales gracias a unos tratados previos.

El Estado de Jalisco fue el primero en ir contra los españoles con un decreto ley, por el que los españoles deberían abandonar el país en un plazo de veinte días. En dos años más de siete mil españolas fueron obligadas a la fuerza a marcharse, la mayoría de estos españoles eran ciudadanos de a pie que llegaron a México en la más extrema pobreza. Muchos fallecieron al ser presas del vómito negro al contagiarse en Veracruz o Tampico, destinos donde se les juntaba para deportarles.

No obstante, ya para 1834 España empezó a

asumir la pérdida de su colonia más apreciada, y los mexicanos arruinados, pensaron que cualquier relación comercial con España sería bien recibida, ambas partes acordaron perdonar los agravios y acabar con aquel malestar diplomático.

En vista de ello, el 28 de diciembre de 1836, se firmó el << Tratado definitivo de paz y amistad sincera >> Con estas palabras comenzaba el pacto entre la República Mexicana y Su Majestad la Reina Doña Isabel II de España.

Pacto en el que la Monarquía Española reconocía la Independencia de México como nación libre y renunciaba a sus pretensiones sobre la región mexicana. Finalizando la hostilidad que reinaba entre España y México, desde entonces ambos países se propusieron olvidar todos los agravios pasados, y una amnistía general para todos los mexicanos y españoles.

(Eugenia).- España casi 43 años después, intentó cobrar la deuda por medio de una indemnización por asesinar a unos españoles y la expulsión de su embajador. Ahora parece que están a bien al retirarse Juan Prim de la alianza tripartita.

(Louis Napoleón).- Por eso ahora es nuestra la ocasión de invadir México con una Monarquía. El Segundo Imperio Mexicano requiere, entre otras medidas, de la adopción de una Monarquía hereditaria encabezada por un príncipe católico Maximiliano de

Habsburgo, aunque, hay que tenerlo vigilado, ahora no hay nadie que tenga autoridad sobre él, ya que se pasa de liberal, y no tiene que olvidar, que si está allí es gracias a los ricos conservadores que componen la sociedad y se pueden sentir contrariados.

Ha llegado a mis oídos, que Maximiliano viste con una sencilla chaqueta de cuero; dice que las cosas hay que resolverlas de otra manera que en la decrépita Europa, en México él puede ser un Monarca del pueblo. Él sin duda, no puede ser liberal, porque fueron conservadores quienes le ayudaron a ocupar el trono.

(Eugenia).- Es precisamente la antigüedad de su linaje real lo que les ha llevado a Carlota y Maximiliano al lugar en que se encuentran. Si solamente para ser emperadores se necesita ser liberales del pueblo, ¿para qué sino hemos enviado a un Archiduque austriaco y a una Princesa belga? Ellos deben presidir una Corte y ser una realeza.

(Louis Napoleón).- En el Cuerpo Legislativo francés está causando preocupación; desean impacientemente que Maximiliano como Emperador asuma toda la responsabilidad, así Francia quedaría libre de una empresa que está desequilibrando sus presupuestos.

(Eugenia).- En mis conversaciones con Pepe Hidalgo, me comunica, que Gutiérrez de Estrada y él han decidido no regresar a México. Estrada alega que había terminado felizmente su misión de instalar una Monarquía con un príncipe europeo en México, y que se retiraba de la vida pública viviendo tranquilamente en Roma. Sin embargo, Miguel Miramón, de la extrema derecha conservadora, a instancias del Arzobispo Antonio de Labastida, ha decidido volver a México, sin que nadie lo hubiese llamado, y ponerse a las órdenes del Imperio.

Hidalgo, según él, dice que Maximiliano se niega a dar ningún paso definitivo mientras no tenga nombrado el personal de su Corte y de su cuerpo diplomático. Hidalgo será Embajador de México en Francia, y que Maximiliano ha recibido muestras de respeto desde el primer día, y añade, que la Emperatriz Carlota dice "Creo que están empezando a amarnos".

(Louis Napoleón).- Por carta, Maximiliano me comunica la visita del Arzobispo de México. Ahora a Maximiliano le toca lidiar con el Arzobispo Antonio Pelagio Labastida, de regreso de amargos años de exilio, antes de la llegada de Maximiliano, comenzó a pedir que los franceses restituyeran los bienes de la Iglesia, a lo que los franceses se negaron diciendo que era muy complicado hacer devolver a los terratenientes y empresarios esos bienes que les había arrendado en su día Benito Juárez en la época de la Reforma.

El Arzobispo ante la negativa, amenazó con cerrar

las puertas de la Catedral hasta que se consintiera su solicitud. El General Bazaine le respondió que si fuese necesario las puertas de la Catedral serían abiertas a cañonazos por la artillería francesa. El Arzobispo, se asustó y dejó abiertas las puertas de la Catedral. Él pensaba que con la llegada del Imperio todo sería diferente.

Continúo; me he enterado por mediación de mis espías que, Maximiliano, proclamado ya Emperador, el Arzobispo Labastida, le ha visitado pidiéndole que promulgase las órdenes de reintegración de los derechos y las vastas extensiones desamortizadas propiedades de la Iglesia. Dice que era Jesucristo el Hijo de Dios, quien les había dado los poderes y ningún hombre podía arrebatárselos. Maximiliano, educadamente le despidió diciéndole que primero tenía que estudiar detenidamente el problema. Que no había llegado a México como conquistador con una espada en la mano, sino como moderador, su naturaleza era opuesta a la lucha, podía situarse por encima de rencillas, luchas y disputas, repudiaba, detestaba la sangre y la violencia. Estaba decidido a no firmar decretos por el momento; y también pensaba, que sería un error devolver a la Iglesia sus bienes confiscados, la devolución acarrearía ruinosos trastornos y suscitaría contra él animadversión de los liberales, lo cual había que evitar. Se limitaba a lanzar un par de edictos de gracia: El primero levantaría el bloqueo francés de las costas, que hasta entonces se mantenía para evitar posibles agresiones o desembarcos de los liberales que causaba perjuicios económicos al pueblo. En el segundo edicto se ordenaba la liberación de los oficiales presos desde la toma de Puebla de Zaragoza.

Aparte de estas dos órdenes, Maximiliano no realizaba otra tarea oficial, de momento revisaba las instancias en que se solicitaban cargos para desempeñar en la Corte.

Maximiliano, receloso del prestigio de Miguel Miramón en México, pensando que le hacía sombra, para quitárselo de en medio, le envió a Europa a estudiar las tácticas de artillería en la Academia Militar de Berlín, del Reino de Prusia-Estado del mar Báltico entre Pomerania, Polonia y Lituania.

Una semana después de su llegada, Maximiliano y Carlota fueron a visitar el Castillo de Chapultepec, a unos cinco kilómetros de la plaza de La Constitución, o Zócalo. Quedaron maravillados de su ubicación que es ventajosa al tener fortificaciones por medio de murallas salientes y parapetos que miran hacia México, en la parte septentrional hay grandes fosos y bóvedas subterráneas capaces de guardar gran acopio de previsiones. Por todo esto, eligieron el Castillo como su residencia, y este adoptaría el título de Palacio Imperial de Chapultepec, y también el Alcázar de Chapultepec. El nombre de Chapultepec proviene de la palabra náhuatl chapoltepêc que significa "en la colina del saltamontes".

Para valorar sus desperfectos, envió a su jardinero Wilhelm Knechtelquien le hizo un informe: "Está abandonado. No hay una ventana completa en todo el edificio, las cerraduras habían sido arrancadas, el piso que estuvo empedrado con ladrillos había sido excavado y estaba lleno de huecos, las paredes se caen ruinosas, se hallaban sucias y llenas de hoyos, porque habían clavado palos para fijar los uniformes de los estudiantes, las esculturas y las puertas habían sido vendidas."

"La reparación incluye: Techos, pisos ventanas, así como la producción de arcadas neoclásicas y balcones en la fachada sur, que contraste con la arquitectura barroca y neoclásica, característica del sitio, jardines, un pórtico central, un torreón para comunicar ambas plantas del edificio, logias (italiano) o logos (griego), es una galería exterior, techada y abierta por delante, formada por columnas de hierro que soportan arquitrabes (italiano architrave en la arquitectura clásica), es la parte inferior del entablamento que se apoya directamente sobre las columnas, sirve de dintel, para aguantar el peso de las columnas.

Así como la construcción de una terraza panorámica frente a sus habitaciones en la planta baja del Palacio.

Los murales—ahora desportillados-denominados "Las Becantes" (título de una tragedia de Eurípides), y "Las Báquides" (comedia de Tito Maccio Plauto) estarán a cargo del pintor mexicano de ascendencia catalana, Santiago Rebull Gordillo; un par de salones de billar, y de carruajes, una rampa de acceso al Castillo que ha de servir como conexión con el Paseo de la Emperatriz, construido a su vez a manera de calzada entre el Palacio de Chapultepec y Bucareli."

Napoleón III, desde Francia envió para decorar el Palacio de Chapultepec; pianos, vajillas de porcelana de la Royale Limóges, de porcelana de Sévres, de la ciudad de Vincennes; óleos y gobelinos (tapiz), de la Manufacture Royale des Gobelins de París fundada por Julius Gobelin, de entre ellos para acondicionar la residencia se envió: La historia de Constantino, Las Musas, y La historia de Alejandro.

La Emperatriz Eugenia, envió sedas naturales de Lyon para tapizar las paredes.

Todo el Palacio de Chapultepec estilo rundbogenstil (en alemán, estilo arco de medio punto), y Neoclásico parisino.

Para toda esta obra, Maximiliano contrató a varios arquitectos europeos y mexicanos, entre ellos Julius Hoffmann, Karl Gangolf Kaiser, Carlos Schaffer, Eleuterio Méndez y Ramón Rodríguez Arangoiti, y albañiles, carpinteros, cristaleros, fontaneros, todos los obreros disponibles de Ciudad de México.

Mientras se transformaba el Palacio de Chapultepec, el Emperador decidió hacer un viaje para conocer México. Maximiliano, no escribía nunca a su hermano Franz Joseph; sin embargo lo hacía a todas las cortes de Europa, sostenía también correspondencia con su madre y su hermano Karl Ludwig, les decía que el trabajo era intenso, México maravilloso, estaba feliz y triunfante, libre de la vieja Europa, incómoda, cansada y opresiva. Al mismo tiempo quería demostrar a Europa que ya se podía viajar por el país sin peligro alguno y, se encontraba abierto a provechosas inversiones.

Antes de comenzar el viaje, el recién ascendido Comandante Henri Loizillón, sugirió que se necesitaba una fuerte escolta francesa, para evitar que alguna banda de guerrilleros secuestrase al Emperador. Se preparó un destacamento de caballería que se pusieron en marcha para visitar el país, dejando de Regente a la Emperatriz Carlota.

Maximiliano en un vehículo de caballos, salió hacia el Norte, junto al coche hacían escolta los Zuavos y Cazadores de África acompañados de fuerzas mexicanas. Pasaron por Querétaro, Morelia, León, el pueblito de Dolores, donde el padre Hidalgo, cincuenta y cuatro años antes, dio el grito de Independencia.

Durante su viaje, en los Llanos de Apan, región al Sur del Estado de Hidalgo, conoció al poeta español

José Zorrilla, que vivía con su amante, una joven llamada Paz.

Maximiliano prosiguió ya una breve excursión, y ordenó el regreso a Ciudad de México el 30 de octubre. Había estado dos meses y medio recorriendo el país. A su regreso, admiró las maravillosas transformaciones del Castillo de Chapultepec que se había convertido en una joya lo que fueron unos ruinosos muros.

Maximiliano, a Zorrilla le brindó su protección, y de esa amistad, el escritor pasó a ser recitador de poemas en el Palacio de Chapultepec, donde también acudía a comidas, paseos y charlas. En las fiestas de la Corte, el poeta leía poemas de alabanza a la Emperatriz Carlota y al Emperador Maximiliano, también se le nombró lector Imperial. Zorrilla escribió:

"Quien no ha visto a México desde el Castillo de Chapultepec, no ha visto la tierra desde un balcón del Paraíso."

Maximiliano sentía admiración por Zorrilla, que pasó a ser Director del incipiente Teatro Imperial, y para su inauguración dirigió el estreno de su Don Juan Tenorio, por primera vez puesta en escena para la nación. Creó una compañía titular de artistas escogidos, se concederían premios a las mejores tragedias y comedias que se representasen a lo largo del año. Los ricos conservadores y los oficiales franceses acudían a las representaciones del teatro, en la capital, incluso, había compañías de ópera. El músico español alavés Sebastián Yradier, tuvo un triunfo magistral con su habanera "La Paloma", cantada por la soprano Marietta Albioni. Canción de amor, basada en un tipo de ritmo de origen cubano, que Yradier compuso en 1855 y estrenó en La Habana, y más tarde en Estados Unidos y en México. También compuso otra habanera, menos conocida, "El Arreglito".

La Emperatriz Carlota cuando escuchó "La Paloma" quedó prendada de la canción. La soprano mexicana Conchita Méndez, popularizó la canción interpretándola varias veces para la Emperatriz Carlota en sus fiestas del Palacio de Chapultepec. La Emperatriz le regaló, una valiosa pulsera de oro que la cantante guardaba con gran devoción.

(Años después, al completar la ópera Carmen, basada en la novela corta de Prosper Mérimée, el músico Georges Bizet, plagió sus notas en la habanera "El amor es un pájaro rebelde", "L'amour est un oiseau rebelle", es una traslación con algunas variantes de la habanera de su gran amigo fallecido Sebastián Yradier, llamada <<El Arreglito>>, en el estreno el público reconoció la habanera de Yradier, Bizet dijo haberla utilizado creyéndola de autor anónimo, es decir, perteneciente al acervo folclórico popular. Pero al final reconoció el plagio).

Volviendo a México. A la vista de Maximiliano y Carlota, el problema de las relaciones con la Iglesia era el más serio. Por lo tanto, pensaron en el Vaticano, y pusieron sus esperanzas en el Papa Pío Nono, para que les ayudase enviando a un Nuncio Apostólico de intermediario y poder negociar con él el asunto de los bienes y derechos de la Iglesia Católica en México y, al mismo tiempo, que por su intermedio intentara prevenir al testarudo Arzobispo Labastida.

A los seis meses de la llegada a México de los emperadores, el Papa envió el 29 de noviembre de 1864, al Nuncio Apostólico Arzobispo y Cardenal Pietro Francesco Meglia; arribó a la bahía de Veracruz en el barco "Solent", en el puerto fue recibido entre salvas de artillería y tañidos de campanas. A su llegada a Ciudad de México ofició ceremonias religiosas por las solemnidades de la Navidad. Los emperadores con el Nuncio Meglia se esforzaban en mostrarle todos los beneficios que habían hecho generosamente sobre el país: el embellecimiento del parque de la Alameda, a expensas de la Emperatriz Carlota, que hasta hacía poco tiempo había sido un parque abandonado todo polvoriento, y ahora se hallaba lleno de flores, habían pavimentado el Zócalo con aceras, fuentes, árboles, y el gran camino que había trazado Maximiliano y que sería una gran avenida.

Se sabía que el Emperador era liberal, que entre

sus percepciones se encontraba la libertad de pensamiento y la clara separación entre la Iglesia y el Estado. Pero el Nuncio Apostólico de la Santa Sede traía precisas peticiones por parte del Papa al Emperador de México. Monseñor Meglia, estaba empecinado en que la Iglesia tenía que recuperarlo todo, hasta lo más pequeño de sus propiedades.

(Cardenal).- Su Majestad debe de terminar con la tolerancia religiosa hacia otras creencias que no sea la católica. No se admitirá otro credo que el católico. El poder civil no podrá ejercer ninguna autoridad sobre el clero. Se restablecerán las órdenes religiosas y monásticas, anular todas y cada una de las llamadas Leyes de Reforma, supeditar todos los niveles de enseñanza al control de la Iglesia Católica, retirar absolutamente cualquier control del Estado a las actividades, finanzas y proceder de la Iglesia.

(Maximiliano).- Monseñor Meglia, es fácil imaginar la reacción que sus propuestas me causan, me parecen absurdas e inaplicables en una nación gobernada por mí, consabido liberal. Sus peticiones en su fondo significa el retroceso de la libertad que los tiempos demandan. Trato de hacerle entender, y esperando poder hacer una negociación razonable, que el Imperio de México será un Estado católico, pero también un Estado moderno. La religión católica será en todo momento la religión oficial, pero se permitirá el culto de otros credos.

El Estado Imperial estará al cargo de pagar los salarios al clero mexicano, siempre y cuando este renuncie a sus argumentos sobre los bienes nacionalizados, sostener a las órdenes religiosas y cuidar sus inmuebles, pero nunca más la Iglesia volverá a ser lo que fue. Estoy seguro, mi Reverendo, de que su Señoría comprenderá mis argumentos.

(Cardenal).- Ante estas propuestas, mi respuesta es tajante; no se hará negociación alguna, ya que mi presencia en México está determinada única y exclusivamente a cumplir las órdenes ya expuestas que recibí del Papa Pío Nono.

Monseñor Meglia dejó al Emperador Maximiliano, y se fue a platicar con el Arzobispo Labastida. Durante varios días no hubo noticias del Nuncio. Se le envió a un emisario, para que tuviese respuesta a lo que el Emperador había expuesto. Su contestación fue: "Rechazo todas las propuestas, y México se ha desviado del camino de Dios y tiene que regresar a él, que es la verdadera senda y lo que el pueblo mexicano ardorosamente desea".

Para intentar llegar a un entendimiento cordial, la Emperatriz Carlota se reunió con el Nuncio argumentando que tenía que ser tarea del Imperio llevar al pueblo a una forma nueva de adorar a Dios, a una fe más verdadera y profunda.

La reunión no tuvo éxito, ya que el representante del Vaticano se negó a atenuar su postura y no pronunció una sola palabra para llegar a una concordia con el Imperio.

Maximiliano y Carlota comentaban: "No hemos conocido a nadie tan ciegamente obstinado". De lo que sí estaban convencidos era, de que la Iglesia no les apoyaba, aunque al Emperador no le preocupaba demasiado. Promulgó leyes tras leyes seguidas de edictos, designó presupuestos de sumas gigantescas. El Gobierno no tenía dinero ni crédito que lo compensara. Total, que nuevos empréstitos se levantaron en los mercados europeos, por los que había que hacer pagar onerosos intereses a los franceses que respaldaban la operación. Estaba claro que el Emperador no tenía equilibrio de la situación financiera al fijar un presupuesto que obligaba al Gobierno a invertir 50.000.000 de pesos al año, cuando las partidas del Gobierno de México jamás habían alcanzado los 15.000.000 de pesos.

Maximiliano entre sus promulgaciones ordenó que en cada comunidad se estableciese una escuela pública, pero era difícil encontrar maestros. Cuando los había, una vez que recibían el dinero para adquirir equipo escolar, se gastaba dicha consignación y no se ocupaba de los escolares. Se decidió, que cuando el maestro se hiciera cargo de la escuela ya estuviera todo el material preparado.

Napoleón III, enfadado con los resultados financieros en México, comentaba a su esposa:

Los franceses no conseguimos otra cosa en México que hundirnos cada vez más en esta aventura. Hemos vertido allí sangre y dinero, cuando en realidad deseábamos sacar provecho de esa empresa. La mala gestión financiera del inexperto Maximiliano, nos va a llevar a la ruina con sus empréstitos en los bancos.

(Eugenia).- Esposo, ahí no queda todo, hoy he recibido carta de Carlota, leedla tú mismo.

"Mi querida Eugenia: Perdonad mi atrevimiento al dirigirme a Vuestra Merced, rogando un favor. ¿No podría Francia enviar más tropas? Ahora es la ocasión de hacer un esfuerzo definitivo, e incluso, quizá, sería fácil enviarnos algunos refuerzos de Argelia. Francia os aclamará, por Vuestro fiel triunfo y gloria de Francia. Vuestra gloria ahora será México."

(Eugenia).- Como puedes ver, Carlota nos pide más tropas, que hagamos un esfuerzo y nos llegará la gloria.

(Louis Napoleón).- La gloria sí, pero habíamos supuesto que el establecimiento del Imperio en México iba a producir una extraordinaria riqueza de Oeste a Este, y hasta el momento no se han confirmado esas esperanzas. Cada mes se hacen mayores los gastos de entretenimiento de un Ejército de 40.000 franceses y de innumerables aliados mexicanos que se mueven por las vastas llanuras y sierras persiguiendo a unos enemigos que no hay manera de cercarlos. Está bien; en los barcos que enviemos tropas, mandaremos también expertos en finanzas y en artes de gobernar.

Sabemos, que en Bruselas y en Viena se han abierto oficinas de reclutamiento para servir en México.

El Rey Leopold I, le ha recomendado a Maximiliano, los servicios de Félix Eloin, hombre de su confianza. El Ministro de Guerra, Barón Félix Chacel, supervisará la organización de un cuerpo formado por batallones de 2.000 hombres. Eso sí, el Gobierno de Bélgica debe de permanecer ajeno al proyecto, ya que Bélgica, desde su independencia, se ha comprometido a ser neutral. Los belgas voluntarios, se pueden unir a la Legión Extranjera Francesa; formando cuatro destacamentos, cada uno de 600 hombres, que partirán con regularidad mensual, desde mediados de octubre de 1864, del puerto de Saint Nazaire, en Francia. El primer destacamento lo componen 577 suboficiales y soldados y cinco cocineras. El joven Barón Ernest Chazel, hijo del Ministro de Guerra belga; se ha alistado de voluntario, así piensa que borrará los excesos y errores pasados, busca resarcirse ante su padre, y su amigo el joven Barón Devaux se ha alistado huyendo de las deudas de juego.

La víspera del segundo destacamento, el 14 de noviembre de 1864, lo componen 399 hombres y cuatro cocineras. Solo una quinta parte está formada de militares; los demás son artesanos sin trabajo, estudiantes y dependientes, la mayoría muy jóvenes y sin instrucción militar. Los últimos dos contingentes solamente han logrado reunir a 361 y 190 voluntarios, partirán en febrero de 1865, reclutados más de 12 menores, que al parecer, carecen de autorización paterna. En México formarán colonias separadas y tendrán el privilegio de mantenerse armados por cuenta del Estado para la defensa de sus pueblos y tierras.

(Hidalgo).- He venido a comunicaros el enfado del pueblo belga al enterarse de la expedición de voluntarios a México. Muestran hostilidades con respecto al reclutamiento de una legión "imperialista", estas declaraciones han sido publicadas en "Le Journal de Bruxelles", "Le Prolétaire", "La Liberté", y otras gacetas que protestan en largas columnas contra el cuerpo belga-mexicano. Es frecuente encontrar órdenes del día y mensajes por medio de los cuales las asociaciones democráticas aplauden la resistencia del pueblo mexicano a la invasión, y censuran a Leopold I y a sus ministros, por asociarse a la opresión que pesa sobre los mexicanos.

(Louis Napoleón).- En vista de los hechos acaecidos; Maximiliano, siempre puede decir, que la Legión Belga no entrará en campaña, sino simplemente en un principio, serán la Guardia de la Emperatriz Carlota. La Legión de Bruselas está dirigida por el General, Barón Alfred Van der Smissen. Estos voluntarios belgas se han unido bien al Ejército Francés, al hablar su mismo idioma.

Me han comentado; que cuando llegaron a México los voluntarios, el General Alfred Van der Smissen, no ocultó su disgusto y afirmó que el Destacamento estaba formado de pequeños mocosos.

Los Voluntarios del Imperio de Austria y del Reino de Hungría, han sido formados a raíz de la petición que el Emperador Maximiliano I ha hecho a sus hermanos menores Karl Ludwig de Austria y Ludwig Viktor de Austria. Como Comandante General, han asignado al Conde Leopold von Thun und Hohenstein, estadista austriaco. La Legión de 7.000 efectivos llegados principalmente de Austria y Hungría, aunque también hay en menor medida de otros pueblos integrantes del Imperio de Austria y del Reino de Hungría: checos, eslovenos, italianos, croatas, y polacos.

La Legión de Voluntarios, ha ido arribando gradualmente a México a principios y a últimos de 1864, y su misión inicial es la de ser la brigada personal de protección de la pareja Imperial, sin embargo a su llegada esta función ya la desempeñaba el grupo especial de Zuavos franceses.

A la vista de la inestabilidad del país, se les ha asignado la tarea de sofocar las rebeliones de grupos armados liberales en contra del Imperio. Han establecido su cuartel general en la ciudad de Puebla, de donde partirán sus expediciones a diferentes partes del país.

(Eugenia).- Los austriacos y los belgas son buenos en tiempos de calma solamente; pero cuando surge un importante conflicto, no hay nada como los soldados franceses. A demás, si tan bien les está yendo a Carlota y Maximiliano, según ellos, les aman tanto, ¿para qué quieren más soldados?

(Louis Napoleón).- El General Bazaine, en sus cartas me dice, que Carlota tiene mucha presión al asumir las fuerzas de Regente durante algunos meses, mientras Maximiliano viaja al frente interior del país para combatir las fuerzas de Juárez en el Norte, al mismo tiempo en el Sur Porfirio Díaz recluta jóvenes combatientes. El juarista General José López Uraga, ha desertado, pasándose al servicio del Emperador Maximiliano; esto se veía venir desde la llegada de las tropas francesas, dará juego porque es buen militar.

(Hidalgo).- Hecho que provocó que se le considerara traidor a la Patria y le revocaron la propiedad de las Islas Marías, un auténtico paraíso en la Riviera Nayarit, pasando a ser patrimonio de la nación.

Todo esto vino, porque el General López Uraga en el año de 1857, por su trayectoria militar, el Presidente Juárez le premió otorgándole en propiedad las Islas Marías, llamadas también Islas Tres Marías; María Madre, María Magdalena, y María Cleofás, con la condición de no venderlas ni arrendarlas a ningún extranjero.

(Louis Napoleón).-La Emperatriz desde su puesto de mando, ha impulsado empresas como los ferrocarriles, el telégrafo, el transporte a vapor, beneficencia, y leyes como la abolición de castigos corporales, y la limitación de horas de trabajo.

Bazaine, también me comenta, que Maximiliano está muy ilusionado con trasladarse a vivir en verano a una región donde residir, de clima más suave que el de la capital. Al fin se ha acomodado en la ciudad de Cuernavaca, a menos de dos horas en coche desde Ciudad de México. El Emperador se dedica a embellecer los jardines de la finca que anteriormente fue la mansión del minero de Taxco, José de la Borda. La casa es muy bonita parece un palacio español, está rodeada de terrazas, jardines, todo ello muy abandonado, necesita una reestructuración, es la tarea que se ha impuesto Maximiliano.

(Eugenia).- Sí, Carlota algo me ha comentado, en una de sus cartas dice: que odia esa hacienda, y se altera al discutir con su marido los planes de su reforma. A menudo, acude a dirigir los trabajos él solo, sin su compañía. Me dice, que el dormitorio de Maximiliano se sitúa sobre una parte del jardín, donde monta guardia un centinela que tiene su garita mal orientada, y los visitantes pueden entrar y salir del jardín sin ser vistos, por lo tanto, acuden a esa hacienda damas de la Corte y esposas de oficiales mexicanos, y con frecuencia, visita a la mujer del jefe de los jardineros, y Carlota está sospechando de esa circunstancia.

(Louis Napoleón).- Sí, estoy enterado, Maximiliano me dice en sus cartas con perceptible indiscreción refiriéndose a las mujeres de la Corte, del expresivo ardor de las miradas de algunas de ellas. Pienso, que deben de ser formidables en el amor.

(Eugenia).- Tú siempre pensando en lo mismo, acordándote de tus amantes, en esta ocasión, lo que te debería preocupar, es que Maximiliano desatiende su Gobierno por ocuparse de frivolidades sin fundamento.

(Louis Napoleón).- Querida, tienes razón. Cursaré claras instrucciones al General Bazaine sobre lo que tiene que decir a Maximiliano acerca del rumbo que están tomando las cosas: "Que es más fácil abandonar un Gobierno que no hace nada para mantenerse, que apoyarlo sin su precisa colaboración".

Bazaine, de inmediato a esta advertencia, me ha

dicho que un montón de financieros franceses, por medio de sus órdenes, contadores y escribanos se han distribuido por México para cobrar tributos y controlar aduanas, con el fin de enviar dinero a Paris. Pero, rápidamente han chocado con los funcionarios del Gobierno Imperial mexicano. Estos desacuerdos los sostienen los franceses con el argumento de apelar a las bayonetas.

Opino, que aunque nos manden algo de dinero, la sangría del tesoro francés sigue cayendo sobre México: correos, reparaciones de caminos, dinero para espionaje, sueldos del Ejército mexicano, exige enormes desembolsos.

Maximiliano tiene 33 años de edad y Carlota 25, se encuentran en la más extraña situación. Hace cerca de 10 años que se casaron y no tienen hijos que dar al Imperio, un heredero que herede la Corona. Maximiliano se ha comprometido a tener un heredero al trono, en el plazo de tres años.

(Eugenia).- Ahora que lo comentas, recuerdo, que en una de sus cartas, Carlota me dijo de un suceso que había ocurrido durante uno de los viajes de Maximiliano por el extenso territorio de México, entre agosto y octubre de 1864. Al parecer, Maximiliano, envió a Carlota una carta desde Irapuato, ciudad del Estado de Guanajuato, Carlota me describió tal como decía la carta de Maximiliano:

"Se me ha olvidado escribirte que el 17 de agosto, en el tránsito de San Juan del Río en Santiago de Querétaro, la capital del Estado de Querétaro, me regalaron un indito recién nacido huérfano, me lo mandaron desde Sierra Gorda, nadie sabe quién son sus padres, yo lo he recogido y bautizado con los nombres de Fernando Maximiliano Carlos María y José. El bautizo se realizó por todo lo alto, "con Te Deum y repique de campanas". Hice buscar una nodriza. Le he confiado al cuidado de un médico de Santiago de Querétaro, el doctor Vicente Licea. Ahora continuaré el viaje, más tarde lo mandaré venir a Ciudad de México."

Pero nada de eso ocurrió, porque el "Príncipe" Fernando Maximiliano Carlos María José se murió a los tres días de su bautizo, con gran extrañeza de Maximiliano, ya que cuando se le confió al doctor Licea, el bebé gozaba de muy buena salud.

(Louis Napoleón).- Sí, Maximiliano seguro que ya daba por hecho, de que había conseguido un heredero, inventándose un Príncipe para la Corona de México. Aunque, a mí me insinuó, que en caso de no tener hijos, para 1865, establecería contacto con la familia del antiguo Emperador Agustín de Iturbide, que se hacen llamar príncipes, e intentar adoptar alguno de sus nietos.

(Hidalgo).- Alteza, si Vuecencia dais permiso a un servidor para averiguar a cerca de ese asunto; yo mero puedo contactar con mis espías en México, me tengan informado al pie de la letra sobre la familia Iturbide.

(Louis Napoleón).- De acuerdo; aunque, desearía fuese lo antes posible, para saber que se trae entre manos el intrigante Emperador de México. Ahora, Maximiliano, que tiempos ha, fue Príncipe marinero, Almirante de una pobre escuadra austriaca, ha empezado a concertar un programa naval trazando planes, dibujando diseños y nombrando un futuro jefe de los tres guardacostas que constituirían las costas, hasta ahí ha llegado, porque no tiene barcos. Mientras perfila los planes de su futura fuerza naval, la situación del Teatro Imperial se está haciendo insostenible. Por lo visto, hace meses que el poeta José Zorrilla ha estado invirtiendo sumas de su propio peculio en la organización de una compañía que dé prestigio al teatro en México. Está intentando que el pueblo se asocie a su empresa, aunque no quiere que se enteren de que el dinero es suyo, ya que el Emperador no se preocupa por el teatro. Alguien de la compañía se lo ha hecho saber al Emperador, el cual ha pedido informes a Zorrilla, cuando éste le dijo que todo lo hacía por el teatro, a lo que Maximiliano le contestó que esas cosas no las hacían más que los poetas, y a continuación ordenó que se consignase una pequeña suma para atenciones del teatro.

Como nada podía hacerse por falta de dinero, Zorrilla se conmovía, al ver que el Teatro Imperial no dejaba de ser un modesto tablao de farsas, que la gente no tomaba en serio, Zorrilla resignó su cargo de director y, así también el de lector imperial que ostentaba.

Los funcionarios y los soldados pueden llamarse afortunados cuando solamente reciben el veinte por ciento de sus salarios, la verdad, los soldados están mal pagados. Los oficiales mexicanos no tienen confianza en su tropa, y en las operaciones de cierta importancia tienen que recurrir a los Zuavos franceses para tener la seguridad de que se cumplan las órdenes que se diesen.

Al comienzo del año de 1865, Maximiliano, para adularle, otorgó a Napoleón III el grado más alto de la Orden del Águila Mejicana, el de la Gran Cruz y Collar.

(Louis Napoleón).- ¿Qué significa tales cosas para el Emperador de los franceses? Cuento con 53 años de edad y no me siento bien, quizás soy víctima de los excesos que al cabo de 12 años de matrimonio han estado enfureciendo a mi esposa. Añadido a la presión de los negocios de Estado que me llegan siempre en forma de noticias desagradables. Prusia se está haciendo poderosa y constituye una amenaza;

de manera fraudulenta con Austria han atacado y ocupado las provincias danesas de Schieswig-Holstein. En la Cámara Legislativa Francesa, los diputados no pierden ocasión de emprender ofensivas contra el Gobierno; mi mundo se ha hecho desagradable, y por si fuera poco, México es una fuente de inquietudes.

Intento solucionarlo por medio de la prensa de París, insistiendo en pregonar que

> "En México vastas y ricas extensiones aguardan ser explotadas para producir incalculables riquezas".

Es posible que en unos meses encuentren en Ciudad de México un tono de vida semejante, en cierto modo, al que los europeos han dejado en el viejo mundo. Sé que algunos europeos han viajado a México con la esperanza de hacerse ricos a la sombra del Emperador. Hay quienes se han situado en puestos preeminentes, uno de ellos es el austriaco Conde Karl Albert von Bombelles, que mandaba la Guardia Palatina en la Corte de Viena. Otro Sebastián Schertzenlechner entró como lacayo al servicio del Emperador, y en la actualidad es su Secretario privado, y el otro Félix Eloin, era un Diplomático belga, jefe de la Casa Civil Imperial, es más asequible en el trato.

La Emperatriz Eugenia le escuchaba con atención, animando a su marido al que le encontraba achacoso y un tanto preocupado.

(Eugenia).- Bien dices "México es una fuente de inquietudes", es así, he vuelto a recibir carta de Carlota, me dice que no se atreve a decirme todo lo que piensa, que es muy difícil superar estas primeras crisis, que afectan a toda su existencia, a menos que tengan más fuerzas que las que tienen hoy. Piensa si sería fácil que les enviásemos algunos refuerzos de Argelia.

(Louis Napoleón).- La situación me está poniendo furioso, pienso que jamás debí prestarte oídos sobre México.

El Embajador Hidalgo - como de costumbre - visitó a los emperadores.

(Hidalgo).- Traigo noticias, según José Luis Blasio, nuevo Secretario particular del Emperador, ya que Sebastián Schertzenlechner, se ha vuelto a Europa con su amiga la pelirroja, eso sí, Maximiliano, continúa pagándole su nómina.

Blasio, me confirmó: El Emperador Maximiliano, ha tomado una decisión personal, de la que al parecer no ha consultado a la Emperatriz. Está decidido en adoptar como Príncipe heredero al nieto más joven de la familia Iturbide exiliada, el pequeño de apenas dos años, llamado Agustín de Iturbide y Green, es hijo único de Ángel de Iturbide Huarte, y de su esposa estadounidense Alice Green, que al parecer, no quiere separarse del niño. Por lo visto, los demás miembros de la familia Iturbide, animados por la ambición y deseo de recuperar glorias pasadas, han convencido a la madre del niño Agustín para dejarle en manos del Emperador, firmando un acuerdo por el cual han recibido una compensación de 150.000 pesos, y no podrán entrar en México sin autorización del Emperador Maximiliano. Al mismo tiempo, le han ofrecido también a otro nieto de Agustín de Iturbide, Salvador de Iturbide y Marzán de 14 años de edad, es hijo de Salvador de Iturbide Huarte, y de Rosario Marzán. No es una adopción real, sino una especie de contrato donde Maximiliano obtendrá la cautela y tutela de los dos niños, que se quedarán en la Corte al cuidado de su tía paterna Josefa, y ambos recibirán el título de príncipes, y el trato de Su Alteza, incluso la tía, hija del Emperador Agustín I, Josefa de Iturbide Huarte recibirá el título de Excelencia.

Este acuerdo, de momento es extraoficial, está previsto, se firmará en el Castillo de Chapultepec el 9 de septiembre de 1865, será cuando se haga oficial tras la publicación en el "Diario del Imperio" el 16 de septiembre de 1865. Según el acuerdo, Su Alteza, el pequeño Agustín, permanecerá en el Castillo, fundando así la Casa de Habsburgo Iturbide. Y por lo que me ha insinuado el Secretario Blasio, tienen pensamiento de que el niño Salvador será enviado a París a continuar sus estudios, y lo más importante, es que me nombran a mí al cuidado del muchacho.

(Louis Napoleón).- Habrá que esperar a ver en qué lío se ha metido Maximiliano, que lejos del hogar europeo, los dos emperadores van a la deriva.

(Hidalgo).- Traigo más noticias: la Guerra de Secesión ha terminado. Mis confidentes en México, me han confirmado que en la Batalla de Appomattox, librada en el condado de Appomattox, Virginia, en la mañana del 9 de abril de 1865, una de las últimas batallas de la Guerra Civil Americana.

El General Lee, salió de Richmond en Virginia, hacia el Oeste, con la esperanza de unir a su Ejército con el resto de las fuerzas confederadas del Ejército de Tennessee bajo el mando del General Joseph Eggleston Johnston en Carolina del Norte. Las fuerzas de infantería y caballería de la Unión bajo el mando del General Philip Sheridan persiguieron y cortaron la retirada de los confederados en el pueblo de Appomattox, el General Lee lanzó un ataque desesperado con una caballería ligeramente armada para atravesar las fuerzas de la Unión que hacia su frente enteramente respaldada por la caballería y por dos cuerpos de infantería federal. Lee no tuvo más remedio que rendirse ya que su vía de retirada estaba cortada.

Ha sido el compromiso final del General en Jefe de la Confederación, Robert Edward Lee, y su Ejército de Virginia del Norte, rendirse al Ejército de la Unión de Potomac, bajo el Comandante General de los Estados Unidos Ulysses Sipson Grant. La firma de los documentos de entrega ocurrió en el salón de la casa de Wilmer McLean en la tarde del 9 de abril de 1865, así ha terminado una guerra de cuatro años entre el Norte y el Sur.

Después de haber acordado los términos de la entrega, ese mismo día, cada uno de los generales seleccionó a tres oficiales para que firmaran y supervisaran la entrega y libertad condicional del Ejército del General Lee.

El 12 de abril, una ceremonia formal de desfile y entrega de armas, dirigida por el General de División del Sur John Brown Gordon al General de Brigada Federal Joshua Chamberlain del Maine, marcó la disolución del Ejército de Virginia del Norte con la libertad bajo palabra de sus 28.000 oficiales y hombres restantes, libres para regresar a sus hogares sin sus armas, pero, permitiendo que los hombres se llevaran a sus caballos y exigiendo a los oficiales devolver sus armas de mano (espadas y pistolas), y poner fin de hecho a la guerra de Virginia. Este evento desencadenó una serie de rendiciones posteriores a través del Sur; en Carolina del Norte; al Este, Kirby Smith rindió oficialmente su mando en Galveston-Texas; también Alabama; y finalmente en Shreveport-Luisiana. Se asignó el Teatro Trans-Misisipi, es el nombre que engloba las principales operaciones militares al Oeste del Río Misisipi, señalando el final de la guerra que comenzó el 21 de julio de 1861 en la casa de William McLean, en Virginia, y en la primavera de 1863, William McLean y su familia se trasladaron a 200 kilómetros al Sur de Virginia en el condado de Appomattox. Cuando terminó la guerra el 9 de abril de 1865, William McLean dijo con orgullo "La guerra comenzó en mi patio delantero y terminó en frente de mi salón". El General cherokee Stand Watie, por fin, entregó su sable, siendo el último General confederado en capitular.

Diez días después de este suceso, Napoleón III, reunido con Eugenia y Pepe Hidalgo, durante la sobremesa, al Emperador le pasaron una nota que le hizo exclamar:¡Qué horror!, han asesinado al Presidente Abraham Lincoln, mientras acudía el 14 de abril a una representación en el Teatro Nacional Ford, de Washington, el Presidente recibió un disparo en la nuca. De inmediato fue trasladado a la casa de la familia del sastre William Petersen, al otro lado de la calle del Teatro Ford, en el número 516 de 10th Street, en el Downtown. Y a pesar de la ayuda prestada por la familia Petersen, acostándole en una cama y avisando al médico, y a varios funcionarios del Gobierno. A pesar de todos los cuidados, al día siguiente el 15 de abril de 1865, a las 07:30 de la mañana el Presidente murió, acompañado por su esposa Mary.

(Hidalgo).- ¿Se sabe quién ha sido el asesino?

(Louis Napoleón).- Sí, el atentado ha sido planeado y llevado a cabo por el actor John Wilkes Booth, al parecer es simpatizante de la causa confederada. Después del atentado en el palco presidencial, John Wilkes saltó al escenario y se escapó por la puerta trasera. Todo formaba parte de una conspiración mayor destinada a reunir de nuevo tropas confederadas para seguir luchando.

El cuerpo de Lincoln, lo han trasladado a Springfield, capital del Estado de Illinois, ciudad natal de Lincoln, para enterrarle en el Oak Ridge Cementery.

Según leo en la misiva; al asesino le ayudó un cómplice David Herold, los dos huyeron por los bosques, cruzaron el río Potomac hacia Virginia del Sur. El tal John Wilkes Booth, perseguido, se refugió en un granero perteneciente al granjero Richard Garrett, cerca de Browling Green en Virginia. Al final fue abatido a tiros. Su cadáver ha sido llevado a Baltimore para su entierro.

(Hidalgo).- Abraham Lincoln, era el decimosexto Presidente de los Estados Unidos entre 1861 a 1865. Político, abogado, perteneciente al Partido de Unión Nacional. Fue el primer Presidente en ganar una reelección; durante su mandato condujo un país profundamente dividido hacia una Guerra Civil. Se enfrentó a una Unión Nacional, separada entre el Sur que estaba a favor de la esclavitud, y el Norte abolicionista total, propugnaba la anulación de ciertas leyes, la esclavitud, pena de muerte o segregación racial.

De inmediato, al Presidente Lincoln le ha sucedido el que había sido su Vicepresidente, Andrew Johnson; es el decimoséptimo Presidente de los Estados Unidos, es tan desconocido en México como en Europa, de modesta familia; al igual que Lincoln, piensa que en el continente americano, cada cual prospere por sus propios méritos según su forma de vida. No hay allí lugar para una aristocracia basada en el nacimiento, ni para una Monarquía feudal fundada en un pasado europeo.

Por tal motivo; se ha dado de baja el Conde Félix Von Stein, Príncipe de Salm-Salm, militar alemán nacido en Westfalia- Prusia, aventurero y con deudas se marchó a Estados Unidos, y luchó en el Ejército de la Unión, ascendido a General de Brigada, en 1862 se casó con Agnes Lecrerc Yoy, nacida en Vermont, hija de uno de los generales más importantes del Ejército de la Unión, William Lecrerc Yoy. Se comentaba de ella, que era una mujer aventurera, atractiva y excéntrica, ligada a los círculos más altos, obteniendo entre sus propósitos, el ascenso político, social y militar de su marido. Sabiendo su situación de Príncipe en un país demócrata, por recomendación de los diplomáticos prusianos y austriacos, Salm-Salm, ha ofrecido sus servicios a Maximiliano, que llegó primero sin su esposa, logrando unirse a la Legión Belga, una vez colocado, trajo a su esposa que se había ido a La Habana. El Príncipe, poco después se ha unido al Ejército del Imperio Mexicano a finales de 1865. Maximiliano lo ha acogido como Coronel con mucho agrado, y también le ha nombrado edecán del Ejército, o sea su Ayudante de campo.

El Presidente Andrew Johnson, ha emitido una Proclama de Amnistía e indulto para las personas quienes habían participado en la rebelión contra los Estados Unidos. El mismo día en que Robert Edward Lee, siendo profesor, ha sido nombrado Presidente del Colegio Washington, en Lexington, Virginia, Lee, ha firmado su Juramento de Amnistía.

El Presidente Andrew Johnson invitó a la esposa de Benito Juárez, doña Margarita Maza que se hallaba emigrada en Nueva York, a que le visitase en Washington. Doña Margarita vestía de luto riguroso por la reciente muerte de sus hijos José María de siete años de edad en 1864, y Antonio de un año en 1865. El Presidente conservaba en la Secretaría de Estado a William Henry Seward, Gobernador de Nueva York, que durante años estuvo enviando notas de protesta a Francia, recordando la Doctrina Monroe, (América para los americanos), ahora se hallaba en disposición de emplear un experimentado Ejército de miles de hombres bien pertrechados. Así se lo hizo saber a doña Margarita Maza de Juárez.

El General Ulysses Sipson Grant, deseoso de aplastar a los franceses, y a Maximiliano, envió a la frontera de Texas al General Philip Sheridan con órdenes de proporcionar a Juárez rifles norteamericanos para su distribución a las bandas juaristas que luchaban contra el Emperador a lo largo de la frontera de Texas.

El General Sheridan, dividió en tres cuerpos al Ejército de observación, y rápidamente ocupó las ciudades costeras de Texas, se extendió tierra adentro y comenzó a patrullar la frontera entre México y Estados Unidos, suministrando armas y municiones a las fuerzas de Benito Juárez.

Maximiliano creyendo que Benito Juárez se había expatriado, se vino arriba de energía y promulgó lo que se llamó el Decreto Negro el 3 de octubre de 1865, anunciando,

"*Puesto que Benito Juárez ha abandonado el país, no existen ya bases políticas que sustenten a las bandas armadas liberales, las cuales serán declaradas fuera de la ley, se les considerarán simples criminales y, a todos los que se les cojan con armas en la mano serán ejecutados.*"

Eran días en que los franceses miraban a Maximiliano con la esperanza de que sería un gobernante que pondría en orden al país. Pero el tiempo iba a demostrar otra cosa, ahora, le reprochaban ser excesivamente débil. Aunque Reorganizó la Academia de las Artes de San Carlos, por los arquitectos Felipe Sojo, Miguel Noreña y Santiago Rebull, la construcción del Paseo de la Emperatriz, los encargados de la obra fueron los arquitectos Karl Gangolf, Ramón Rodríguez Arangoiti, (hoy Paseo de la Reforma) el ferrocarril de La Soledad al Cerro del Chiquihuite, el arreglo del Palacio Nacional y el de Chapultepec, el Palacio de Cortés en Cuernavaca, fundó el Colegio Mexicano, el Hispano-Americano de Jesús, el Desfontaine, Instituto Botánico, el Liceo Francés, el Francés-Mexicano para niñas y el Liceo Franco-Mexicano; instituciones en las cuales se podían cursar estudios primarios básicos de 5 a 10 años, y secundarios.

Desde el momento en que se supo, que el peligroso General Sheridan maniobraba a lo largo de la frontera de Texas con 50.000 hombres, en París se comprendió el peligro que corrían las tropas francesas en México.

(Eugenia).-Yo también estoy asustada por la posible invasión a México por las tropas estadounidenses.

(Hidalgo).-He averiguado que desde 1865, Maximiliano es masón del grado 18, en México pertenece a una logia del rito Escocés Antiguo y Aceptado, Constituido Gran Oriente de México, que ha creado un Consejo Supremo del Grado 33, proponiendo a Maximiliano la calidad de Gran Maestre y Gran Comendador. Maximiliano ha solicitado que en su representación, Federico Semeleder, su médico, y Rudolf Günner, su chambelán, se incorporasen al reciente rito, siendo elevados inmediatamente al Grado 33.

Cambiando de asunto. En Amberes el 26 de mayo de este año, la Asociación Democrática en el transcurso de una sesión general, felicitaban a Benito Juárez por su integridad defendiendo su independencia ante la invasión de la Legión Belga, y responsabilizan al Rey Leopold I y a sus ministros belgas por la muerte en el combate de Tacámbaro, librado el 11 de abril de 1865, contra las tropas de la República juarista.

Eso que decía Maximiliano, que las tropas belgas

no iban a luchar. Importantes ciudades de México se hallan en poder de los imperialistas. Durante el mes de abril de 1865, un contingente de 400 soldados de la Legión Belga, al mando del General Alfred Van der Smissen tomó la plaza de Tacámbaro en Michoacán, defendida por el General Nicolás de Régules Cano.

Las tropas imperialistas se habían refugiado en la iglesia de la población y en las casas aledañas, donde al poco tiempo recibieron toda la intensidad del fuego republicano que iban ganando el combate. La situación para los belgas se hizo desesperada y decidieron aprehender a la esposa del General Régules, doña Soledad Solórzano, así como a los hijos del matrimonio, con el fin de utilizarlos como rehenes. Los belgas desesperados, optaron por colocar sobre las trincheras a la familia de Régules, exponiéndola a las balas; ante tal infamia el General Régules no se amedrentó, aunque alguien le sugirió que parase el ataque, el General arengó a sus soldados diciendo que cada uno a sus puestos.

Los republicanos tomaron la iglesia por asalto, muriendo en la acción el General Alfred Van der Smissen y su asistente el joven Capitán Barón Ernest Chazal, hijo del Ministro de Guerra belga.

Los belgas sobrevivientes fueron tomados prisioneros, y el General Régules pudo rescatar a su familia con vida sana y salva. Como premio a su valor, recibió el grado de General de División de manos del Presidente Benito Juárez. Los belgas fueron entregados como prisioneros al General Vicente Riva Palacio, Gobernador de Michoacán, dando ejemplo de generosidad, perdonó la vida a los prisioneros de la Legión Belga, y fueron intercambiados por prisioneros mexicanos de Acutzingo.

(Louis Napoleón).- Pienso que no hay que culpar al Rey Leopold I, y a sus ministros belgas del suceso. No sabemos si el contingente de 400 soldados de la Legión Belga fueron los primeros que tomaron la plaza de Tacámbaro. Las tropas republicanas son hombres del campo con adiestramiento militar casi nulo, tienen que limitarse a combatir mediante la guerra de guerrillas. No hay certeza de si fueron los primeros en atacar, ya que los belgas se tuvieron que refugiar en la iglesia y en las casas aledañas, posiblemente porque se vieron sorprendidos por la intensidad del fuego republicano.

(Hidalgo).- Tampoco sabemos cómo se hicieron con la familia de Régules, de rehenes, cosa que no comparto, me parece una infamia; seguramente algunos belgas refugiados en casas particulares coincidieron que una de ellas era la casa de la familia del General Régules. Son especulaciones. Tendremos que aceptar lo que nos cuentan.

(Eugenia).- ¿Qué sabes del General Régules?

(Hidalgo).- Nicolás Régules Cano, es español, estudió en la Academia de Caballería de Segovia. Llegó a México por Veracruz, procedente de La Habana, Cuba, en 1846, y se incorporó al Ejército Republicano, participando en la Guerra de la Reforma.

En Bélgica siguieron criticando la acción de la Legión Belga; aunque se lamentó mucho la muerte en combate del General Alfred Van der Smissen y de su Ayudante de campo el Capitán Ernest Chazal.

Al día siguiente, de estos comentarios, Eugenia clasificaba el correo en su escritorio, se acercó al despacho del Emperador con una carta en la mano.

(Eugenia).- En la última carta que he recibido de Carlota, me explica; que al quedarse viudo el General Bazaine, cosa que yo no sabía, se ha vuelto a casar, la boda se celebró en la capilla privada del Palacio Nacional de México, el 26 de julio de 1865. El Emperador Maximiliano, tan espléndido, como regalo de boda, le donó una larga suma de dinero y el Palacio de Buenavista en la calle de Puente de Alvarado, construido por el eximio arquitecto y escultor valenciano don Manuel Tolsá, es uno de los más bonitos de la capital, inspirado en el Palacio de Carlos V de la Alhambra.

Bazaine lo ha decorado a su gusto, todo a cuenta del Imperio mexicano. ¿Conocías algo de esto?

(Louis Napoleón).- Sí, conozco el asunto. Maximiliano y Carlota fueron los padrinos de boda. El regalo del Palacio de Buenavista, fue con una condición, cuando el día que el Mariscal Bazaine se volviera a Europa, la Nación volvería a hacerse de él, en cuyo caso se obligará al Gobierno a dar a la Mariscala, como dote, cien mil pesos.

Referente a la viudedad de Bazaine, te diré, que me siento culpable del suceso. Por discreción no quise decirte nada. Todo ocurrió, cuando la difunta esposa Marie de Bazaine me visitó en palacio. Era 20 años más joven que su marido. Mientras que él cumple en México su vida de soldado, ella se divertía en París. No era discreta y algunas cartas suyas escritas a sus amantes cayeron en manos de la esposa de uno de ellos, que en venganza se las envió al General Bazaine, y además se lo comunicó a Marie lo que acababa de hacer. Aterrada, Marie acudió a verme confesándome lo que había ocurrido. Me suplicó llorando, si yo podría conseguir que las cartas le fueran devueltas antes de llegar a Ciudad de México.

La dije que comprendía la situación, pero era demasiado tarde, la valija de correos iba ya camino de altamar en barco. Ahí es donde me siento culpable, después de irse llorando, envié un correo advirtiendo que las cartas no llegaran a manos del General Bazaine.

Marie desesperada, sabiendo que ya nada se podía hacer, marchó a su casa y tomó una buena dosis de veneno. Ya había muerto cuando llegaron las cartas a México, y fueron destruidas por uno de los ayudantes del General, cumpliendo mis órdenes.

Bazaine jamás supo las causas de la muerte de su esposa. Todavía me queda el remordimiento de no haber advertido a la infeliz Marie, de que más tarde había enviado un correo a México para destruir las cartas.

El General Bazaine, al poco de quedar viudo, conoció a la señorita Pepita Peña en un baile de sociedad, él muy interesado, procuró informes de la bella muchacha, y supo que era de una distinguida familia mexicana, es sobrina del Coronel Miguel López, del Destacamento de Cazadores. Ella tiene 17 años de edad y él 54, aunque se conserva seductor y fuerte; su situación en el Ejército es brillante al ser nombrado Mariscal de Francia. Ahora el Mariscal Bazaine habla español mejor que el Emperador Maximiliano, tiene una esposa mexicana y se siente orgulloso de ser el primer hombre del país, se comenta, que el Emperador está al servicio del Mariscal, y no lo contrario. También se está estimando a Bazaine como posible Gobernador General de un México convertido en protectorado de Francia. Pienso que, la situación de México en estos momentos al Mariscal parece ser, que no le preocupa el tener en la otra orilla del Río Bravo o Río Grande al General Sheridan con un amenazante Ejército.

(Eugenia).- Sin embargo, yo si estoy preocupada por la situación en México y, también, más bien apenada por la muerte de mi estimado profesor de canto y gran músico Sebastián Yradier. La última vez que vino a darme clase, me dijo que iba a pasar unos días a su tierra Vitoria-Gasteiz, ya estaba aquejado de una enfermedad de la vista. Se hospedó en la Casa de Los Arquillos en Vitoria-Gasteiz, donde le sorprendió la muerte el 6 de diciembre de 1865, tenía 56 años de edad. He ordenado, para su entierro enviasen dos coronas de flores, una por parte de mi hermana Paca que también fue su alumna de canto y piano, y otra por mí, al cementerio de Santa Isabel en Vitoria-Gasteiz.

Su verdadero nombre era Sebastián de Iradier Salaverri, más conocido como Sebastián Yradier, era carlista liberal; había nacido en Lanciego, Álava, muy joven emigró a Salvatierra, luego a Madrid, después París, Estados Unidos, La Habana, México, volvió a Madrid en 1853, para el estreno de su loa "La perla del Genil", dedicada a mí por nuestra boda. La loa con texto de Tomás Rodríguez Rubí, y música de Yradier, se estrenó en la Quinta de Miranda, Palacio de los Montijo, en Carabanchel, donde reside mi madre.

Volviendo a México.

A Maximiliano le gustaba visitar e inspeccionar personalmente los servicios del Estado. Cuando se disponía a emprender la excursión en los últimos meses de 1865 para visitar la remota provincia del Yucatán, su entusiasmo se vio truncado, su salud no era buena, estaba aquejado de lo que los mexicanos llamaban "la maldición azteca" disentería.

En un principio la excursión estaba planeada para el matrimonio Imperial, pero Maximiliano tuvo que quedarse en Ciudad de México. En realidad, empleó la mayor parte del tiempo en visitar en Cuernavaca a la mujer del jardinero, Concepción Sedano, de la que ya se rumoreaba que estaba embarazada, y el padre del vástago supuestamente era Maximiliano.

Carlota, emprendió el viaje de un mes por los puntos más alejados de México. Salió de Veracruz el 20 de noviembre de 1865. Comenzó por visitar la Península de Yucatán. Luego de la travesía en el vapor "Tabasco", desembarcó el 22 de noviembre en el puerto de Sisal. En la Hacienda de Hunucmá, Carlota asistió a la Exposición de Industria, Agricultura y Productos Elaborados.

De Hunucmá a Mérida fue guiada por el Comisario Imperial José Salazar Llarregui, en una carroza tirada por caballos. A su entrada a la ciudad, sonaron cañones, campanas y música, el séquito se detuvo en la Plaza de Santiago, después visitó la Catedral en la Plaza Principal. Carlota entregó miles de pesos de su peculio personal para que se invirtiesen en escuelas, hospitales, ayudas a los pobres y reparaciones de iglesias. El 5 de diciembre Carlota salió rumbo a Campeche, al llegar le hicieron una recepción muy animada, el 16 salió para Ciudad del Carmen, donde tuvo una fiesta con cónsules extranjeros, estuvo hasta el 30 de diciembre, cuando se dirigió a Veracruz y finalmente regresó a Ciudad de México el 6 de enero de 1866. La primera noticia que tuvo al llegar fue muy triste: su padre, el Rey Leopold I de Bélgica, había muerto en el Castillo Real de Laeken, así se lo manifestó Maximiliano con lágrimas en los ojos. Carlota extremadamente afectada por la muerte de su padre a quien amaba y admiraba, se retiró al Palacio de Chapultepec.

Un mes después llegó una misión del nuevo Rey de Bélgica, su hermano Leopold II. La misión iba encabezada por el joven Frédéric Victor, Barón D'Huart, Ayudante de campo y favorito amante del Príncipe Philippe, Conde de Flandes, hermano de la Emperatriz Carlota. El Barón D'Huart, fue quien comunicó oficialmente la muerte del viejo Rey Leopold I y el acceso del heredero al trono.

Era de suma importancia que los miembros de la misión tuviesen una feliz impresión de México; les hospedaron en el Hotel Iturbide, antiguo Palacio del Emperador Agustín I. Nada se escatimó para hacer creer a los visitantes que Ciudad de México era otro París.

La noche antes de su despedida, los comisionados asistieron como huéspedes de honor a un baile donde una banda austriaca de música interpretó numerosos valses, los invitados bailaron con las señoras más distinguidas de la Corte Imperial, el Barón Karl von Marlotie, Ayuda de campo del Jefe de la Legión Austriaca, junto con todos los oficiales al servicio del Emperador, vestidos con uniforme de gala; corría el champán helado, jugaban al bacarrá con altos funcionarios y militares.

A las cinco de la mañana en el Hotel Iturbide, esperaba un coche tirado por veinte mulas que llevaría a los comisionados belgas hacia la cabecera de la línea férrea. No se asignó escolta, aunque se corría un riesgo evidente, porque, enviar una escolta de protección indicaría que el Imperio Mexicano, no era tan pacífico como se había hecho creer a los belgas.

Aquella tarde, cuando el Barón Karl von Malortie paseaba a caballo por La Alameda, se le comunicó por telegrama el suceso, que los comisionados belgas habían sido atacados en el puerto de montaña de Río Frío, Ixtapaluca, entre los valles de México y Puebla de Zaragoza-Tlaxcala, a unas veinticuatro horas a caballo desde la capital. En seguida Malortie se puso al frente del Escuadrón de húsares húngaros de la Legión Austriaca y se dirigió a Río Frío. Antes de llegar, en el camino, vieron galopando al Emperador, con el Conde Charles Renée de Bombelles y dos oficiales.

Malortie con su Escuadrón de húsares escoltó al Emperador; a la escolta se le unieron cincuenta

Cazadores de África. En Río Frío encontraron varios heridos y el cadáver del joven Barón D`Huart. Los belgas se habían defendido con las pistolas contra la banda que les atacó. Maximiliano se detuvo un largo tiempo ante el cuerpo del joven Barón, que había sido depositado en una pequeña capilla improvisada al borde del camino. Maximiliano, pensó, que el efecto del atentado iba a ser terrible ante la opinión europea.

De regreso a Ciudad de México, el Barón Malortie comunicó la noticia a la Emperatriz Carlota.

(Carlota).- ¿Qué ha ocurrido?

(Malortie).- Han asesinado al Barón D'Huart.

(Carlota).- ¡¡Oh Dios mío!! Pobre Frédéric Victor. ¿Dónde está el culpable?

(Marlotie).- No hay culpable, se trata de un atentado político, ya que no ha habido intento de robo.

(Carlota).- Sin duda un ataque político, y temo que el culpable está cerca de nosotros; sabía el camino y el horario de los comisionados belgas, y les tendieron una trampa.

El Barón Marlotie, veía cerca de Carlota estaba el Mariscal Bazaine.

La Emperatriz contuvo las lágrimas. Al día siguiente, en la comida no mostró la menor emoción, para no preocupar más a Maximiliano.

En Bruselas, en el Palacio Real de Laeken, la familia

Real recibió la noticia de México con incredulidad, no aceptaban lo sucedido; sobre todo, pensando que era un país seguro, tranquilo, sin problemas, por lo que según Carlota y Maximiliano decían.

La realidad no era así. Las tropas francesas, si eran hostigadas, respondían haciendo fuego, pero no intervenían si las fuerzas imperiales mexicanas, belgas, o las austriacas de la Legión fuesen atacadas.

Los atentados continuaban. A las puertas de San Luis Potosí, un grupo de austriacos fue atacado por las fuerzas liberales juaristas. El Jefe de una columna francesa que pasaba cerca del lugar se negó a prestar auxilio, diciendo a sus soldados que él cumplía órdenes, y sus soldados no tenían que combatir contra los juaristas, mientras no les atacasen a los franceses.

Capítulo V

Inmigración De Los Confederados

Lo que todavía quedaba de unos combatientes confederados, miembros de una Orden de Caballería del Sur americano y de señores adscritos a la forma peculiar de vida de aquella región; sobresalía en esa sociedad Matthew Fontaine Maury, fundador de la Ciencia Oceanográfica, autoridad mundial en el levantamiento de cartas marinas y de corrientes. Era quizás la autoridad científica más importante de la Armada norteamericana; dejó todos sus cargos del Estado para ponerse al servicio de los confederados.

Durante el tiempo que sirvió en la marina de los Estados Unidos, Matthew Fontaine Maury había tenido correspondencia por carta con el entonces Almirante de una pequeña flota de la Armada Austriaca, el Archiduque Maximilian de Habsburgo. Maury, cuya invención del "Torpedo Eléctrico" había hecho perder a los ejércitos de la Unión numerosos barcos, ahora le preocupaba el destino de su invento si caía en manos de los vencedores; decidió pedirle permiso al Emperador Maximiliano para ofrecerle sus servicios y, al mismo tiempo, organizar una inmigración de antiguos confederados.

Maximiliano enseguida ordenó que comunicasen al señor Maury que le esperaba gustosamente para hablar del asunto. Maury acudió y presentó un proyecto por el cual se garantizaría el libre ejercicio del culto a los inmigrantes protestantes de lo que quedaba de la confederación a quienes se otorgaría libremente las tierras necesarias para su asentamiento. Maury halló complaciente a Maximiliano, y sobre todo, a Carlota con una impresionante personalidad, discutía con lucidez los asuntos de catastro, salarios, nombramientos de agentes que recogerían en el Sur estadounidense las solicitudes para la inmigración.

La eficaz inteligencia de Carlota, percibió en la derrota de los confederados la gran oportunidad para abrir las puertas de México a una inmigración del Sur de Estados Unidos.

Maury como resultado de sus gestiones, recibió el título de Comisionado Imperial de Inmigración. Con su firma, miles de folletos impresos se distribuyeron por todo el Sur de los Estados Unidos diciendo

"México os llama", prometiendo a los antiguos confederados extensas tierras y fortunas.

El General Jubal Early, uno de los primeros jefes confederados, el General Edmund Kirby-Smith, primer Comandante confederado del departamento del Trans-Misisipi, el General John Magrader, jefe de la campaña peninsular antes de Richmond, y los antiguos gobernadores de Luisiana y Missouri, se reunieron con Maury en México. Los caballeros llegaban embarcados procedentes de Nueva Orleans, o atravesando la frontera Norte de México. A todos ellos se les hospedó en el Hotel Iturbide, en lo que fue palacio del Emperador Agustín I. Allí los caballeros emigrados, vivían con gran lujo, eran invitados por Maximiliano a recepciones, veladas musicales con bailes, donde destacaba el arrogante confederado General John Magrader elegantemente vestido; todo pagado con fondos del Gobierno Imperial.

El problema de la emigración estaba especialmente en manos de Carlota. Maximiliano nombró a Maury director de un proyectado Observatorio Astronómico del Imperio, los trabajos se coordinaban con los de la Sociedad Mexicana de Geografía y Estadística, cuya creación había sido también anunciada por Maximiliano. Ambas entidades trabajarían, a su vez, con la Imperial Academia de Ciencias Botánicas Desfontaines de México.

A los emigrados confederados se les proporcionó

500.000 acres de tierra cerca de Córdoba, esta extensión que se les cedió procedía de las expropiaciones hechas por Benito Juárez a la Iglesia. A este asentamiento se le dio el nombre de Colonia Carlota. Los nuevos colonos confederados, araban con sus caballos procedentes de la guerra y sembraban algodón, caña de azúcar y café. Tenían en Córdoba un centro social en el Hotel Confederado, donde se reunían, hacían cotillones, partidas de juego y consumían bebidas.

Pero la Colonia Carlota no prosperaba, porque los liberales y las partidas de bandoleros incendiaban y devastaban los campos. La Emperatriz y Maury proyectaron establecer colonias en media docena de localidades; con tal propósito se enviaron agentes al Sur de los Estados Unidos, para hacer propaganda en favor de un establecimiento en territorio mexicano, en lo que se llamaría Nueva Virginia. La idea irritó en Washington al Presidente Andrew Johnson, que pensó si iban algún día a regresar del exilio al viejo hogar los confederados, pero en son de combate y con ayuda del Ejército mexicano. De inmediato dio orden de no dejar salir de Nueva Orleans expediciones de emigrantes, y en el Río Grande las patrullas del General Sheridan hicieran muy difícil el paso de la frontera. El flujo de la emigración se detuvo; los inmigrantes confederados se encontraban cada vez más solos en México, se sabían extranjeros, lejos de su hogar y con los recursos agotados por culpa de los bandidos que les arrebataban sus bienes y quemaban sus cosechas.

Mientras la Emperatriz Carlota leía informes, sentada en la mesa del despacho en la que se acumulaban proyectos políticos, sociales, económicos y administrativos, sin encontrar solución a los inmigrantes confederados a los que dejó abandonados a su suerte, ganándose la vida como buenamente podían.

Todos los signos evidenciaban que la situación militar del país estaba lejos de estabilizarse, aunque del Norte llegaban noticias de que Juárez había salido del país, pero este informe era falso, Juárez permaneció siempre en la villa del Paso del Norte, (hoy Ciudad Juárez), junto a la frontera de los Estados Unidos.

(Louis Napoleón).- Tuve la esperanza de que Maximiliano sería un gobernante capaz de poner en orden la situación del país, me comentan por carta que es "un pobre fantasma de soberano". México es un desastre, están acogiendo a emigrantes confederados, dándoles extensas tierras; los antiguos generales viven a lo grande con el dinero del erario público. Maximiliano, creando leyes que no se cumplen, el Imperio está en manos de la Emperatriz Carlota, que por lo visto se encuentra desbordada de trabajo, las relaciones con su marido son cada vez más distantes, casi no se hablan. Al parecer, Maximiliano se siente celoso de la intervención de su esposa, hasta el extremo de hacerla salir del salón cuando él se reúne con oficiales y funcionarios para estudiar los problemas del Gobierno, y ella se ve obligada a pedir audiencia si quiere asistir a una reunión.

(Eugenia).- Pobre Carlota, ha sido entusiasta de un programa constitucional, una mujer apasionada por los libros y por la acción; pero ahora, de repente inactiva, se siente apartada de su cónyuge que se refugia en los brazos de la muchacha de Cuernavaca, la mujer del jardinero; y por si fuera poco Alice Green la madre del pequeño Agustín Iturbide, reclama que se lo regresen, ya que no ve futuro para su hijo en ese Imperio que tambalea, Maximiliano se niega a devolvérselo y ella ha recurrido ante la Embajada de Estados Unidos, y le han dado la razón. La verdad una pena, ya que Carlota se había encariñado con el niño. También el poeta José Zorrilla ha decidido regresar a España, dejando el Teatro Imperial y las lecturas de poemas que tanto gustaban a la Emperatriz.

No me extraña, que Carlota se entregue a la melancolía.

(Louis Napoleón).- En ese sentido doméstico no opino. El público francés estima que el problema de México ha sido un fracaso. Estudio los informes que me proporcionan mis agentes, espías y servicios policiacos; y es unánime el deseo de que las fuerzas francesas abandonen México. Los consejeros, la Cámara Legislativa, los ministros de la Guerra y de Finanzas, la familia de los soldados expedicionarios, todos piden urgentemente la evacuación.

(Eugenia).- Empiezo a comprender que la empresa es una causa perdida. Algunas veces lloraba cuando la gente me hablaba de la necesidad de repatriar al cuerpo expedicionario, pero ahora no pongo objeciones.

(Louis Napoleón).- Estoy decidido a comunicar mi decisión a Maximiliano del abandono de las tropas francesas que tienen que regresar al hogar. Daré instrucciones al Mariscal Bazaine Comandante en jefe, para empezar la evacuación tan pronto como sea posible, le concedo un año, dieciocho meses como plazo máximo, para que las tropas regresen a Francia. Me presentaré ante la Cámara Legislativa para decir que las tropas regresarán en tres etapas.

Maximiliano recibió en Cuernavaca la carta de Napoleón III, cuando estaba reunido con la esposa del jardinero. Inmediatamente dictó una orgullosa respuesta diciendo que el solemne "Tratado" que habían firmado hacía poco más de dos años, ahora súbitos apremios por parte del Emperador de Francia le impiden cumplirlo. Maximiliano con toda cordialidad de la manera digna de un Habsburgo, le exigía que retirase de inmediato las tropas francesas de México.

Napoleón III no le dio importancia a lo que había de desdén en las palabras de Maximiliano, y se dispuso a repatriar sin pérdida de tiempo a sus ejércitos. Pero las guarniciones francesas cubrían gran extensión de México, empezaron, por tanto, a concentrar su perímetro. Las bandas militares que tocaban los días festivos en cada importante ciudad enfundaron sus instrumentos, y las fuerzas de infantería se desprendieron de los equipos que no necesitaban, los oficiales vendieron los caballos que poseían en propiedad personal. Las tropas iban dejando la ciudad, rumbo a Ciudad de México. Detrás de ellos avanzaban tropas juaristas, y por todos los lugares abandonados por los franceses se hacían alusiones republicanas por medio de letreros en las paredes de las casas: "Muera Maximiliano", "Viva la República", "Viva la Libertad".

(Louis Napoleón).- Por si fuera poco, en Europa las cosas se han complicado. La rivalidad entre Austria y Prusia se caracteriza por grandes conflictos territoriales, contenciones económicas, culturales y políticas, por el liderazgo soberano entre pueblos de habla alemana. En esta guerra participan Alemania, Italia, Bohemia y el Mar Adriático.

Austria ha declarado la guerra al Reino de Prusia hace poco, el 14 de junio de 1866, en su pugna por dominar el proceso de la unificación alemana, y el Ejército de Prusia se ha movilizado hacia la región de la Alta y Baja Silesia, (tierras de la Corona de Bohemia, Moravia y Silesia austriaca) para atacar territorio austriaco, invadiendo Bohemia y el Reino de Sajonia. En paralelo, Prusia se ha aliado militarmente con el Reino de la Italia Unida que se ha lanzado a la campaña contra Austria. El Rey Vittorio Emmanuel II de Italia, viendo la posibilidad de extender su territorio a expensas de Austria, sabía que luchar contra Prusia, cualquiera que fueran las circunstancias, no era bueno para Austria.

(Hidalgo).- En esta guerra el uso del telégrafo está muy extendido entre ambos contendientes, lo cual permite la llegada de órdenes militares de forma rápida y fluida, de un modo similar a lo sucedido durante la Guerra de Secesión estadounidense, terminada hace apenas un año.

(Louis Napoleón).- La pequeña flota austriaca, se ha hecho a la mar hacia las costas italianas. Al mismo tiempo que el grueso de las fuerzas terrestres austriacas, avanzaban por las montañas de Bohemia, las tropas prusianas se dirigían al Sur a su encuentro.

Italia lanzó una ofensiva bélica a mediados de junio para tomar el Trentino, región de población italiana bajo dominio austriaco, destruyendo el esfuerzo militar de Austria con una amenaza de sus fronteras meridionales. El avance italiano al mando de los generales del Ejército Sardo, Alfonso Ferrero, Marqués de La Marmora y Enrico Cialdini, fue muy desordenado, y el Primer Ejército al mando del Príncipe heredero austriaco unido por el Ejército veneciano dirigido conjuntamente por el Archiduque Albrecht von Österreich(Austria), Duque de Teschen, logró evitar con éxito el peligro en la batalla de Custoza, Verona, el 24 de junio de 1866, tras lo cual el avance italiano se debilitó muchísimo, terminó con una derrota italiana, a pesar de su superioridad numérica.

La batalla fue un gran éxito para Austria, ya que no solamente se había repelido la invasión italiana contra Venecia, sino que se había causado graves bajas a las fuerzas atacantes.

Sin embargo, ante la superioridad numérica prusiana, el Reino de Hannover se ha rendido el 29 de junio, dejando así fuera de combate al único gran aliado de Austria en el Norte de Alemania, lo cual, permite a las fuerzas prusianas transitar de un extremo a otro el territorio.

Los austriacos, a pesar de su victoria en Italia, no se habían rehecho del todo sus fuerzas, cuando les vino la batalla de Sadowa o Königgrätz, en la provincia de Bohemia del Imperio austriaco.

(Hidalgo).- ¿Quién iba al mando de las tropas austriacas en la batalla de Königgrätz o Sadowa?

(Louis Napoleón).- El General Ludwig August Ritter

von Benedek; le conozco también con el nombre de Lajos Benedek, de ascendencia magiar, en Italia se enfrentó a mí en Solferino. Ahora su adversario es el General Helmuth von Moltke, nacido en Parchim, Alemania, su verdadero nombre es Helmuth Karl Bernhard, Conde von Moltke. Es el militar más brillante de la historia alemana, bajo su dirección, Prusia derrotó a Dinamarca en 1864, rivaliza en genio con el Canciller prusiano Otto von Bismarck.

Los ulanos lanceros de Prusia el 3 de julio galoparon a la orilla del Bistritz (río del Este de Rumanía, discurre por la región de Moldavia). El avance prusiano continuó sobre territorio austriaco en el Norte de Bohemia.

Las fuerzas prusianas han incorporado nuevas armas como el fusil de aguja Dreyse o el cañón de retrocarga Krupp de 90 mm, mientras que las fuerzas austriacas están dotadas de armas muy inferiores y obsoletas.

En Sadowa, provincia de Bohemia del Imperio austriaco, el 3 de julio de 1866, se libró la batalla de Sadowa, las tropas prusianas, gracias a la maniobra del General Helmuth von Moltke que agrupó a tiempo a sus tres grandes masas de tropas, sorprendiendo a los austriacos causándoles severas pérdidas. Tres semanas después se firmó el Armisticio de Praga. El compositor prusiano de música militar Johann Gottfried Piefke, ha compuesto la "Königgrätzer

Marsch" en conmemoración de la victoria prusiana en esta Batalla de Sadowa.

Austria había reunido para esa batalla 184.000 hombres, con apoyo de 22.000 soldados de Sajonia, mientras que Prusia empleó 224.000 hombres, la diferencia numérica entre ambas fuerzas en combate no era muy grande.

El cese de las hostilidades se produjo después del Armisticio de Cormóns, municipio de Italia, el 12 de agosto de 1866 entre el Reino de Italia y el Imperio Austríaco. Así Italia consiguió anexionarse el Véneto, y Vittorio Manuel II entró triunfal en Venecia.

La victoria de Prusia en este enfrentamiento ha determinado el fin de la Confederación Germánica, con la capital en Frankfurt del Meno, que estuvo bajo la presidencia de la Casa de Austria. La exclusión de Austria en los asuntos relativos a los Estados alemanes y el dominio de Prusia de los ducados daneses Schleswig-Holstein, el ducado de Holstein del dominio de Austria.

Por la Paz de Praga, 23 de agosto de 1866, se puso fin a la Guerra Austro-Prusiana. Tras esta paz definitiva, el Canciller prusiano Otto von Bismarck, ya al mando de la política alemana, persiguió la expulsión de Austria y logró unir a todos los Estados alemanes. Firmantes por el Imperio austriaco: Barón Adolphus Brennet. Por el Reino de Prusia: Representado por el Barón Karl von Werther. Prusia se anexiona partes de Baviera, Hannover, Hesse-Kassel, partes de Hesse-Darmstadt, Frankfurt y Nassau. Italia se anexiona Mantua y partes de Friuli-Venecia Julia, región del Noroeste de Italia que limita con Austria, Eslovenia y el mar Adriático.

(Louis Napoleón).- Alemania era un conjunto de 39 estados independientes que formaban la llamada Confederación Germánica. Los pueblos germanos aspiraban también a formar un solo Estado poderoso y una sola nación. Entre esos estados, sobresalía de forma extraordinaria el Reino de Prusia, Estado del mar Báltico entre Pomerania, Polonia y Lituania que existe desde finales de la Edad Media, su capital Königsberg, un reino alemán gobernado por la dinastía Hohenzollern, estaba centrada en Brandeburgo-Prusia situada entre los ríos Elba y Óder que agrupaba a pueblos de origen germánico. Prusia es la nación que inició tal movimiento unificador.

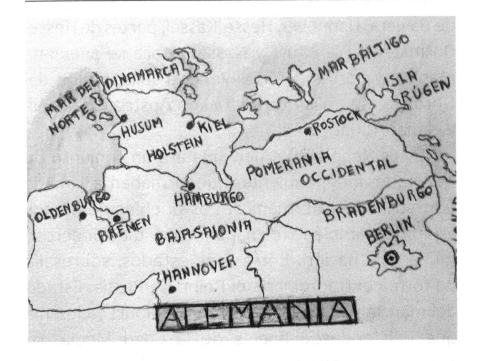

(Hidalgo).-En realidad, se ha llevado a cabo por medio de guerras, es decir por la fuerza. Estoy temeroso de que el gobierno que se pretende formar en una Confederación Alemania del Norte, me figuro que será un gobierno autocrático y militarista que formará una nación poderosa, con su centro en Berlín; pero me parece que va a ser con ansias de dominio universal.

(Louis Napoleón).- Tras el triunfo prusiano, los verdaderos forjadores de la futura Unificación Alemana, serán el Rey de Prusia, Wilhelm I, que ha hecho de su nación la primera potencia militar de Europa y junto con su Canciller Otto von Bismark, apodado el Canciller de Hierro en razón de su carácter autoritario, duro y enérgico.

(Eugenia).- París ha recibido con regocijo que Prusia ha vencido a Austria, eso significa que Austria ha dejado de ser una gran potencia.

(Louis Napoleón).- La caída de Austria implica que se erige Prusia a la cabeza de una nueva y temible Alemania Unida. Francia es ahora vecina de una Prusia convertida en una terrible máquina militar.

(Eugenia).- Soy optimista, me vengo arriba y dueña de sí, pido apasionadamente una demostración militar francesa a lo largo del Rin para exigir a Prusia garantías de que las numerosas unidades armadas de los Estados alemanes no serán absorbidas por el Ejército prusiano, así como para obtener ciertas concesiones que se estimen necesarias para la seguridad futura de Francia. Ahora es el momento, ya que las tropas de Prusia están en Bohemia y queda abierto el camino de Berlín y poder avanzar por él si llega el momento preciso. Tienes que decir al Consejo de Estado que acuerden enviar 80.000 soldados franceses al Rin, que se convoque a sesión especial la Cámara Legislativa para votar los créditos que la movilización exija, y que se haga una severa advertencia a Prusia.

Todos estos acuerdos deben aparecer al día siguiente en el periódico oficial.

(Louis Napoleón).- Cómo pretendes movilizar a

80.000 soldados, cuando los arsenales franceses están agotados a causa de la expedición a México, las mejores tropas de Francia se hallan allí y otras en ultramar.

Eres tú quien lo ha hecho todo, y ahora impones una nueva aventura a lo largo del Rin. No voy a dar ninguna orden que pretendes dé al Consejo de Estado. Además, las columnas prusianas han regresado a su patria y el camino de Berlín se ha cerrado.

Ya sabes, que en octubre de 1865, el Canciller prusiano Otto von Bismarck y yo tuvimos una reunión en Biarritz, me dijo que Francia se mantuviera al margen de un previsible conflicto austro-prusiano, mientras que Prusia se comprometía a apoyar a Italia para conseguir la anexión de Venecia. Por mi parte, aceptaba estos planteamientos y en caso de un conflicto, le brindaría la oportunidad de actuar de mediador en los asuntos alemanes y, posiblemente, conseguir para mí, algunas ventajas territoriales. Por otra parte, me comprometí a mediar ante los italianos para que llegasen a un entendimiento con los prusianos. Lo que se consiguió con la alianza ofensivo-defensiva contra Austria y sus aliados fueron: las anexiones a Prusia del Estado de Sajonia, su capital Dresde, la Provincia de Hannover (hasta entonces Reino) en la Baja Sajonia y el Estado independiente Hesse-Kassel o la ciudad de Frankfurt del Meno. Firmado en abril de 1866.

(Eugenia).- Está bien, como tú digas. Ya que parece que no te encuentras muy bien de salud, si te parece podemos ir a Saint Cloud a pasear por los jardines, y también puedes entretenerte disparando con tu nuevo rifle Chasseport, mientras yo contemplo tu deportivo ocio.

(Louis Napoleón).- Luego puedo ir a Vichy a hacer una cura de aguas. Me encuentro mareado, y a penas duermo desde que he sabido que el Rey de Prusia Wilhelm I, por consejo del Canciller Bismarck, ha puesto todo su Ejército, que asciende a un millón de hombres, en estado de intensa movilización.

Ya en Vichy.

(Louis Napoleón).- Han pasado días y mis energías no se recuperan, regresaremos a Saint Cloud y en cuanto llegue, que será el día 7 de agosto, me meteré en el lecho a descansar. A Napoleón, el día 8 de agosto, le llegó en Saint Cloud, un telegrama cursado en el puerto de Saint Nazaire, en Francia, diciendo que la Emperatriz Carlota había llegado de México y quería verle inmediatamente.

Capítulo VI

La Emperatriz Carlota En París

Carlota tomó la decisión de marchar a Europa, buscando apoyo para el Emperador Maximiliano. No quiso que la Corte anunciara en los periódicos su viaje, solamente Maximiliano y un reducido séquito lo sabían.

Carlota, el día 9 de julio salió hacia Veracruz, con un cortejo de 12 personas, el General José López Uraga viajaba como Jefe de escolta. Maximiliano la acompañó hasta el Monasterio de la Virgen de Guadalupe, donde rezaron juntos, a continuación Maximiliano y el General José López Uraga regresaron a Ciudad de México, y Carlota continuó hacia la costa. Para hacer frente a sus gastos, llevaba consigo 630.000 pesos tomados de un fondo especial reservado para la lucha contra las inundaciones, en realidad, era la última suma efectiva de que disponía el Imperio.

Carlota mostraba una intensa ansiedad por llegar a Puebla, donde harían noche.

La Emperatriz y su modesto séquito llegaron a Veracruz, el vapor correo francés "Impératrice Eugénie" les estaba esperando fondeado en la bahía.

Carlota abandonó México para no volver jamás.

El barco arribó en La Habana, después, salió rumbo a las Islas Occidentales, llegó a la Isla de Santo Tomás, en las Islas Vírgenes, donde vivía exiliado Antonio López de Santa Anna. Carlota no quiso desembarcar, la mayoría del tiempo permanecía en su camarote. El barco llegó a Saint- Nazaire, comuna francesa en el Atlántico. En el puerto no había recepción oficial, salvo, la presencia del alcalde que saludó a la Emperatriz y la pidió excusas por no haber podido hacerle un recibimiento solemne, manifestando que Saint- Nazaire era una ciudad levantada hacía poco tiempo, sin trazado de las calles, y servía de descanso a las fuerzas francesas y de escala a los barcos que se dirigían a México.

Carlota desde la estación de la ciudad, envió a Napoleón III un telegrama diciéndole, que había llegado a Europa, con la misión, conferida por el Emperador Maximiliano I de México, para tratar con el Emperador Napoleón III de Francia, sobre varios asuntos relacionados con el Imperio mexicano.

Recibió la respuesta de Napoleón III, cuando el tren llegó a Nantes. El Emperador le decía que había recibido su telegrama, pero que había regresado recientemente de Vichy enfermo, y se sentía obligado a guardar reposo en cama y por consiguiente no podía atender su petición.

Se quedó paralizada, suponía que el Emperador francés se desentendía de ella, era una enfermedad diplomática, un disimulo.

De todas formas iría a París, y seguramente la recibirían con honores imperiales, con alfombra roja, tropas de gala, y una escolta de la Guardia del Emperador.

Carlota en tren llegó a la estación de Montparnasse, vio que nadie había acudido a recibirla, sufrió un ataque de nervios, y el pequeño séquito tuvo que calmarla, ella y sus acompañantes salieron a la calle y tomaron unos coches, que les llevó al Grand Hotel, el más lujoso y nuevo. La Emperatriz sollozando se encerró en su habitación.

Napoleón envió a su Ayudante de campo, General Waubert de Genlis, acudió al hotel y expresó que había esperado saludar a la Emperatriz Carlota en la estación de Orleans.

No demostraba mucha delicadeza y bruscamente preguntó cuánto tiempo pensaba quedarse la Emperatriz en Francia.

Ella le hizo saber que no había nada que la obligase a dejar París.

El General, continuó preguntándole si en ese caso le agradaría recibir al día siguiente, a las dos de la tarde, la visita de la Emperatriz Eugenia, le respondió que sí, que sería muy agradable.

La Emperatriz Eugenia de Montijo acudió solemnemente, acompañada de dos damas de honor y de dos Ayudantes de campo del Emperador. Jefes del servicio y la camarera de la Emperatriz Carlota, doña Manuela del Barrio recibieron a la Emperatriz de Francia al pie de la escalera principal del hotel y la escoltaron hasta el primer descansillo, donde Carlota esperaba, al ver a Eugenia descendió un escalón para recibirla, ambas se abrazaron y besaron.

Las dos damas se sentaron una junto a otra, y Carlota, excitada, comenzó a hablar de las dificultades que estaban surgiendo en México.

La Emperatriz Eugenia atendía en silencio, pero parecía que había momentos en que iba a romper a llorar, pasados unos momentos, Eugenia empezó a hablar de temas ligeros.

(Eugenia).- ¿Cómo son en México las ceremonias, las fiestas, las reuniones? ¿Podrías describírmelas? ¿Y Chapultepec?

(Carlota).- México es un país maravilloso, pero sin perder tiempo, insisto en los graves problemas que hay que resolver.

Eugenia se mostraba evasiva, se despidió de Carlota.

(Carlota).- ¿Cuándo podré devolveros la visita?

(Eugenia).- Pasado mañana, si place a Vuestra Majestad.

(Carlota).- ¿Me será posible ver también al Emperador?

(Eugenia).- Oh, el Emperador está todavía enfermo.

(Carlota).- Juzgo que no puedo soportar más esta vejación, estaré a verle, sea como sea.

(Eugenia).- Podéis visitarme mañana.

De regreso a Saint Cloud, Eugenia supo con espanto que Otto Bismarck le había comunicado al embajador francés en Berlín, que si Francia ponía la más ligera objeción a las conquistas realizadas por Prusia tras la Batalla de Sadowa, más de un millón de prusianos victoriosos cruzarían el Rin con dirección a París.

Al día siguiente, como había acordado Eugenia, un carruaje de las caballerizas imperiales recogió a Carlota y la condujo al Palacio de Saint Cloud donde un destacamento de la Guardia Imperial, presentó armas mientras Carlota avanzaba hacia el Príncipe heredero Napoleón Louis Eugéne, de diez años de edad, vestía de uniforme blanco y ostentaba la insignia de la Orden del Águila Mejicana. El joven Príncipe ofreció la mano a la Emperatriz, a la que acompañó a subir la gran escalera, donde formaban en dos filas los Cien Guardias. Arriba aguardaban el Emperador y la Emperatriz de Francia. Hubo breves ceremonias de presentaciones de acompañantes. El Emperador Napoleón III y la Emperatriz Eugenia con la Ilustre visitante entraron en el despacho del Emperador.

Carlota inició su exposición. Sire, he venido a salvar una causa que es Vuestra. Si no se os ha facilitado suficiente, ni se os ha dado tregua para desenvolveros, es porque la situación no se ajustaba a lo que se había anunciado, empezando porque el Mariscal Bazaine es un incompetente. Las promesas que Vos nos habíais hecho cuando salimos para México, no tiene que ver con el honor de Francia.

No ha sido posible enviar dinero a Francia, en pago de los débitos contraídos, porque el Mariscal Bazaine ha sido incapaz de impedir que las aduanas, salvo la de Veracruz, fuesen intervenidas, su autoridad no ha estado nunca perfectamente asegurada. Es imposible que Francia retire en estos momentos sus tropas, pues si lo hace así, su bandera quedará deshonrada.

Mientras os hablo, descubro que parecéis ausentes, débiles, inermes, no me escucháis.

(Louis Napoleón).- Lo siento, no puedo hacer nada, todo está más allá de mis posibilidades.

(Carlota).- El Gobierno de un país de cuarenta

millones de habitantes, en posesión de un enorme capital y de los más altos recursos del mundo, no debe decir que algo es imposible.

Napoleón III la atendía en silencio.

Carlota, Eugenia y Napoleón III discutieron durante hora y media. El Emperador estaba agotado, odiaba las escenas tanto como parecer descortés, pero la Emperatriz de México lo acosaba con argumentos implacables, cuando intentaba hablar Carlota le interrumpía con violencia.

(Louis Napoleón).- ¡Ya está bien! Definitivamente la intervención en México tiene que terminar, y esta entrevista también.

Napoleón III se levantó, hizo una fría reverencia y acompañó hasta la puerta a Carlota.

(Carlota).- Os anuncio, que con Vuestro permiso consultaré a los altos consejeros franceses, que estimarán las razones con que demuestro que Francia no puede retirarse de México, ellos respaldarían a Vuestra Majestad si Vos anunciáis que deberían cumplirse mis deseos.

Napoleón III, con tal de librarse de la presencia de aquella mujer fuera de sí, accedió a cualquier compromiso.

(Louis Napoleón).- Señora, podéis libremente conferenciar mañana con los ministros del Imperio francés.

A la mañana siguiente, Carlota recibió en el

Grand Hotel a los ministros de Asuntos Exteriores, de la Guerra y de Finanzas, que escucharon sus argumentos y los rechazaron.

(Carlota).- ¿Dónde están las personas cuyos bolsillos se llenaron de oro a expensas de México? Iré a Roma a pedirle ayuda al Papa. Satán no se atreverá a seguirme hasta allí.

Al día siguiente, el Consejo de ministros votó por unanimidad poner término a la intervención de Francia en México.

Napoleón III escribió a Maximiliano advirtiéndole "De ahora en adelante me es imposible enviar a México un franco más o un soldado más".

Mientras Carlota gestionaba los asuntos de Estado, en México, la mujer del jardinero de Cuernavaca dio a luz un niño fruto de las relaciones amorosas con Maximiliano, y según afirmaban los franceses le había hecho caer en un ensueño feliz que lo apartó de los trabajos oficiales del Estado. Carlota se enteró por los corrillos cortesanos de París, pero jamás hizo mención del trance ni pronunció una palabra contra su marido.

Dos semanas después de su llegada a Saint Nazaire, salía de París, ciudad que había llegado a inspirarle horror. Sin duda ella no sabía que Napoleón III, le había proporcionado un tren especial dispuesto para ella. En Mácon, al Norte de Lion, el pueblo salió a la estación a aclamarla; ella desdeñó el agasajo, el tren cruzó por la región de Saboya, por las zonas montañosas de los confines de Italia, en la frontera italiana suspiró de alegría, había dejado atrás el país de su enemigo.

Entró en las regiones de Italia septentrional, donde Maximiliano y ella habían sido virreyes, en Milán y en las riberas del lago Como, las gentes aplaudían a esa Emperatriz de veintiséis años de edad, a quien encontraron prematuramente envejecida.

Llegó a Miramar, todo estaba ante sus ojos igual, vivía otra vez en Lombardía como si nunca la hubiese dejado, a pesar de que habían pasado ya cerca de diez años. Entró en el Palacio de Miramar y se emocionó al cruzar por los salones que Maximiliano había creado y amueblado, en su dormitorio, encontró un retrato de Maximiliano, de aquellos días, con la inscripción "Gobernatore Generale del Regno Lombardo-Veneto".

Carlota dijo "Dios estaba contigo" se llevó a los labios el retrato y lloró, la luna brillaba, pensó que eso era más hermoso de lo que pueda expresarse.

Carlota permaneció en Miramar para celebrar la Independencia de México, luciendo en sus cabellos una diadema de brillantes, presidió el banquete en el gran salón del comedor.

De Miramar fue a Roma a visitar al Santo Padre, en su paso por las ciudades italianas, llegó a Padua donde la visitó el Rey Vittorio Emanuele II, quien dio recuerdos a Maximiliano al que estimaba mucho porque consideraba que tenía muy buenos sentimientos.

En Botzen Trentino-Alto Adagio, Carlota vio a un organillero que tocaba su ambulante instrumento de música; comenzó a gritar que aquel hombre era el Coronel Paulino Lamadrid, del Ejército Imperial mexicano, vestido de harapos, le habían enviado para asesinarla, así como a sus sirvientes y a sus damas de honor; el séquito trató de convencerla de que era imposible, porque el Coronel se encontraba en México, trataron de calmarla pero Carlota, bruscamente, ordenó regresar a Miramar para sentirse a salvo de sus asesinos.

Telegrafiaron a Roma para que no la aguardasen, pero la Emperatriz volvió a cambiar de opinión, y el viaje se emprendió de nuevo. A medida que se avanzaba hacia el Sur, el viaje se hacía progresivamente más agradable; las autoridades locales salían a la estación a ofrecerla música y flores; en Regio Emilia, los notables ofrecieron a la Emperatriz una ceremoniosa comida; en Bolonia, una guarnición desfiló al término de una recepción por las calles adornadas con flores.

Todos esos halagos no eran apreciados por una Emperatriz completamente trastornada.

Llegaron a Roma, por orden del Papa, los cardenales, la guardia noble y los coraceros estaban dispuestos a rendir honores a la Emperatriz. El día estaba húmedo y llovía, Carlota subió al carruaje que la condujo al Grand Hotel.

Al día siguiente, el Cardenal Giacomo Antonelli, Secretario de Estado de Su Santidad, acudió al Grand Hotel de Roma, donde permaneció una hora ante la Emperatriz, a la que leyó una larga relación de los daños que el Emperador Maximiliano I de México había causado a la Iglesia. Carlota pidió ser recibida por el Papa. Se concertó la audiencia para las once de la mañana del 27 de septiembre. La Emperatriz acudió a la visita en coche de cuatro caballos, la multitud se agolpaba para verla pasar. Llegó al salón del Trono, donde la esperaba el Papa Pío Nono, Carlota se arrodilló ante el Jefe de la Iglesia, él la alzó y extendió las manos hacia ella dándole la bendición, lo mismo a su séquito y a su pueblo. Al fin se retiraron los acompañantes y quedaron los dos solos.

Carlota empezó a hablar, más bien, durante hora y media a desvariar. El Papa trató de calmarla, pidió que la sirviera un chocolate, ella se opuso diciendo que podría estar envenenado. Pasaba el tiempo, el Papa indicó que tenía que trabajar, y aprovechó para retirarse de su augusta visitante.

La Emperatriz llegó al Grand Hotel, se encerró en su habitación y se negó a comer y beber.

En la noche del 7 de octubre, su hermano, Philippe Conde de Flandes, advertido del estado de Carlota, llegó a Roma procedente de Bruselas. Pensaba que eran exageradas la situación en que se encontraba su hermana, sus ilusiones se desvanecieron cuando entró en la habitación de Carlota. El Conde telegrafió a los agentes bancarios de Carlota, indicándoles que no cumpliesen las instrucciones que recibiesen de ella. Luego sugirió que sería conveniente que todos se trasladasen a Miramar.

El 9 de octubre, la Emperatriz y su hermano salieron del brazo y se fueron dando un paseo a pie hasta la estación del ferrocarril. Llegaron a Miramar, Carlota se enfrentó con su hermano, acusándole de querer matarla.

Por la noche, ya en su dormitorio, Carlota se escapó, por los jardines, llevaba el pelo suelto y ropa interior en desorden, hubo que recogerla a viva fuerza. El Conde de Flandes, ordenó confinarla en el pabellón del jardín Gartenhaus en Miramar, un pequeño cuarto cuyas ventanas se aseguraron con rejas y la puerta se sujetó con un candado. Allí, la más cruel de las locuras se apoderó de ella durante los nueve meses de su confinamiento.

En México, Maximiliano recibió un telegrama por el nuevo cable interoceánico, que era la maravilla de la época, en el que se comunicaba vagamente que Carlota se encontraba enferma, que había sido trasladada a Miramar y estaba a los cuidados del vienés doctor Josef Gottfried von Riedel. Maximiliano preguntó a su médico el doctor Samuel Siegfried Karl von Basch, judío prusiano, si conocía al doctor Riedel, el doctor Basch replicó que Riedel era el doctor del asilo de locos.

(Maximiliano).- Entonces, eso quiere decir que mi mujer está loca. Estoy completamente abrumado, y me marcho, abdicaré. Ordeno que mis efectos e intereses se empaqueten y envíen con los archivos al puerto de Veracruz para embarcarlos a bordo de la corbeta austriaca "Dandolo" hasta el Castillo de Miramar, en Trieste.

El 20 de octubre de 1866, Maximiliano, sin anunciarlo, salió de Ciudad de México, camino de Veracruz.

La situación económica que dejaba en el Imperio era tal que se les dijo a los sirvientes que vendiesen, para cobrarse los atrasos, los caballos de las caballerizas reales y las vajillas del Palacio Nacional, y aún así, no era suficiente para saldar las deudas.

A la mañana siguiente, cuando comenzaron a circular las noticias de la ausencia del Emperador Maximiliano, un rumor contradictorio se extendió por la capital.

Mariano Riva Palacio, el más famoso abogado mexicano de su época, temió que se desatase un violento desorden, y comentaba con sus colegas.

(Riva Palacio).- Por la mañana nos han dicho que el Emperador, poniendo fin al Imperio, se ha marchado.

Por la tarde nos dicen que ha regresado a la capital y que será apoyado por los franceses para que intente salvar el Imperio.

Todo es un caos. La gente habla de que las tropas del General liberal Porfirio Díaz van a ahogar al país en un baño de sangre, que la anarquía se desatará, ya que en el valle de México no hay un metro cuadrado de terreno que pueda estimarse a salvo.

Al Sur, las guerrillas se multiplican, la villa del Emperador en Cuernavaca ha sido saqueada; el Coronel Paulino Lamadrid, que ha acudido con húsares austriacos a sofocar el agravio, fue cercado y matado a tiros, así como a sus hombres. Patrullas de caballería francesa tratan de mantener un orden, al menos transitorio.

Los cinco mil confederados de la Colonia Carlota han sido atacados, del Hotel Confederado se ha expulsado a los huéspedes, los equipajes y útiles han quedado abandonados en la calle, los refugiados huyen intentando poder alcanzar Nueva Orleans, o Nueva York, o cualquier otro puerto fuera de México.

El Emperador el primero de Enero recibe el Año Nuevo en la ciudad de Puebla en su camino de regreso a la capital. Comenzó a preguntar a sus allegados si él debía permanecer en México o marchar a Europa. Stephen Herzfeld, amigo desde su juventud y compañero de numerosos viajes, le manifestó que permanecer era una locura, y que lo mejor que podía hacer era ir a Europa.

Miguel Miramón, regresó a México para ponerse a las órdenes del Emperador; él y Leonardo Márquez, ambos eran veteranos de la guerra civil mexicana, sus destinos estaban en México, al Emperador le resultaban especialmente valiosas su opiniones; Miguel Miramón diciéndole que el Imperio podía todavía reorganizarse sobre una base más sólida y exclusivamente mexicana. Este mismo año Miramón fue nombrado Primer Ministro del Segundo Imperio Mexicano.

Por fin Maximiliano habló con sus súbditos expresándose a disgusto en lengua francesa.

(Maximiliano).- Nunca he dicho que quiero abdicar. Las nuevas generaciones de muchachos mexicanos comprenden la necesidad de una Monarquía en el país.

Una vez que se marchen los franceses, deseosos de que abdique, todos los partidos se congregarán en torno a una Monarquía decidida a permanecer en México. ¿Cuál sería la suerte de mis leales partidarios si yo los dejara en el embrollo y emprendiera la fuga?

En estos momentos sufro de una afección de garganta, y además de disentería, si me retiro a los alrededores de Orizaba podré descansar y estudiar serenamente la situación.

Napoleón III, enterado de las dudas de Maximiliano comentaba.

(Louis Napoleón).- Tres o cuatro veces en una semana Maximiliano se dispuso a abdicar, y otras tantas cambió de criterio al cabo de unos minutos. Lo mejor es que envíe a México a mi ayudante personal el escritor y naturalista Conde Francis de Castelnau, con la misión de conseguir que Maximiliano salga del país con las últimas tropas francesas.

Maximiliano no le recibió. Mientras su Imperio se hundía por momentos, el enemigo ganaba terreno, el General conservador Tomás Mejía, sin dinero para poder pagar desde hacía meses a sus hombres, rindió Matamoros al General de los liberales Mariano Escobedo, que avanzaba hacia el Sur, en tanto Porfirio Díaz avanzaba hacia el Norte. Capitulaban ante las tropas de Benito Juárez las ciudades de Tampico, Monterrey, Mazatlán, Saltillo y Guaymas.

Maximiliano hablaba de una contraofensiva que le llevaría a la victoria, Márquez y Miramón con los demás conservadores declararon que aportarían dinero; bajo sus consejos, el Emperador salió de Orizaba y se dirigió hacia la Ciudad de México; se detuvo durante diez días en Puebla, en cuyo Palacio Arzobispal se alojó, donde le llegó la noticia de la caída de Guadalajara. Maximiliano salió para la capital.

El Conde de Castelnau y el Mariscal Bazaine

intentaron conseguir un acta de abdicación, pero Maximiliano se negó a firmarla.

De nuevo en la capital, Maximiliano no se sentía seguro, dijo que no viviría en Chapultepec por temor a tener que salir por la puerta trasera mientras Juárez entraría por la puerta principal.

Miramón, procuró arreglasen al Emperador la Hacienda de la Teja, residencia de verano de un suizo que vivía en la capital. La casa era muy modesta, se hallaba en pleno campo, entre la capital y Chapultepec.

Llegó el momento en que Maximiliano tenía una audiencia con el Mariscal François Achille Bazaine, quien comunicó que había dado órdenes para que en los próximos días se retirasen las fuerzas francesas, por lo tanto Maximiliano quedaría sin apoyo, Maximiliano le contestó que buscaría apoyo en los conservadores, y en un futuro no deseaba tener ninguna relación directa con Su Excelencia Bazaine, y ya estaba retrasándose su marcha de México.

Los comerciantes franceses establecidos en la capital cerraron sus establecimientos y se fueron a Veracruz para embarcar; los músicos, soldados y comerciantes iban en caravanas, para resistir con eficacia el posible ataque de los liberales o de bandidos.

Al mismo tiempo que los franceses prepararon su marcha, numerosas tropas belgas y austriacas hicieron saber que también partirían, a pesar de que muchas de estas unidades estaban alistadas al servicio del Emperador, y legalmente obligadas a defender el Imperio. Maximiliano dijo que rechazaba tener a su servicio soldados que no parecían dispuestos a servirle y dejaría marchar a quienes deseasen hacerlo.

Algunos militares mexicanos manifestaron que hacían honor a sus promesas y juramentos; eran éstos en su mayoría, soldados profesionales que habían tenido la suerte de formar en las filas de tres jefes mexicanos: Márquez, Miramón y Mejía.

En todos los acantonamientos franceses se tocó diana, y el 5 de febrero de 1867, se izó la bandera de Francia y a continuación fue lentamente arriada entre honores militares.

En Ciudad de México, las tropas francesas formaron en la Plaza del Zócalo, frente al Palacio Nacional y la Catedral. El Mariscal Bazaine salió de su Cuartel General siendo saludado por sus fuerzas.

La Plaza del Zócalo se llenó de mexicanos civiles que contemplaban en silencio el espectáculo, cuando el Mariscal Bazaine se cuadró ante ellos en un saludo de despedida, no se oyó una voz. Bazaine a continuación montó a caballo y se puso al frente del primer contingente de tropas, dándoles la orden de marcha, los tambores y las cornetas de las unidades francesas sonaron por última vez en aquella Plaza del Zócalo, en México.

Bazaine, sabía que se iban sin honores, pero, había conseguido retirar más de 23.000 hombres, sin sufrir una baja.

Mientras los franceses se dirigían a Veracruz, Maximiliano dio un banquete en la capital, y al terminar gritó: "Por fin soy libre". Os juro que el Imperio mexicano será uno de los más florecientes del mundo; su capital no tendrá rival, por el esplendor y la belleza de sus monumentos. Nuestra confianza está puesta en Dios, que protege y protegerá siempre a México.

Maximiliano, haciendo caso a Miramón, para que estableciese como base de operaciones la ciudad de Santiago de Querétaro, salió de la capital, se puso a la cabeza de 9.000 hombres mal equipados, faltos de organización y de pertrechos. La mitad del Ejército se había reclutado en las calles de la capital entre desocupados y vagabundos. Ese era el Ejército Imperial mexicano que quedaba, salían hacia el campo a enfrentarse con el enemigo en el Norte.

Maximiliano vestía guerrera de caudillo mexicano, calzón oscuro con botas altas, se tocaba con un gran sombrero, y en el cinturón dos revólveres y un sable, a su lado cabalgaba el General Leandro Márquez, también acompañaba a Maximiliano el apuesto General Miguel Miramón, y el Coronel Miguel López, alto y rubio, parecía más alemán que mexicano, vestido de húsar, cruzado de cordones negros, ostentaba la Cruz de la Legión de Honor, que le había impuesto el Mariscal Bazaine. El Príncipe Félix de Salm-Salm iba también a la cabeza de la columna. El Príncipe, a quien se le llamaba simplemente "Salm" era uno de los pocos europeos que iban junto al Emperador Maximiliano. Otros tres europeos iban también en la columna: el doctor Samuel Siegfried Karl von Basch, el húngaro Josef Todos, cocinero del Emperador, y el criado austriaco Antonius Grill.

El Emperador dirigía la columna hacia la ciudad de Santiago de Querétaro, situada a doscientos kilómetros de la capital. De camino paró en Puebla, donde permaneció dos días, reunido con un Ejército de 300 hombres que custodiaban la ciudad.

Después de que el Emperador y sus soldados salieran de Puebla camino de Santiago de Querétaro, el General Porfirio Díaz logró cercar Puebla hizo prisioneros a los 300 hombres del retén del Ejército de Maximiliano, y a continuación los fusiló.

Los liberales habían desplegado sus fuerzas en torno del Estado de Querétaro; si Maximiliano conseguía detenerlos allí, no le sería difícil hacerlos retroceder. De camino, en San Miguel de la Victoria y la comunidad de Calpulalpam, donde los caminos discurren entre montes, la columna fue tiroteada por fuerzas liberales apostadas en las alturas. El

Emperador se negó a protegerse e insistió en seguir adelante. Consiguieron ocupar las alturas de los liberales, hicieron prisioneros a varios soldados, a quien Márquez quiso fusilar inmediatamente, el Emperador se opuso, diciendo que a los prisioneros no se les fusilaba, que fuesen conducidos a retaguardia de la columna, vigilados por Márquez, no se les volvió a ver más.

A medida que avanzaban, las fuerzas eran hostigadas con creciente intensidad. Durante seis días los soldados con el Emperador al frente, cruzaron una estéril llanura antes de alcanzar Santiago de Querétaro, era una ciudad conservadora y religiosa, no reaccionaria y profundamente afecta al General Tomás Mejía, que había nacido cerca de allí. Santiago de Querétaro, era una población casi íntegramente india, en aquel momento amaba a Maximiliano, podría sostenerse en la ciudad por tiempo indefinido. Pero no contaba que las alturas empezaron a cubrirse de liberales, que emplazaron piezas de artillería entre los riscos. El Príncipe de Salm-Salm, al darse cuenta, juzgó que se hallaban cogidos en una trampa ratonera.

Los liberales extendieron sus posiciones, mientras que 9.000 soldados imperiales estaban inmovilizados en aquel hondo garlito. Pronto hubo en las alturas un Ejército liberal de 30.000 hombres.

Miguel Miramón comprendió que estaban

condenados, a no ser que lanzase una ofensiva y obligase a los liberales a concentrarse y luchar en masa, quizás un enérgico ataque imperial derrotaría a los liberales; Miramón le pidió a Mejía que se pusiese a la cabeza de las reservas que debían apoyar la ofensiva contra las huestes juaristas, pero Mejía se encontraba enfermo en cama con mucha fiebre, estaba refugiado en el convento de La Cruz, un antiguo santuario español, donde parte de los imperialistas tenían establecido su Cuartel General.

Miramón salió a combatir prescindiendo de Mejía, y a pesar del valor de sus tropas, fue derrotado sufriendo grandes pérdidas.

Nuevos contingentes liberales acudieron desde Toluca a las alturas de Querétaro, mandados por el General Vicente Riva Palacio, hijo del gran abogado Mariano Riva Palacio.

El 11 de marzo de 1867, los liberales volaron un trozo del acueducto de Querétaro, primero que se levantó en México debido a los españoles, llevaba a Querétaro el agua de las montañas, al volar un trozo, los sitiados imperiales quedaron sin suministro de agua, acudieron a los pozos de las casas y a los pequeños arroyos que atravesaban la ciudad, pero estos arroyos se contaminaron por los cadáveres de los soldados imperialistas que el General Escobedo les arrojaba. El Ayudante de campo Félix Salm-Salm ordenó que los cuerpos fuesen incinerados.

El General Escobedo inició varios ataques con 40.000 hombres, toda la ciudad parecía a punto de caer. El General Mejía, a pesar de estar enfermo salió a la calle, sus tropas le siguieron, y el ataque de los liberales fue rechazado, a continuación, el General Mejía, deshidratado, casi inconsciente, incapaz de sostenerse en su montura, fue llevado muy enfermo a su cama.

El Emperador Maximiliano tenía su Cuartel General en el Cerro de las Campanas, que estaba a las afueras, y se trasladó al convento de La Cruz, donde ocupó una habitación desapacible y fría. El Emperador se sentía angustiado por las crecientes penurias de sus soldados, compartía con ellos las escasas raciones de comida que él mismo distribuía equitativamente, pero ni él ni sus tropas podrían seguir así mucho tiempo. El General Leonardo Márquez dijo que él tenía la solución, si conseguía salir, llegaría a Ciudad de México, donde reuniría hombres y dinero, y estaría de vuelta antes de 15 días, y con los refuerzos que aportase se podría atacar a los liberales en una gran batalla y vencerlos.

Maximiliano, convencido, sabiendo que el Ejército quedaba reducido a 8.000 hombres, le entregó a Márquez 1.000 hombres a caballo y le concedió el título de Teniente General del Imperio. Márquez con sus hombres el 23 de marzo marchó hacia el Sur.

El Emperador no podía con las tropas que tenía a su

mando, donde escaseaban las municiones. El destino del Ejército Imperial en esos momentos dependía del refuerzo que consiguiese Márquez. Se confió a un soldado la misión de filtrarse de noche a través de las líneas enemigas hasta poder comunicarse con Márquez diciéndole la necesidad de su regreso urgentemente con sus tropas. El soldado, fue hecho prisionero, apareció colgado de un árbol a la mañana siguiente, de su cuello pendía un cartel que decía: "El Correo del Emperador".

Maximiliano vivía de una modesta asignación de los fondos del tesoro público, de la pequeña asignación tenía que pagar al médico, al cocinero y a tres criados, el resto sobrante lo repartía.

En la segunda mitad de abril los liberales comenzaron a atacar con violento fuego de artillería, valiéndose de rifles americanos de repetición que el General Sheridan había proporcionado al Presidente Juárez. El General Miramón atacó los reductos enemigos, que detuvieron con energía el ataque. Los jinetes del Ejército Imperial retrocedieron desbordados buscaron en la fuga su salvación.

El General Márquez no llegaba con sus refuerzos, Maximiliano comentó la demora del Teniente General del Imperio, y un mal presagio le bullía en la mente. "No, no es posible que me haya engañado y se encuentre fuera de México, seguro que en La Habana. Una mexicana y un oficial se ofrecieron para intentar salir del cerco y llegar a la capital; consiguieron salir, pero al igual que Márquez, no se volvió a tener noticias de ellos.

Los generales Ramón Méndez y Tomás Mejía, en hundía hasta diez veces le aconsejaban al Emperador que saliese de la ciudad con un destacamento de tropas escogidas, todos los hombres apoyaban el plan, se le garantizaba seguridad en las tierras indias de Sierra Gorda, distante de una jornada a caballo, allí Maximiliano refugiado podría esperar el curso de los acontecimientos; a pesar de todo, Maximiliano no quería dejar su Ejército.

Al terminar la primera semana de mayo, no había víveres en la ciudad, los soldados que salieron a buscar algún suministro regresaron sin lograrlo y diezmados por el fuego enemigo. Maximiliano, al fin, comprendió que debía salir de Santiago de Querétaro. Se convino que saldría durante la noche del 14 de mayo, pero el General Ramón Méndez estaba enfermo y la salida se aplazó por 24 horas, saldrían por lo tanto, el 15 y al igual en las sombras de la noche.

El Coronel Miguel López, era el único acompañante del Emperador en las rondas de inspección, y testigo presencial de la atención que el Emperador prestaba al bienestar de la tropa. En la cercada ciudad, el Emperador pasó revista a las fuerzas e impuso condecoraciones, la medalla de bronce, recompensa al valor, que mostraba en el anverso la efigie de Maximiliano I y en el reverso una corona de laurel. Cuando terminó la revista, el General Miramón se acercó y colgó del cuello del Emperador la medalla que le había entregado a él un instante antes:

"Impongo a Vuestra Majestad esta medalla como símbolo del valor y del honor al más bravo de todos los soldados".

A mediados del mes de mayo, el suministro de víveres de los imperiales alcanzó un estado crítico, comían algún gato guisado o algún mulo que había muerto por falta de alimento. Los soldados recogían proyectiles que no habían hecho explosión y procuraban utilizarlos contra el enemigo que batía sin tregua, con artillería, valiéndose de sus rifles americanos de repetición. Maximiliano, al fin, comprendió que debía salir de Santiago de Querétaro, como se había previsto el 15 de mayo.

Unos días antes del 15, el apuesto Coronel Miguel López estuvo secretamente en las líneas liberales entrevistándose con el General Escobedo, a quien le preguntó si se le permitiría a Maximiliano salir libremente del país a condición de dar por terminado el Imperio, y trasladarse sin riesgo a Veracruz para embarcarse hacia Europa.

Escobedo le contestó que sus atribuciones eran estrictamente militares, no podía tener otra responsabilidad, podría enviar un correo a San Luis

Potosí, donde se encontraba Benito Juárez, que era quien podía decidir.

Dos noches después, el Coronel Miguel López volvió a visitar al General Escobedo, que le mostró a López el papel con la respuesta de Juárez: "Rendición sin condiciones, el Emperador, será juzgado en Consejo de Guerra cuando Querétaro caiga en poder de los liberales".

Escobedo le dijo a López, que eso era justicia, que volviese a la ciudad y le dijera a su Emperador, que si no deseaba que aumentase el número de víctimas derramando sangre mexicana, debería rendirse sin más demora.

La noche del 14 de mayo el Emperador no durmió bien, aquejado de disentería, a las dos de la madrugada mandó llamar al doctor Basch, que le atendió con los pocos recursos de que disponía, al fin consiguió que el Emperador se durmiera.

El Príncipe Salm-Salm se alojaba en una habitación del piso de abajo, se había tendido en el camastro, vestido y preparado para acudir a cualquier imprevisto. Al amanecer el Coronel Miguel López entró apresuradamente en el cuarto gritando a Salm-Salm:

"¡Rápido! ¡Salvad la vida al Emperador! El enemigo está aquí en La Cruz". El Comandante López salió precipitadamente, mientras en el patio del convento la tropa agitada gritaba:

"¡El enemigo está dentro!"

A los gritos, Maximiliano se despertó, tomó el sable y salió al vestíbulo, figuraba estar sereno, Salm-Salm acudió rápidamente a su lado, el Emperador le dijo: "¡Nos han traicionado! Que toda la tropa disponible se reúna en el Cerro de las Campanas, en aquella altura procuraremos poner en uso algún dispositivo de defensa" Salm-Salm transmitió el mensaje a los oficiales y salió rápido junto con Miramón hacia el Cerro de las Campanas. En la plaza no había soldados del Emperador, Salm-Salm, a pesar de la oscuridad, descubrió una abertura en el estrecho muro, por la cual entraba el enemigo tras haber colocado una pieza de artillería. Retrocedió Salm-Salm sobre sus pasos y encontró al Emperador en la escalera, que bajaba acompañado de cuatro oficiales. Maximiliano portaba dos revólveres, sabía que el enemigo estaba ahí, no cabía otro recurso que intentar con precauciones salir de la plaza. El Coronel López desapareció. Un Teniente Coronel liberal los vio y les dio el alto. Era el Teniente Coronel José Rincón Gallardo y junto a él estaba el Coronel Miguel López, quien en la madrugada del 15 de mayo, entregó la vital posición de La Cruz donde se encontraba el Emperador.

El Teniente Coronel Rincón, se acercó a Maximiliano y descubriéndose dijo: "Vuestra Majestad es mi prisionero". Maximiliano asintió con un movimiento de cabeza.

El General Mariano Escobedo apareció con un grupo de oficiales, desmontaron de los caballos y se acercaron a Maximiliano, quien se desabrochó el tahalí y entregó su espada a Escobedo que le dijo: "Esta espada pertenece al pueblo, y el Imperio ha terminado".

Maximiliano, con lentitud y firmeza, dijo: "Si ha de haber ejecuciones, pido que no se fusile a nadie más que a mí, no deseo más derramamiento de sangre, que sea solamente la mía y que a mis leales soldados se les deje ir en paz.

Escobedo prometió enviar la petición a Benito Juárez, que estaba en San Luis Potosí; luego se volvió al General Vicente Riva Palacio dándole instrucciones para que Maximiliano continuase en el convento de La Cruz. Eran las 0:10 de la mañana, Maximiliano estaba ahora bajo vigilancia en el cuarto que había dejado horas antes como Emperador. Entonces supo, porque los propios liberales se lo dijeron, que quien lo había traicionado era el Coronel Miguel López, que a cambio de determinada cantidad de dinero que le prometió Escobedo, traicionó a todos, pidiéndole también al Coronel Gallardo le recomendara para ocupar un buen puesto.

Mientras ocurrían estos sucesos; el General Miramón había salido con algunos soldados hacia el Cerro de las Campanas donde silbaban las balas del enemigo, los soldados imperiales en formación viéndose cercados huían, arrojando al suelo los fusiles. Se oían los clarines que tocaban la diana de la victoria, Miramón herido en la cara y en una mano, se refugió en casa del doctor Vicente Licea, que lo torturó durante dos horas pretendiendo extraerle una bala que había salido, y ya indefenso, fue delatado y capturado.

Dos días después de las rendiciones, el General Ramón Méndez fue condenado a muerte, ya que él había ejecutado a numerosos liberales, siguiendo las normas del Decreto Negro impuesto por Maximiliano.

Ramón Méndez al saber su condena, entró en la habitación donde se encontraba detenido Tomás Mejía, ambos se abrazaron, hacía años que combatían juntos.

El reo fue llevado a la explanada de la plaza de toros; se le obligó a arrodillarse, sería fusilado por la espalda, en signo de degradación.

Los allegados a Maximiliano trataron de que éste no se enterase de la ejecución de su subalterno, sin embargo sí se enteró.

Los liberales temieron que Maximiliano al conocer la noticia intentase escapar, por lo tanto, decidieron cambiarlo de prisión, con fuerte guardia, al mando de la custodia de Maximiliano, estaba el General Refugio González; fue llevado al convento de Santa

Teresita y encerrado en una pequeña habitación. También trasladaron a Tomás Mejía, el Príncipe Salm-Salm y Miguel Miramón.

Durante los días del cerco de la Ciudad de México por Porfirio Díaz, la Princesa Agnes Salm-Salm se presentó a Porfirio Díaz, y le explicó su proyecto de trasladarse a Querétaro, donde le pediría al Emperador que, a condición de que le respetasen la vida y la de sus colaboradores, se exiliase en Europa y admitiese la rendición de todo México. Porfirio Díaz le proporcionó una escolta para que se trasladase a Querétaro y visitase al General Escobedo en su cuartel, éste trató de seducir a Agnes, ella lo amenazó, por lo que Escobedo le negó la autorización para visitar a Maximiliano y a su esposo, y le informó de que el único que podía permitirlo era el líder de la causa republicana Benito Juárez, quien en aquel momento se encontraba en San Luis Potosí, pero eso no fue impedimento para la audaz Princesa, que pensó trasladarse hasta allí, a pedirle un permiso en persona. Durante tres días, Agnes viajó en una vieja diligencia por extensiones desérticas.

Cuando llegó a San Luis Potosí, fue muy grata su sorpresa al conocer a Benito Juárez a quien describió como un hombre gentil y educado. Agnes Salm-Salm le dijo que deseaba una autorización para cruzar por el cerco de Querétaro y visitar a Maximiliano y a su marido el Príncipe Salm-Salm. Juárez le contestó que accedía a su petición; pero dejó muy claro que no tendría piedad con los imperialistas, luego le ofreció el brazo, la acompañó por la escalera, y ya en la calle se despidió de ella inclinándose cortésmente.

Tres días tardó la Princesa Agnes en llegar a Santiago de Querétaro, se dirigió al Sur de la ciudad, al convento de Santa Teresita.

Agnes encontró a su marido tan sucio como si hubiera estado en un basurero, ella sintió que las piernas le temblaban y estuvo a punto de desmayarse. Cuando se serenó un poco, fue llevada a presencia de Maximiliano, que yacía enfermo en un camastro, al verla se levantó y la saludó besándole la mano, ella se indignó de las condiciones en que vivían los prisioneros. Además del permiso de Juárez, había conseguido un trato más digno para los prisioneros dándoles la oportunidad de vivir bajo custodia en el Convento de las Capuchinas. Maximiliano, Salm-Salm, Mejía, y Miramón, fueron llevados al Convento de las Capuchinas, un lugar desabrigado y severo. Al Emperador se le hizo bajar a la cripta de los enterramientos. Maximiliano se detuvo en el umbral y exclamó que eso no podía ser su alojamiento, era una tumba para los muertos, su custodio el General González le contestó, que sí efectivamente ahí debía dormir entre los muertos, por lo menos esa noche, ya que su fin estaba cercano.

Al día siguiente, Escobedo visitó a Maximiliano,

en dicha reunión Maximiliano ofreció la rendición de Ciudad de México, y prometía regresar a Europa con toda su comitiva, no volver a México y apoyar al Gobierno republicano de Benito Juárez. Escobedo intervino y Maximiliano fue alojado en una de las tres habitaciones del piso superior; las otras dos fueron ocupadas por Miramón y Mejía. Los cuartos tenían un amplio balcón que daba a un pequeño patio.

Mientras tanto, la incansable Agnes ideó un plan para ayudar a escapar a su esposo, les dio 3.000 pesos en oro a los guardianes del Convento de las Capuchinas para que dejasen huir al Príncipe Salm-Salm; éste trató de convencer a Maximiliano de huir juntos. El Emperador se negó en un principio, pero posteriormente aceptó.

El nuevo plan era entregarle 100.000 pesos en oro, a un Coronel Miguel Palacio, que tenía el mando directo de la guardia, si aceptaba los podría cobrar una vez que el Emperador fuera liberado. Palacio, temeroso de que después de soltar al Emperador, él seguramente no cobraría el dinero, decidió delatar el plan al General Escobedo, quien además ya estaba enterado del ofrecimiento monetario a otros guardianes.

Agnes se arrepintió por no haberle dado a Palacio el dinero en el acto.

Por todas partes se oía que Maximiliano tenía que morir. Al fin se anunció que Maximiliano, Miramón,

Salm-Salm, y Mejía iban a comparecer ante un tribunal militar, que los acusaría del delito de "Ayuda a la intervención". La ley que especificaba este tipo de delincuencia había sido promulgada por Juárez en 1862, cuando las tropas inglesas, francesas y españolas intervinieron en México.

La Princesa Agnes visitó a Maximiliano y le anunció que iba a presentarse a Juárez para pedirle que demorase la vista de la causa y poder preparar la defensa de los detenidos. Fue, en efecto, a San Luis Potosí, Juárez la atendió y dijo que aplazaría la vista para que los acusados dispusieran de tiempo y consiguiesen la ayuda que la ley ofrecía. Pidieron abogados a Ciudad de México, que acababa de rendirse y Porfirio Díaz era dueño absoluto.

El 5 de junio llegaron de Ciudad de México tres abogados de extraordinario renombre en el país, uno de ellos, Mariano Riva Palacio, el abogado de más prestigio, escogido por Maximiliano para su defensa. El grupo se reunió con Maximiliano en la celda, a las 0:10 de la mañana. A Riva Palacio le pareció que Maximiliano trataba con falta de precisión el problema que le afectaba, se expresaba en términos tan amistosos y ajenos a las graves circunstancias de esos momentos, que los abogados empezaron a sentirse desconcertados y al fin consiguieron que se tratase del peligro que amenazaba al prisionero.

EL 8 de junio 1867, se le acusaba a Maximiliano por

trece cargos, de entre ellos: Desde que desembarcó en Veracruz, había turbado la paz de México, además el más grave, el de firmar el Decreto Negro que implicó la muerte de decenas de mexicanos bajo las armas del Ejército francés y del Ejército imperial, esto implicaba la pena de muerte. Maximiliano estudió los cargos y dijo que eran ridículos. Se negó a presentarse ante el tribunal, que se reunió en junio de 1867, formando consejo de guerra en el Gran Teatro de Iturbide, (hoy Teatro de la República), situado cerca del Convento de las Capuchinas. Miramón y Mejía comparecieron ante los jueces. El tribunal, compuesto de oficiales liberales jóvenes, ninguno de ellos pasaría de los treinta años, condenó a los tres reos a ser pasados por armas, incluyendo también al Príncipe Salm-Salm.

La ejecución se fijó para el 16 de junio de 1867. Un oficial acudió a la celda de Maximiliano a leer el veredicto; la ejecución sería a las tres de la tarde del día 16; después se pasó a las demás celdas ocupadas por los reos, en las que repitió la lectura. La esposa de Tomás Mejía, Agustina Castro, en avanzado estado de gestación, se encontraba en ese momento visitando a su marido, éste suplicó que su esposa saliese de la celda antes de oír el veredicto de condena a muerte.

A la Princesa Agnes Salm- Salm la sentencia no la cogió desprevenida, y fue a tener una larga conversación con Maximiliano.

(Maximiliano).- La aventura del Imperio ha terminado. Me he quedado solo, sin respaldo del Vaticano, del clero mexicano, y de los países europeos que me instalaron en el trono con el título de Emperador Maximiliano I de México, creado por Napoleón III de Francia, con el respaldo de Austria, Bélgica, y España. El Papa Pío Nono, y la alta jerarquía católica, parecía que me apoyaban, pero todo era un engaño, consideraban al liberalismo como un enemigo, me han abandonado, me juzgan como un peligroso liberal, aunque siempre procuré ocultar mis ideas liberales.

(Agnes).- Majestad, no os atormentéis, voy a volver a San Luis Potosí a suplicarle a Benito Juárez os perdone la vida a Vos y a mi marido, pero no sé qué argumentos emplear, a parte de mis súplicas postrándome de rodillas.

(Maximiliano).- No sé cómo agradeceros los favores que estáis haciendo por mí. Creo, que aparte de vuestras súplicas, a Juárez, lo que más le puede impresionar es decirle que sabéis quién es Guillermo Tell.

En 1847, Benito Juárez, entonces diputado del Congreso general por Oaxaca, se inició en la masonería del Rito Nacional Mexicano en el taller Independencia número 2, cuyo Gran Maestre era el diputado José María del Río, Benito Juárez adoptó el nombre simbólico de Guillermo Tell, una figura representativa de la lucha por la libertad, la iniciación se llevó a cabo en el Palacio Nacional dentro del Salón de la República habitado como Templo masónico.

A la ceremonia asistieron el Vicepresidente de la República Mexicana José María Valentín Gómez Farías y Miguel Lerdo de Tejada, entre otros políticos, militares e intelectuales de gran relevancia. Juárez es Vicepresidente de la Gran Logia Ciudad de México, denominada La Luz, con el nombre secreto de Guillermo Tell.

Podéis recordarle, que en 1865, bajo la protección del Imperio de Maximiliano I, y de la intervención francesa se fundó en México la Logia del Rito Escocés Antiguo y Aceptado. Por lo tanto, soy Hermano masón del grado 18, y siendo hermanos masones "un Hermano masón no mata a otro Hermano masón".

Agnes marchó de nuevo a San Luis Potosí a ver a Juárez. La noticia de la sentencia había llegado a Europa. Una marea de cables interoceánicos llegó a México, por parte de Víctor Hugo, poeta lírico, político defensor de los derechos de las mujeres, la educación, enemigo de la pena de muerte, y la unidad de Europa para la que proponía un modelo similar al de los Estados Unidos de América; de Giuseppe Garibaldi, militar revolucionario y político, luchador por las libertades de los pueblos, y de la pena de muerte; del Rey de los belgas Leopold II;

todos pedían que se salvase la vida del hermano del Emperador Franz Joseph I de Austria.

Agnes encontró a Juárez pálido y sufriendo a causa de la sentencia. Ella, de rodillas ante él suplicaba que perdonase la vida de su esposo el Príncipe Salm Salm y la de Maximiliano. Tras levantarla cuidadosamente y escuchar sus argumentos, Juárez perdonó la vida del Príncipe como reconocimiento al valor de la Princesa Agnes, pero a Maximiliano le retrasaría tres días el fusilamiento, y aduciendo razones de salud, que no le vieran durante esos tres días.

(Juárez).- A pesar de ser enemigos políticos, siendo hermanos masones no le puedo matar. La única salida que me queda es la de matar al Emperador, pero salvar al hombre. Le daré un salvoconducto para El Salvador, a cambio de jurar no revelar jamás su identidad, adoptar otro nombre y aceptar el salvoconducto con el nombre falso que él crea conveniente, esto le asegurará la entrada a la pequeña nación de América Central, el Salvador, marchará a la capital San Salvador, allí podrá empezar una nueva vida, acogido por una familia también de masones.

En esos tres días, se preparará su firma del salvoconducto; le sacarán de noche e introducirán en un carruaje de reparto de víveres, hasta Veracruz donde embarcará, se le darán algunos dólares para que pueda sobrevivir.

(Agnes).- ¿Cómo se ocultará el fusilamiento?

(Juárez).-Se cambiará el día y la hora del fusilamiento, será el 19 de junio, en vez de las tres de la tarde, a las seis de la mañana, así no habrá tanta expectación. A Maximiliano se le suplantará por algún reo condenado a muerte, hay que pensar que el pelotón de fusilamiento, nunca ha visto en persona al Emperador, se procurará que el sustituto sea alto y delgado, parecido a él, irá con un sombrero de ala ancha, como muchas veces utilizaba Maximiliano.

El pelotón de fusilamiento estará integrado por milicianos campesinos al mando del reciente militar Aureliano Blanquet, de 19 años de edad, nunca ha visto al Emperador.

De esta forma, de acuerdo con la historia oficial, el 19 de junio de 1867 terminará el Imperio, restauraré la República y yo seré el nuevo Presidente de México.

Benito Juárez se retiró y se encerró en su habitación, negándose a conceder más audiencias.

Llegó el 19 de junio de 1867. A los condenados al amanecer los despertó una diana de trompetas, se asearon, secándose con una sábana, ya que no tenían toalla, desayunaron, quisieron hacerlo los tres juntos, pero les dijeron que Maximiliano prefería estar solo.

Fuera en la calle había tres sencillos vehículos estacionados a la puerta del Convento de las Capuchinas. Cada hombre, acompañado por un sacerdote, subió a un carruaje que les llevaría al lugar de la ejecución. Llegaron al Cerro de las Campanas, la subida de la formación fue lenta. A pocos metros del final de la montaña se había levantado un sencillo muro de adobe para alinear a los tres condenados. El grupo se dirigió hacia el muro, se les tapó los ojos, de forma que no se veían unos con otros. Tomás Mejía, perdió las fuerzas y tuvo que ser ayudado por los soldados del pelotón, unos peones trajeron tres ataúdes de pino, de lo más barato y sencillo.

El oficial al mando Aureliano Blanquet leyó una orden a los presentes al acto: "Cualquiera que intente obstaculizar el acto que se va a realizar, será llevado junto a los tres condenados y participará de la misma suerte de éstos"

Algunos asistentes que estaban cerca de los condenados retrocedieron. El oficial Aureliano Blanquet, sería el encargado de dar el tiro de gracia, con los soldados del piquete, siete hombres en total, uno para cada uno de los tres que iban a ser fusilados, prepararon y montaron los rifles, se hizo un silencio total.

El Capitán del piquete levanto en el aire su espada y gritó:

"¡Listos!" "¡Apunten!" "¡Fuego!"

El médico militar, doctor Manuel Calviño, miró a los tres hombres un momento, y certificó su defunción.

A las 06:30 de la mañana, tres cruces marcaban el

lugar de la ejecución. Minutos después se recogieron los tres cadáveres y se llevaron de regreso al Convento de las Capuchinas, donde fueron tendidos en las losas de una sala del sótano. Enseguida fueron entregados los cuerpos de los difuntos. El supuesto Emperador fue enterrado en el sótano del Convento de las Capuchinas.

A la viuda del General de División Miguel Miramón, Concepción Lombardo, le entregaron el cuerpo en la casa de su hermano Alberto Lombardo, que vivía en Santiago de Querétaro. Al poco tiempo el cuerpo fue trasladado a la Ciudad de México donde se le dio sepultura en el Panteón de San Fernando, en la misma tumba que ocupaban su madre doña Carmen Talero, y su hermano el General Joaquín Miramón, asesinado por los juaristas el 8 de febrero de 1867, en la hacienda Tepetate Villa de Arriaga, San Luis Potosí.

Miguel Miramón actualmente se encuentra enterrado en la Catedral de Puebla.

Tomás Mejía su cadáver fue entregado a su viuda con su hijo recién nacido. Al no tener recursos para enterrarlo, lo depositó en una habitación de su casa. Habiendo pasado semanas del fusilamiento, el General Mariano Escobedo, sitiador de Querétaro y enemigo personal de Mejía, solicitó a Benito Juárez, le permitiera enterrar el cuerpo del General de División Tomás Mejía, Juárez se negó a que fuera Escobedo quien pagase el entierro, y fue él mismo quien cubrió los gastos de una tumba sencilla, también en el Panteón de San Fernando, donde Tomás Mejía encontró la paz.

La noticia de la ejecución de Maximiliano, llegó a la Casa Imperial de Austria.

Franz Joseph I, se preparaba para marchar a Bad Ischl, es una ciudad balneario a orillas del río Traun, en la región de Salzkammergut en la Alta Austria. El Emperador poseía en ese lugar una villa la Kaiservilla como residencia de verano donde solía acudir en sus vacaciones, cuando recibió la noticia de la ejecución de su hermano. Como era hombre de costumbres arraigadas, no renunció a su excursión veraniega.

La Archiduquesa Sofía, no se recobraba del horror que le causó la noticia de Querétaro, gritaba y sus voces conmovían: "¡Mi buen hijo Maximiliano, fusilado como un criminal!".

La noticia de las ejecuciones en el Cerro de las Campanas llegó a París diez días después del acontecimiento. El Emperador Napoleón III y su esposa la Emperatriz Eugenia y el joven Príncipe Imperial, se disponían a dirigirse al recinto de la Gran Exposición de 1867, cuando se les comunicó la dramática noticia, el matrimonio no daba crédito del suceso. Aquel día estaban en el recinto de la feria, el Príncipe de Gales y el Sultán de Turquía. Al llegar el Emperador y la Emperatriz, empezó a tocar una gran orquesta de cien músicos. Los monarcas entregaron los premios a los ganadores de las competiciones industriales. Durante la ceremonia, un mensajero se acercó con una comunicación de Querétaro, al Embajador de Austria y a su esposa, el Príncipe y la Princesa de Metternich, que inmediatamente se levantaron y abandonaron el recinto.

Terminados los actos, Napoleón III, Eugenia y su hijo el Príncipe Napoleón Eugénie Louis Bonaparte, regresaron a las Tullerías; al llegar a sus habitaciones privadas, Eugenia, lívida, se dejó caer en el lecho.

La Casa de Austria, reclamó el cadáver de Maximiliano, y no fue hasta el12 de noviembre, cuando a las cinco de la mañana, el Vicealmirante austriaco el Barón Wilhelm von Tegethoff, viejo amigo de Maximiliano, arribó en Veracruz, desde allí se dirigió a Ciudad de México a recoger los restos de su gran compañero de viajes por Brasil. Al reconocer sus restos quedó casi inconsciente al ver aquella momia negruzca, casi putrefacta, era irreconocible. Preguntó quién había hecho ese desastre de embalsamiento, el médico Agustín Andrade, le contestó, que el cadáver hacía 214 días que lo habían embalsamado en Querétaro por el doctor Vicente Licea, en su informe médico decía que Licea afeitó la barba del Emperador, y barnizó el cuerpo con aceite egipcio, los ojos azules fueron reemplazados por unas piezas de esmalte de gota, luego le aplicó una sustancia llamada dextrina, que se usa como pegamento.

El Barón Tegetthoff, observó que aquella momia tenía los brazos muy largos para ese cuerpo, como si hubiera estado atado por las muñecas a un árbol, habitual en los ejecutados. Le contestaron que sí, efectivamente, lo habían colgado para vaciarle los líquidos del cuerpo.

El cadáver del supuesto Maximiliano fue introducido en un ataúd de palo de rosa, muy elegante. El carruaje fúnebre partió con rumbo a Veracruz, llegó el 25 por la tarde y a la mañana siguiente, el 26 de noviembre, salió de México y traído a Europa en la fragata austro-húngara "Novara" al mando del Almirante Wilhelm von Tegetthoff. La fragata llegó al puerto de Trieste el 16 de enero de 1868. Una carroza de suntuosos crespones negros aguardaba en Trieste. Habían pasado siete meses de la ejecución en el Monte de las Cruces. Fue traslado los restos mortales a Viena en la sala de los príncipes, junto a la Cripta de los Emperadores en la Iglesia de los Capuchinos en Viena, Austria.

El pintor francés iniciador del impresionismo, Édouard Manet pintó de memoria la ejecución de Maximiliano I, una serie de pinturas que elaboró entre 1867 y 1869. En torno al tema, Manet produjo tres cuadros de gran formato. El Emperador Napoleón III, en 1867, vio el primer lienzo de la Ejecución en el

Monte de las Cruces, lo calificó de "¡Escandaloso!" Manet plasmó al reo vestido de mexicano con un gran sombrero, mientras los hombres del pelotón de fusilamiento portaban uniforme francés. Manet pintó al soldado que revisaba su fusil con los rasgos de Napoleón III.

Anterior a todos estos acontecimientos, el 19 de junio de 1867, llegaba a San Salvador un hombre joven, alto y apuesto, elegante y culto, muy reservado y misterioso, se hacía llamar José María, uno de sus tres nombres. Decía venir de un barco naufragado procedente de Honduras, del que nadie tenía noticia.

Pronto encontró trabajo dando clases de matemáticas y botánica, se convirtió en el favorito de la alta sociedad por sus conocimientos diplomáticos, hablaba tres idiomas, el español perfectamente, aunque con acento extranjero. Fue asesor de políticos, y de dirigir congresos internacionales. Se llegó a casar con una joven nativa, y fue muy feliz hasta su muerte a la edad de más de noventa años.

La vida de este hombre todavía se considera un enigma.

FIN

Epílogo

La historia del Emperador Maximiliano I de México, así la investigué en archivos durante tres años, y pienso que es verdadera.

"Lo que se obtiene con violencia, solamente se puede mantener con violencia. La violencia es el miedo a los ideales de los demás. La no violencia, ella es la anunciadora de la paz del mundo".

Mahatma Gandhi.